临沧文史资料选辑第十六辑

三好临沧

中国人民政治协商会议临沧市委员会　编

中国文史出版社

编辑委员会

编写说明

2021年8月19日，习近平总书记给沧源县边境村老支书们的回信，情真意切、语重心长、意蕴深厚，习近平总书记的深情厚望温暖着224万临沧人民。两年多来，在中共临沧市委的坚强领导下，全市各族干部群众满怀"我们都是收信人"的高度自觉，凝聚起"心向总书记、心向党、心向国家"的强烈共识。

临沧市政协党组在学习研讨和凝聚广大政协委员思想共识的过程中，深刻地认识到"建设好美丽家园，维护好民族团结，守护好神圣国土"的殷殷嘱托，是习近平总书记以深邃的历史眼光，把历史、现实、未来贯通起来，把世界历史、中国历史、临沧历史联系起来，重视历史、研究历史、借鉴历史的光辉典范。既充分肯定临沧各族人民建设美丽家园、维护民族团结、守护神圣国土的生动历史，又对临沧各族人民奋进新时代、共享中华民族伟大复兴荣光指出具体方向和路径。

推动学习习近平总书记重要回信精神往深里走、往实里走、往心里走，急须突破临沧当代史"三个三"特点①形成的历史研究难点，征编一套让广大干部群众看得更清、追得更远、思得更明、悟得更透，整体呈现临沧近代以来历史主题和主线、主流及本质的文史资料，通过以史鉴今、以史化人，教育引导全市各族各界群众坚定历史自信、增强历史主动，知史爱党、知史爱国，"心向总书记、心向党、心向国家"，增进对中国共产党和中国特色社会主义的政治认同、思想认同、理论认同、情感认同。

自2021年2月以来，临沧市政协着手谋划《习近平总书记给沧源县边境村老支书们回信一周年——"三好"临沧》文史资料征集工作。经市政协党组反复研究，2021年5月份最终确定"以临沧政协文史馆'党的光辉照边疆，政协委员心向党'的'三封信'②历史逻辑为基础，年内出版一辑反映近代以来临沧人民'三打一拥护'③的光荣历史的文史资料",并启动了征编工作,至今历时两年。经过派出工作专班赴云南省档案馆及有关州市查阅史料、系统归集史料、分组撰写组稿、集中研讨审稿、广泛征求云南省政协有关领导及有关院校专家学者意见,形成初稿4卷,分大国之殇、边疆之难、寻路之憾、回归之路、幸福之歌5个篇章。

成书后,我们邀请有关专家和学者进行论证和指导,他们认为:"这是一部从临沧出发却具有全球史视野的边疆史,是一部中国西南边疆的变迁史,是一部临沧各族人民交往交流交融的团结史,是一部临沧各民族保家卫国、共御外侮的爱国史,是一部边疆各族人民在党和国家坚强领导下的发展史,是一部实现了编纂体例创新的地方史。"除了解决临沧历史研究的难点问题外,为云南全省上下深入学习好领会好贯彻好习近平总书记给沧源县边境村老支书们的重要回信找到了索引,具有较高的历史价值。较以往临沧市政协征编的文史资料,有如下三个方面特点:

一是整体呈现。本书对突破临沧当代史"三个三"特点形成的历史研究难点进行了探索和尝试,把临沧放在世界近代史、中国近代史大背景中去考察、分析,从整体性、系统性和方向性上呈现临沧历史,同时把临沧重大历史事件和历史人物贯穿其中,点线面结合,力求讲好临沧这个云南最年轻的地级市(地区)的近代史。

二是有机贯通。注重把握临沧近代史的主要方面,以"三打一拥护"为主线,对分散在各类典籍和资料中的临沧近代以来的重大历史事件进行了归集,串联起中缅边界勘界悬案、"班洪抗英"事件、"1941年线"、滇缅铁路、班老回归、佤山幸福工程、习近平总书记给沧源县边境村老支书们回信等重大历史事件的发展脉络和逻辑关系,把临沧的前途与国家、民族的命运紧密联系起来,为各界人士认识临沧、研究临沧提供了新的视角和生动的史料。

三是拾遗补缺。收纳了一批珍贵的"三亲"材料,重点归集没有在临沧市文史资料中出版过的有分量的文史资料,新形成了一批具有很高历史价值的文史资料,收集了一些重要的历史照片。

此次出版的《"三好"临沧——临沧文史资料选辑第十六辑》系统梳理从临沧解放、班老回归到习近平总书记给沧源县边境村老支书们回信70多年的历史脉络，并整体呈现临沧市学习贯彻重要回信精神的扎实措施和显著成效。本辑还按照政协文史资料的特点，在各章节后附亲历、亲见、亲闻材料，以再现真实历程，彰显政协文史资料工作的统战性、"三亲"性和民主性。

人民政协的文史资料工作历来坚持"征集无禁区，出版有纪律"，以近代以来旧中国积贫积弱的"大国之殇"为背景，反映边陲临沧饱受宰割的"边疆之难"、临沧人民以身许国的"寻路之憾"的《"三好"临沧——临沧文史资料选辑第十五辑》还在审批之中，不能一并出版，这并非遗憾之事，而是临沧政协文史资料工作的又一次向上攀登，相信在不久的将来又一朵文史资料小花将如约绽放。敬请广大读者耐心等待！

编　者

2023年12月

注：

① 临沧当代史"三个三"特点：临沧地区的解放是党的三个组织、三个专区、三支部队协同作战的历史，进而在1952年建立缅宁专区。临沧地区由于各种特殊原因形成了解放战争时期"三个三"的特点，一是从临沧地区的政区构成上看，涉及三个专区（即大理专区的云县、凤庆、缅宁；保山专区的双江、耿马、镇康；宁洱专区的沧源）。二是从党组织上看，涉及三个地区的党组织（即滇西地委的蒙化地工委、保山地委和宁洱地委）。三是从武装力量上看，涉及三支部队（即迤南边区人民自卫军第一支队，后改称"二纵"十一支队，整编时为九支队；七支队的三十一团；八支队的三十八团）。

② 近代以来对临沧历史发展具有重要意义的三封书信：一是1936年，胡玉山与佤山17个部落王共商抗英保土之计，发出由17部落王印签的《告祖国同胞书》。二是1951年班老王、绍兴王、摩邦王、碗莫王为争取班老回归给毛主席的信。三是2021年8月19日，习近平总书记给沧源县边境村老支书们的回信。

③ 近代以来临沧各族人民为维护国家主权和领土完整，进行了艰苦卓绝、抵御外侮的斗争，形成了"英国侵略者来了我们打、日本侵略者来了我们打、国民党窜匪来了我们打，共产党来了我们拥护"——"三打一拥护"的光荣历史。

人民日报

RENMIN RIBAO

人民网网址：http://www.people.com.cn

2021年8月

21

星期六

辛丑年七月十四

人民日报社出版

国内统一连续出版物号
CN 11-0065

代号1-1

第26705期

今日8版

习近平回信勉励云南省沧源县边境村的老支书们

引领乡亲们永远听党话跟党走
唱响新时代阿佤人民的幸福之歌

回 信

云南省沧源县边境村的老支书们：

你们好！读了来信，了解到脱贫攻坚给阿佤山带来的深刻变化，感受到了阿佤人民心向党、心向国家的真挚感情，我很欣慰。

你们都是老支书，长期在边境地区工作生活，更懂得边民富、边疆稳的意义。脱贫是迈向幸福生活的重要一步，我们要继续抓好乡村振兴、兴边富民，促进各族群众共同富裕，促进边疆繁荣

稳定。希望你们继续发挥模范带头作用，引领乡亲们永远听党话、跟党走，建设好美丽家园，维护好民族团结，守护好神圣国土，唱响新时代阿佤人民的幸福之歌。

请向乡亲们问好！

习近平

2021年8月19日

（新华社北京8月20日电）

新华社北京8月20日电 中共中央总书记、国家主席、中央军委主席习近平8月19日给云南省沧源佤族自治县边境村的老支书们回信，勉励他们发挥模范带头作用，引领乡亲们建设好美丽家园，维护好民族团结，守护好神圣国土。

习近平在回信中说，读了来信，了解到脱贫攻坚给阿佤山带来的深刻变化，感受到了阿佤人民心向党、心向国家的真挚感情，我很欣慰。

习近平指出，你们都是老支书，长期在边境地区工作生活，更懂得边民富、边疆稳的意义。脱贫是迈向幸福

生活的重要一步，我们要继续抓好乡村振兴、兴边富民，促进各族群众共同富裕，促进边疆繁荣稳定。希望你们继续发挥模范带头作用，引领乡亲们永远听党话、跟党走，建设好美丽家园，维护好民族团结，守护好神圣国土，唱响新时代阿佤人民的幸福之歌。（回信全文另发）

云南省沧源佤族自治县地处祖国西南边陲，是全国最大的佤族聚居县，当地佤族群众素有爱国守边的光荣传统。党的十八大以来，当地加快脱贫攻坚步伐，贫困群众的生产生活条件明显改善，住房安全、饮水安全、看病住院、子女上学等都有了保障。到2019年底，该县67个贫困村、4万多贫困人口全部脱贫。近日，该县班洪乡、班老乡9个边境村的10位老支书给习近平总书记写信，汇报佤族人民摆脱贫困、过上好日子的情况，表达了世世代代跟着共产党走、把家乡建设得更加美丽富饶的坚定决心。

　　图为《人民日报》2021年8月21日头版"习近平回信勉励云南省沧源县边境村的老支书们　引领乡亲们永远听党话跟党走　唱响新时代阿佤人民的幸福之歌"的宣传报道。

云南省沧源县边境村的老支书们细心传阅习近平总书记的回信

（云南日报记者 周灿 摄）

老支书岩翁（右一）手持习近平总书记回信而欢呼

（新华社记者 江文耀 摄）

目　录

幸福之歌

附　　录

附　录

心向总书记、心向党、心向国家

新时代人民政协新样子

序 言

那金华

　　临沧作为地处祖国滇西南边境一隅的重镇，是"党的光辉照边疆，边疆人民心向党"首提地、实践地和创新地，各族人民在党和政府的领导下，伴随着祖国站起来、富起来到强起来的今天，经济、政治、文化、社会、生态文明发生了翻天覆地的巨大变化，作为曾经的欠发达区域取得了一串串丰硕的成果，彻底告别了行路难、发展难的窘境。在这个变化的过程中，当地的各民族人民群众世代始终懂得铭记党的恩情、铭记历史，一心一意跟党走。从"阿佤人民唱新歌"到"阿佤人民再唱新歌"，临沧这片神奇而美丽的土地，孕育着淳朴的民风、勤劳勇敢的人民，以及厚重的爱国之情怀，演绎着一代又一代临沧人民爱党爱国爱家乡的戍边固土的叙事长歌。特别是在历届市委、市政府领导下所呈现出的一种全市党员干部群众满怀"我们都是收信人"蓬勃向上的建设发展张力，以及"家书抵万金""喜讯到边寨"般由衷的喜悦和自觉，从中所凝聚起来的"心向总书记、心向党、心向国家"的强烈共识，实践着绵延不绝的爱国主义精神、时代精神的动听赞歌。

　　临沧市政协让我就《"三好"临沧——临沧文史资料选辑第十六辑》（以下简称《"三好"临沧》）的付梓说点什么，看到书、想到临沧的发展变化，想说的话很多，而此刻我最想说亦如临沧百姓们感受一样的就是："生于斯，长于斯，不爱这片土地，爱谁呢？"这也可能是对我离开30载又回到临沧工作10年中，无论经历怎样甘苦、风雨笃志不移地根植这片土地的高等教育不解情缘最长情的告白。《"三好"临沧》着实让我进一步读懂了临沧、读到了临沧历史中所蕴含着的昨天、今天发展发生的故事，以及明天的向上向善的美好趋势；更明白了临沧的过去、现在以及未来的内在逻辑，那就是：临沧母亲般胸怀的沃土，不仅承载着临沧人民的希望，而且靠依着她的人民，怀着感激的赤子之心守护着她，怀着炽热的深情捍卫好、看护好、建设好她，这片滋养人民的临沧土地，人民愿意留守至终，即使是经历各种淬火历练也生生不息、永不言弃，永远不愿离开她。读懂了因为临沧这片土地，她已成为临沧人民心灵归属的美好家园，精神的依附之地！这种固守是报答、是感恩，也是守望中的继承，是挥不去的情怀、解不开的情结、放不下的情缘。写到此，于是，不禁使我触及灵魂般地想到了艾青曾经所写就的《我爱这土地》中的两句话"为什么我的眼里常含泪水？因为我对这土地爱得深沉……"的真谛；感受到"世界上唯有两样东西能让我们的内心受到深深的震撼，一是我们头顶浩瀚灿烂的星空（在此我理解为是祖国母亲），一是我们心中崇高的道德法则（在此我理解为是领土主权不可侵犯的王道）"（引自康德《实践理性批判》），以及应该坚持守护的愿望、坚韧和理由，其真谛就在于"最大的喜悦，莫过家国同庆；最美的画面，当属人月两圆"中华优秀文化精粹的闪现。

　　《"三好"临沧》的收集整理和编纂，是临沧市政协从一个基本纵切面以翔实的史料为基础，讲述了发生在临沧的保卫家国、捍卫领土、心向祖国、心向党的过去与现在动人的奋进故事，充分体现出了近代以来，在面对外敌入侵的危急时刻，临沧等边疆各族人民共御外侮、同赴国难，团结一心、众志成城，抛头颅、洒热血，共同书写中华民族艰苦卓绝、气壮山河伟大史诗的历史画卷真实及动人的场面。《"三好"临沧》也反映了在临沧的历史记忆中，折射出了习近平总书记所指出的"铸牢中华民族共同体意识，要引导各族人民牢固树立休戚与共、荣辱与共、生死与共、命运与共的共同体理念"生动实践，呈现出四个"与共"在云南边疆民族地区历史与现实的有机融入、现实呈现的动人华章。反映出的也正是2019年习近平总书记在全国民族团结进步表彰大会上讲话所指出的：一部中国史，就是一部各民族交融汇聚成多元一体中华民族的历史，就是各民族共同缔造、发展、巩固统一的伟大祖国的历史的生动场景。透过习近平总书记回信的字里行间，使我们深切地感受到的不仅仅是平语近人的魅力，更能够感知到来自大国领袖矢志不移怀揣的人民初心、人民情怀，对人民的炽热感情，以及立意高远的殷殷嘱托。感受到的是"我将无我、不负人民"在面对边疆各族人民书信时的躬身诠释。感受到习近平总书记的回信，不仅仅温暖着西南边陲的242万临沧各族人民，也是给云南全省的各族干部群众极大的激励和鼓舞，为边疆各族群众建设发展的信心与决心注入了动力，极大地增进了民族的凝聚力和自豪感，各族人民群众发自肺腑地感谢党中央、感恩总书记！

《"三好"临沧》基于习近平总书记的回信为出发点与落脚点，是临沧市政协认真学习贯彻习近平新时代中国特色社会主义思想的重要体现，也是对云南边疆民族地区贯彻落实增强各族人民对伟大祖国、中华民族、中华文化、中国共产党、中国特色社会主义的高度认同在临沧最好的诠释，是回应习近平总书记给沧源县10位佤族老支书重要回信和临沧与全国、全省同步全面建成小康社会并迈向中国式社会主义现代化在政协抓落实的实践行动，不仅仅体现出了临沧市政协的政治站位，更显现了临沧市政协的创新性、开拓性，以及工作的针对性、主动性，必将有助于进一步凝聚社会各族各界的共识，在推进中华民族共有精神家园建设方面发挥积极的作用。

《"三好"临沧》不仅解决了临沧历史研究缺乏系统性、零散研究多、支撑史料不全的状况，也为云南全省上下深入学习好、领会好、贯彻好习近平总书记给沧源县边境村老支书们的重要回信找到了引领点，有较强的时代意义、实践意义，而且具有较高的历史价值。该书体现出了以下三个特点：一是"三亲"的原则。充分反映出政协文史资料工作历来所秉持的亲历、亲见、亲闻"三亲"原则要求。没有局限于历史过程中所形成的众多文件的堆砌与罗列，以及过多的解读层面，而是立足于历史、现实事实，以及涉及回信的重要人物、地点、事件参与者与后人所述，特别是奔波昆明及周边州市找寻、收纳了一批重点、有分量的珍贵的"三亲"文史资料，使散见的史料、照片在丛书中系统得到呈现。二是文史资料价值。文史资料不同于史书，体现的是史料，《"三好"临沧》中所编辑、征集出版的历史资料，体现出比较高、比较好而又较为具体的历史性直观、片断的史料属性。《"三好"临沧》既是对习近平总书记"建设好美丽家园，维护好民族团结，守护好神圣国土"的及时回应，更是立足国家历史及时代背景，对分散在各类典籍著作、资料中的临沧近代以来重大历史事件进行了归集，串联起中缅边界勘界悬案、"班洪抗英"事件、"1941年线"、滇缅铁路、班老回归、佤山幸福工程、习近平总书记给沧源县边境村老支书们回信等重大历史事件，以及所涉及的人和事件等过程。同时，在临沧广大政协委员中就习近平总书记回信感受、体会等情况进行亲历、亲见、亲闻性地记述与描写，聚合临沧市政协不同县域、不同界别的部分委员，站在不同角度理解而成的第一手资料，这从历史岁月看必定会是弥足珍贵的。三是参考价值意义。《"三好"临沧》作为政协文史资料，决定了该丛书能够为在整体宏观性和大势性中的党史、新中国史、地方史志、中华民族史、军史等提供史料参考与依据的价值意义。丛书编纂是把临沧放在世界近代史、中国近代史、中华民族史的大背景中去考察、去分析、去透视、去解读，是从国家、民族、历史的整体性、系统性和方向性上去呈现临沧地方史，同时把临沧重大历史事件和历史人物贯穿于其中，通过点线面相结合，力求讲好临沧这个云南最年轻的地级市（地区）近代史中的历史故事。因此，《"三好"临沧》也必定不同于实物、行为、口碑和文献类的历史资料，也不会同于临沧过往社会发展变化中在物质、文化、社会运动等方面所呈现的自然界本身所遗留的记载和遗迹的作用，其自身具有难以替代的价值意义。《"三好"临沧》所具有的作用也是临沧其他各种史书、历史资料所不能替代的。

总之，《"三好"临沧》是对中华民族共同体的高度把握历史叙述权和话语权的具体体现，是对临沧这片边境热土上的各族人民国家认同的历史性回溯，是在党史、新中国史、改革开放史、社会主义发展史学习教育中，用临沧篇章去书写和注解、继承和发扬党领导人民在近代各个历史时期奋斗中，所形成的伟大建党精神等精神谱系在临沧的具体行动，是用共同理想信念凝心铸魂的临沧政协的实践篇章，是高度重视和加强中华民族史史料收集整理工作的重要组成部分，是临沧市政协加强对广大政协委员及各界别群众爱党、护党宣传教育，深入开展"党的光辉照边疆，政协委员心向党"等教育的实践活动，是推动"心向总书记、心向党、心向国家"成为云南边疆各族人民群众的共同心声积极实践得当举措。

此文亦当致敬为临沧革命建设改革发展抛头颅洒热血、奉献牺牲、无怨无悔守护奋斗的先烈和先辈们！

（那金华，政协云南省第十二届委员会委员、政协云南省第十二届文化文史和学习委员会副主任、云南民族大学原校长、中国西南民族研究学会会长、云南省社科联副主席（兼），云南民族大学二级教授，博士生导师。）

回归之路

回归之路

临沧解放

共产党领导佤山革命

　　盼来救星做靠山，从此有了主心骨。解放战争时期，随着滇南革命根据地的蓬勃壮大，包括阿佤山在内的临沧成为滇南根据地的西扩目标。1948年开始，中共云南省工委分别从昆明、滇南根据地接续派遣工作队和武装部队到达临沧[1]，建立起云县地下党支部，在滇西南边陲点燃了革命斗争的熊熊烈火，临沧各族人民与革命部队亲密无间、协同作战，先后推翻沧源县、双江县、缅宁县的国民党设治局，分别建立缅宁专员公署以及3个县的临时人民政府，一举开创

---

　　[1] 临沧市的历史行政区划及称谓曾多次发生变化。1952年8月，划大理专区缅宁县、普洱专区沧源县、保山专区双江县和耿马县，新设立缅宁专区，辖4个县；1953年5月，原属保山专区的镇康县划入临沧专区；1954年6月，缅宁改称临沧，顺宁改称凤庆；1955年10月，耿马县改为耿马傣族佤族自治县；1956年，原属大理专区的凤庆县、云县划入临沧专区；1964年2月，原镇康县分设为永德县、镇康县，至此临沧专区辖8个县，同年沧源县改为沧源佤族自治县；1971年1月，临沧专区改称临沧地区；1985年12月，双江县改为双江拉祜族佤族布朗族傣族自治县；2004年，临沧地区撤地设市，临沧县改为市辖临翔区，全市辖1区7县。为反映历史原貌，本文按对应时期的历史称谓进行表述。

了阿佤山、双江缅宁、云县南区3块革命新区，引起了滇西国民党统治势力的极大恐慌，遂拼凑"滇西六县联防"反动武装，"围剿"临沧革命新区。虽然遭受到反复围剿，但临沧革命新区的军民坚持浴血奋战，取得了3次阿佤山保卫战大捷、缅宁保卫战大捷、澜沧江突围战等胜利。沧源县、缅宁县平村、云县南区3个革命政权呈一字列布，南北跨度达300多公里，始终互为犄角、屹立不倒，就像伫立在澜沧江畔、小黑江（为澜沧江支流）畔的前沿堡垒，牢牢守护着滇南革命根据地的西大门，使滇西南边陲的革命烽火一直燃烧到1950年解放大军进驻。

一、3次阿佤山保卫战大捷

阿佤山位于中国西南边疆，其腹地沧源县反复历经了革命战火的考验和洗礼。从1932年开始，中共地下党员李晓村、尹溯涛、江枕石等先后数次潜入沧源，秘密撒播革命火种。1949年初，经中共地下党员发动，沧源佤族民众武装揭竿而起，加入中共"回国党组"领导的迤南边区人民自卫军（后编为解放军滇桂黔边纵第九支队），起义队伍攻占了沧源县城，武装推翻国民党沧源设治局及县党部，彻底终结了国民党对沧源各族人民的压迫和统治，成立沧源县临时人民政府，正式创建沧源革命新区。

1949年8月至11月间，滇西国民党反动派、沧源勐董原土司罕富民先后纠集反革命武装2000人、700人和1500余人，3次进犯沧源，妄图攻占沧源革命根据地和颠覆沧源人民革命政权。沧源县军民同仇敌忾、顽强战斗，充分发挥熟悉地形、灵活机动的优势，出其不意分路截击来犯之敌，3次将敌人打得溃不成军。先后消灭敌人前线指挥官大李七等300余人，缴获机枪7挺、步枪100余支。在3次沧源保卫战中，"佤山大勇敢"田三木拉等一批佤族英雄壮烈牺牲。

沧源革命军民3次粉碎了国民党反动派的进攻，使阿佤山上的革命红旗屹立不倒，也使反动势力妄图蚕食思普革命根据地的阴谋彻底破产。

二、缅宁保卫战大捷

1948年，中共云南省工委从昆明、滇南根据地两个方向派遣地下党员到缅宁县、双江县一带开辟革命新区，成功发动了双江圈控起义，拉起了一支由佤族、拉祜族、布朗族、傣族等6种民族群众组成的革命队伍。1949年3月，中共"回国党组"领导的迤南边区人民自卫军第一支队向西进发，先后占领缅宁县、双江县，建立起革命政权——缅宁专员公署，以及缅宁、双江、沧源3个县的临时人民政府，迤南边区人民自卫军第一支队迅速扩大为12个大队2000多人，广泛建立起农会、商会、青年会、妇女会、文教协会等群众革命组织，掀起了民主建政、借粮救荒、支援春耕、击退"共革盟"进犯、西征耿马土司领地等如火如荼的革命活动，引起了国民党滇西统治势力的极大恐慌。

1949年7月，国民党"滇西六县联防指挥部"总指挥余建勋指令耿马土司武装1000多人进犯缅宁。为粉碎来犯之敌，缅宁专、县革命政权广泛动员军民，分头派出革命部队阻击敌人，缅宁县各界团体联合成立了"缅宁人民支援前线委员会"等群众组织，广大群众积极参加宣慰队、卫生队、运输队、担架队等到前线服务。经过小丙野、勐托、蒙化寨、龚家寨、大户肯、大亮山等多场战斗，迤南边区人民自卫军打得来犯之敌丢盔弃甲、纷纷溃败，缅宁保卫战取得全面胜利。迤南边区人民自卫军大队长杨春璠、傣族战士刀三等在战斗中英勇牺牲。

缅宁保卫战的胜利，狠狠打击了国民党滇西反动派的嚣张气焰，极大地鼓舞了缅宁、沧源、双江各族人民的革命斗志。

三、澜沧江突围战

1949年8月，国民党"滇西六县联防指挥部"纠集顺宁、云县、耿马、镇康等县的反动武装，大举围剿缅宁根据地，迤南边区人民自卫军在缅宁、双江收编的武装也相继叛变，为了保存革命实力和保卫思普革命根据地，缅宁革命军政人员奉命撤往思普根据地。缅宁革命军政人员撤经缅宁县马台乡的澜沧江渡口时，过江渡船已被敌人事先捣毁，船工已被赶走，大队人马一时无法过江，南、北、西三面追敌又相继尾随而至，革命军政队伍处于难守难攻、背水作战的不利形势，情况万分危急。迤南边区人民自卫军一方面组织敢死队迂回与敌人作战，一方面急搜渡江工具。在马台乡海子村农会副主席向朝升和群众薛大妈（杨和玉）二人的帮助下，迤南边区人民自卫军找到了船工李开周及被敌人沉藏在江中的唯一木船，在敢死队的掩护下，除杨和玉母子及少量骡马物资外，其他革命军政人员全部顺利渡过了澜沧江，成功粉碎了反动派妄图借助澜沧江天堑覆灭缅宁革命队伍的卑鄙阴谋。

在最后一趟渡船面前，杨和玉为了让战士们能够全部挤上渡船，不得已带着大儿子留在马台。事后，气急败坏的国民党反动派得知是杨和玉帮助革命队伍找到的渡船，四处搜捕并最终残害了杨和玉同志。

（王光华）

佤山历史新纪元

村村寨寨换天地，党的光辉耀边疆。1950年12月，入滇解放军和滇桂黔边纵队全面进驻临沧，临沧全境解放。在中国共产党的领导下，世世代代生活在滇西南边陲澜沧江和怒江之间的佤族、拉祜族、布朗族、傣族、德昂族等12个民族，终于摆脱外敌欺凌、民族阋墙、土匪横行、饥寒交迫、瘴疫肆虐的悲惨命运，广大贫苦群众从被统治、被压迫、被践踏、被歧视的"会走路的工具"，翻身变成国家的主人。家家户户分到了耕地、牲畜、农具等基本生产资料，边疆人民彻底告别了几千年以来饱受蹂躏、衣不蔽体、食不果腹、房漏风雨、病无所医的凄苦生活，过上了人人平等、户户有粮、生产飞跃、社会安宁、教育普及、疫病能治的社会主义康庄大道。

一、边疆人民"站起来"

解放前，临沧各族人民群众深受少数民族土司头人、国民党反动派、封建地主、土匪恶霸的统治和压迫，生活苦不堪言。以镇康县木厂乡烈神堂自然村为例，1948年的苛捐杂税名目多达数十种：大门户负担、征缴粮食、兵役钱折价、拜年钱、镇公所开支、保公所开支、保长薪水、甲长薪水、马夫费、学款、甲内招待费、大烟苕、损耗烟、苕尾烟等，全村除保长、甲长家庭以外的19户群众，每户交纳的税捐达188元大洋，这样的税捐折合当地4~5个长工的全年收入，在这样的压榨之下，多数群众千辛万苦劳动，却世世代代过着食不果腹、衣不蔽体、民不聊生的悲惨生活。这个例子就是解放前滇西南广大人民群众悲惨命运的缩影。一首民谣这样描述："一年耕种半年粮，放下镰刀就逃荒。棕匹麻布当铺盖，山茅野菜作主粮！"

经过临沧各族人民的顽强抗争，随着人民解放军摧枯拉朽的进军步伐，1950年2月至12月，临沧各地各族人民相继获得解放，先后建立起镇康县、缅宁县、双江县、耿马县等7个县人民政府（各民族行政委员会）。其中双江县和耿马县，由于反动派的武装抵抗，经过解放军激烈战斗，才最终实现解放。从此，临沧各族人民摆脱了世世代代被统治、被奴役、被剥削的沉重枷锁，实现了梦寐以求的翻身解放和当家作主。据部分史料记载，1952年至1958年间，沧源县被选送到中央党校、中央民族学院、云南省委党校、专区党校学习的少数民族干部多达620人；1956年，双江县第二届人民代表会议中有少数民族委员10人，占委员总数的53%；1958年，耿马县共有少数民族干部392人，占全县干部总数的54%。

沧源县各族群众首次选出人民代表大会的代表

顺宁县（凤庆县旧称）人民政府成立大会

缅宁县（临翔区旧称）人民政府成立大会

中国共产党不仅领导各族群众在政治上"站起来"，而且大力扶持边疆少数民族地区发展和群众生产、生活，迅速帮助群众实现经济上的"站起来"。在沧源县，1953年至1956年间（1953年全国第一次人口普查时该县有6.08万人），党和政府共发放"民族特补费"38.89万元、救济粮30.41万斤、救济款20.88万元、食盐30万斤、寒衣2736套等，这些救济款项和物资，不仅帮助当地各族群众迅速摆脱了生活困境，而且调动了广大边疆人民的生产积极性。

二、边疆民族直接过渡

解放前，临沧还有很多地区处于原始部族、封建领主等社会发展形态，社会生产力极其低下，人民群众常年挨饿受冻，生活极其艰难悲惨。例如，耿马等地的少数民族群众，用1驮茶叶才能换取1市斤盐巴，用1背篓紫胶（约10公斤）才能换取1小包缝衣针。

解放以后，中国共产党充分照顾少数民族地区实际，对沧源县、耿马县全境以及双江县部分乡镇共8.1万人的地区，实行不经过土地改革等社会主义改造，直接过渡到社会主义的特殊政策，并对佤族、拉祜族、布朗族等6种少数民族土司、头人实行"政治上安排""经济上包养"，鼓励、引导各地的土司、头人加入农业互助合作社，在"直过民族"地区全面建立起社会主义政治、经济、文化制度。同时，对覆盖14.3万人的其他少数民族地区实行"和平协商"土地改革政策，最终于1957年在临沧大地全面建立起社会主义经济制度，临沧各族人民全面步入日新月异的社会主义建设发展轨道。

过渡到社会主义以后，临沧少数民族地区实现了生产力和人民群众生活水平的大幅提升。例如，解放前沧源县岩帅区贺南乡缺粮户占比达71%，直接过渡后，贺南乡人均占有粮食由解放前的166千克提高到1957年的365千克，历史性消除了当地群众普遍挨饿的现象；沧源县班老八门点的佤族群众由衷感慨："只有毛主席领导的共产党，才会关心百姓生产，以后要永远听共产党的话，别人拉着我的手也不跑外国（指边民外迁）。"临沧县那招乡公别的拉祜族群众说："旧社会哪个会来支持我们这些民族，几辈子的老人也没有听说过。"凤庆县郭大寨苗族群众说："我们苗族习惯穿戴要麻布，上级就给我们买来了麻匹，只有共产党领导，才真正体现各民族平等，而且对我们民族还多爱一些。"

三、边疆各民族大团结

解放前，历朝历代统治阶级为了维持他们的剥削地位和反动统治，大力推行所谓的"以夷制夷"卑鄙策略，不断在临沧各民族之间挑拨隔阂，煽动制造民族纠纷，造成临沧各民族之间甚至是同一民族的不同部落之间长期对立、积怨较深，民族械斗等事件时有发生，各族人民群众深受其害。

解放后，中国共产党的各级组织和各地人民政府大力贯彻落实"各民族一律平等""团结生产进步"的方针，不遗余力地调解、消除临沧各地、各民族之间的隔阂与矛盾。1950年12月，参加新中国第一次国庆观礼后的沧源少数民族上层青年肖子生、魏文成及沧源县的赵布金、高寿康等共20余名少数民族代表，参加普洱区第一届兄弟民族代表会议，并于1951年元旦参加民族团结盟誓，在书写着《民族团结誓词》的红布上庄严签名，共同缔结了著名的《民族团结誓词》。

1952年11月，由于历史原因，沧源县岩帅、贺南两地佤族群众发生冲突，经过各级党委派出的工作组及时进行劝解说服，岩帅与贺南群众冰释前嫌，双方消除了长期以来的历史隔阂，在1953年1月7日共同进行盟誓，订立了10条"团结公约"，共同约定"各民族各部落的头人和群众，要在毛主席、共产党的领导下，团结友爱，和睦相处，不得歧视和压迫"，共同承诺"各民族各部落之间，若发生矛盾和纠纷，要及时向人民政府汇报，由人民政府帮助协调解决，不听坏人挑拨破坏，不扩大矛盾纠纷，更不准动刀动枪打冤家"。中国共产党和人民政府还先后化解了岩帅与勐董、班洪与孟定等各地之间的历史宿怨，全面开创了各民族团结和谐、共同繁荣进步的新型民族关系。

（王光华）

阿佤山民族团结棒
（棒上文字为：1956年1月18日，工作队与鲍兴嘎等昆马头目及各界人民以木刻方式签订"团结公约"，今后永远团结在共产党和毛主席的领导下，发展生产，建设祖国，过渡到社会主义社会。）

佤山剿匪

从1950年开始，临沧广大劳苦大众脱离悲惨境地自己当家做主人，各地手中仍然掌握枪支、粮食、财富的反动势力和地主恶霸，不甘心失去他们巧取豪夺的统治地位，纷纷举行反革命暴动，并与溃逃国境外的反动残余沆瀣一气，接受台湾蒋介石集团和美帝国主义的经费武器支持，千方百计破坏各地新生人民政权。面对着严重匪情，临沧各族群众一心信赖和依靠中国共产党，始终坚持一不怕死、二不怕苦的大无畏精神，紧密配合解放军和人民政权，经过3年艰苦卓绝剿匪，全面肃清了各县的暴乱土匪和汇集盘踞在大雪山（今永德境内）一带的土匪，消灭了拥有美式先进武器的李弥"反攻"匪部主力，成功捍卫了边疆各族人民来之不易的革命胜利果实。

一、大雪山剿匪

大雪山位于镇康县（今永德县）、耿马县、凤庆县、云县的结合部，方圆370多平方公里，主峰大雪山海拔3500米，山中人烟稀少、重峦叠嶂、陡峭险峻、岩洞奇多，解放前就为匪盗集聚之地。临沧解放后，周边数县的旧政权反动派、地主恶霸武装暴动后受到打击，纷纷聚集到大雪山中，接受境外国民党李弥残匪的遥控指挥，猖獗攻击附近各地基层人民政权和抢掠人民群众。

1951年底，盘踞在大雪山的政治土匪纠集600余人的所谓"云南反共救国军沧怒纵队"，在麻栗坡、大户肯、勐永、蒙化寨等地先后组织暴乱，袭击驻军及区乡人民政府，残杀农民积极分子，对周边新生人民政权造成了严重破坏和恶劣影响。面对匪情，中国人民解放军陆军第十四军一二〇团、一二一团、一二三团及公安二团等部队，先后奉命清剿大雪山土匪，但因大雪山区域广阔、山高林密，敌人屡屡逃脱。

临沧剿匪工作队

1952年5月，人民解放军调整剿匪策略，制定了"军事清剿、政治攻势、发动群众、建立和恢复政权"的方针，从临沧、镇康、耿马等地调集增加剿匪部队，再次对大雪山土匪进行清剿。解放军先是采取"多路梳子"战术，分片搜索剿匪，后又采用"铁篦梳头"战术，以分散对分散，做到每一个村、每一个寨、每一座山、每一条河都有剿匪部队，并从保山、大理抽调100余人武装力量和政工人员，组成强大的工作队，在匪灾严重的地区广泛深入群众中间，恢复建立各村、各寨的人民政权组织，组建民兵组织轮战队伍准确及时地向剿匪部队提供情报，各路土匪陷入了人民战争的汪洋大海之中，解放军在大户肯、冷水沟、箐门口、麻栗坡等数十地给予土匪毁灭性打击，先后歼灭土匪500余人。

至1952年8月底，经过两年多的时间，解放军共进行大小剿匪战斗63次，终于将盘踞大雪山的土匪彻底肃清。

二、诱歼境外残匪

解放军挺进云南时，国民党第八军、第二十六军和滇西南各地反动武装大部分被解放军歼灭，少部分残余武装逃到国境外。1950年9月，蒋介石派遣原国民党第八军军长李弥从中国台湾飞赴缅甸北部山区，对散居在那里的各种残兵败将和反动武装进行改编，拼凑起所谓的"云南人民反共救国军"，从临沧、普洱两个方向攻入云南，叫嚣要在3个月后迎接国民党中央政府迁到昆明。为彻底消灭聚集在国境外的反动余孽，云南省军区和驻滇解放军秘密制定了"诱敌深入、力求在境内彻底消灭逃缅武装主力"作战方针，并将沧源、耿马、镇康、双江等县所有军政人员全部撤至内地。

1951年5月，敌人北梯队李国辉部3000多人，分别从沧源永和、镇康南伞、耿马孟定3路攻入国境，先后攻占沧源县、镇康县、耿马县、双江县的大部分地区，敌人在所到之处捣门破户、抓夫派粮、烧杀掳掠，纷纷遭到边疆各族群众的唾弃和抵抗。初战"顺利"的李弥不知是计，得意扬扬到达沧源永和，设立指挥所，大张声势，以所谓的"云南省政府主席"散发《告云南人民书》、杜鲁门《出兵朝鲜声明》等反动宣传品。

等敌人全部钻入"口袋"，解放军开始全面出击，分别在镇康木场（时称"耿西区"，包括甘塘）、耿马、双江、岩帅、孟定、翁丁等地与敌人激战，各个击破来犯之敌。战至当年7月，解放军在沧源完成对敌合围，并迅速发起总攻，一举攻下敌首李国辉设在沧源勐董的指挥部，李国辉率少量残部再次狼狈逃出国境外。从此，国境外残敌所谓的"反攻云南"泡影彻底破灭。

（王光华）

附　录

缅宁地区斗争回忆录

一、追击恶霸李守忠至博尚围歼经过

1948年12月下旬，我赶到上允立即向司令员及参谋长报告此次追击石炳麟残部入缅的情况，他们将二、五大队追击围攻双江勐勐阁、李、石、白、毛等部的情况告知我，估计敌数股纠合当地势力在勐勐顽抗。我兵力不足，令我率四十六队十一中队星夜赶到增援，并任命朱江为前进指挥所参谋。当天经上允渡过小黑江，于午夜后到达勐勐向肖指挥员报到。肖说伪县长阁旭已服毒自杀，李、石等敌已两路逃跑，但敌头大尾小（兵力、辎重、家属多）、行动缓慢。据情报，双江伪县长及石炳钧为一路轻装向昆明逃去。李、白、毛等率武装及家属200余人，有六〇小炮一门，轻重机枪数挺，步枪若干支。在我部尚未追到勐勐时就已逃窜缅宁方向。他并且说，李匪是被彭、林逼走的。当夜，彭就派林春茂（林明）前来南栅，与肖雨苍和谈有关和平解放双江、请求收编事宜，故我军于翌晨迎接彭、林进入勐勐。

经临时军事会议决定，由我率所部以急行军追上不放，裘征疆部续进增援寻机围歼。由肖派一部前往大蚌渡口与博尚之间的有利地段埋伏，以防其渡澜沧江与景谷李希哲纠合，指挥所在勐库待司令部指示后再前进。我第二天薄暮即抵达距博尚有5公里的寨子宿营，并派侦察人员了解敌情，知敌人已在此街内盘踞了两天，并与博尚的地霸王佑箴又勾结又矛盾。王佑箴有武装100多人（枪），没有火炮。现在，正纠缠不清，动向不明。两小时后我裘部已抵达宿营。

当晚9时左右王佑箴亲自到我宿营地，说他是被李守忠软禁逃跑出来的，找我军协助，并据李守忠说，李希哲已被任命为第九区专员，很快来缅就职，叫李守忠在此等候，如王佑箴协助有功，将被任为缅宁县长。王佑箴说他只有百余武装，力量不足，请求我军参战。朱江和裘征疆都不同意在街市人烟稠密的地方发生战火，使人民的生命财产蒙受不应有的损失，只能引出来在路上围歼。当晚已将情况飞报指挥所，王佑箴当夜不敢回博尚，只派人通知其武装戒备李匪。我部除派小部队接近敌区严密监视外，亦在原地警戒待命。

当晚李守忠匪部已知我军到达博尚外围，且发觉王佑箴逃跑，也看到其武装在街子的一头正布防做战斗准备，因此认定王部与我军有盟，街内王的武装对他危险更大，所以李匪使用先发制人的手段，在凌晨即发生火拼。李守忠的帮凶杨源用六〇炮燃烧弹轰击，使博尚街房屋起火燃烧，在战斗中无法救火，使人民财

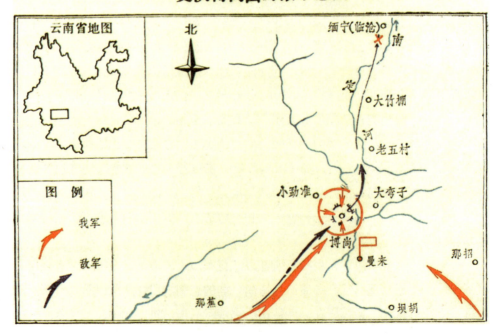

一支队博尚围歼战示意图

产损失很大。由于王部无炮和重机枪，经过激战无法支持，逐步退出街外，这样李匪部全占博尚街，横冲直撞，为所欲为。

在这种情况下，王佑箴再三请求我军参战。此时我尚未接到指挥所指令，未便参战，只将部队开往博尚四面占领有利地形，形成街外大包围势。第三天，肖指挥员率后续部队赶到博尚外围，指挥所设在东面的讯房寨。了解战况后命令我军参战，缩小包围圈，李匪部也知道由于炮击而引起博尚大火，对人民犯下了滔天罪行难以逃脱。我军部署兵力，包围了王佑箴武装在内的1300余人，已成瓮中之鳖。因此他们曾数次组织突围都未成功，第四天我军方面有些部队和新编的八、九大队也赶到博尚，各部已占领街内民房，实行断墙破壁战，战况亦越激烈。我部攻击路线是到缅宁城路上高地，阻击十分有利。

澜沧部队指挥员开会研究，在此情况下应以攻心战为上策，实施诱降，各个击破，以减少伤亡及民财损失。第五天夜间白佩衡部首先向我部缴械投诚，白部下都认得我，所以劝降工作不难。第六天上午白佩衡、毛鸿臣相继率眷到指挥所投诚。

这样李守忠的战斗力更加削弱，士气更低落，我军的包围圈进一步缩小，便停止强攻，以免不必要的伤亡。他们的军心十分动摇，惊慌失措，有的缴械投降，各找生路；有的顽固分子，就在第七天凌晨四时后趁我军数夜未睡，在戒备疏忽的地区，即东北面我二、八大队防线潜出我包围圈逃窜，并带走了六〇炮和重机枪。李守忠见大势已去，也只好带两名亲信潜逃缅宁。当天上午，在城外被群众武装击毙。博尚围歼战，从李守忠盘踞到结束前后经过七天时间就胜利结束。

3月23日上午，王佑箴约同肖指挥员到街上视察灾情。才走到王佑箴住宅附近，王突然抱着肖指挥员的脚不放，王佑箴的帮凶趁机抢了肖的手枪，三人混缠了几分钟，听说是字万才劝架，肖乘机挣脱，适遇他的警卫员赶到，肖即接过警卫员的小卡宾枪将王佑箴及其帮凶二人当场击毙，字万才也同时死去。弹从何来，至今也未获结论，有人说是王佑箴的另一个帮凶本想打肖指挥的，在忙中却打着字万才。据肖说他是认识字中队长的，绝不至向他开枪，这个悬案仍待查实。

在这事件发生后，王佑箴的部属们坚决要报复，繁忙调兵遣将，有一触即发之险。此时恰好黄强大队长赶到博尚，极力调解以缓和紧张气氛，还有区长虞际唐及博尚知名人士找到双方领导人座谈后，说明误会原因向前看，所有罪过应在李守忠上。现在我们都成了革命队伍，有事应协商妥善处理才有利于人民。后来归还肖指挥员的手枪，混乱秩序才又恢复如初，肖指挥员留在博尚办理善后事宜，在群众大会上公审枪毙炮击民房引起大火的元凶杨源，以平民愤。二、四大队休整期间准备进军缅宁城，五大队暂留博尚处理灾后各事，接编地方武装，并飞报司令部。

二、进驻缅宁城

在博尚战斗开始的同时，缅宁城的秩序也很混乱。伪九区专员罗展率全部保安部队已向下关方面撤走，只有伪保安副司令邓瑾、伪县长杨育才尚在城内，但旧政权各机构早已瘫痪，处于无政府混乱的状态。据情报，云、耿、缅三交地区、蚂蚁堆、河底岗一带的惯匪纠集起百余人的武装，以大麻子为首，与云县赵复初、曾光鑫等假革命联合起来，有300余人，号称"共革盟"组织的部队要解放缅宁城，有意图洗劫县城，因此满城风雨、人心惶惶。我军在博尚围歼李守忠告捷，我军是共产党领导的革命武装部队，因此城区绅商名流和有识之士议决派出代表来到博尚，欢迎我军进城维持治安。

1949年3月的一天，我军前部在缅城代表引导下开始向缅宁城进发，半路人民设有茶水、午餐站。我前部十一中队饱餐后继续前进，当天二、四大队是后续前进，离城一里天已黑，代表先行入城。部队到达时欢迎的人已经回去，我们只好在城外一会馆宿营。二大队住在西面忙角高地，不久就有人来接待食宿，但无代表介绍情况。时已入黑，又处在人地两生，不能不引起我们的戒备，黄强大队长与邱誉超有过交往，我二人只好带领警卫班到他家拜访。先是吃闭门羹，说是有事出去了。我们再三诚恳说明来意后才有人从后门叫他回来。这说明怀疑我们有恶意，见面双方说明情况后，才知道徐雄飞、王之政两人在捣鬼，胡说我军入城要先抓头面人物，不能接近，又叫居民入黑就闭门睡觉，防备打仗和抢劫。他们一方面派几个人办理伙食，叫我们安心休息，天亮就有人来接头；另一方面趁乱纠集亲信数十人强行接收旧警察的武器弹药，说是我军派出来收的，这些把戏后来才知道的。

八、九大队（新收编的双江彭硕材、普世明武装）也陆续开到城外宿营，我军将邓瑾、杨育才拘留待命，我们还收留了伪保安司令部其他人员及无线电台一部，包括台长在内，解决他们的吃饭问题，接收旧政权的其他枪弹，同时也收编王之政的已有武装为四大队十二中队建制，邱誉超、邓炳荣两同志接头最多，介绍了各种情况，态度诚恳，在当时来讲是有进步思想的。后来陆续会见了各方面的头面人物和有识之士，同时召开了一次有各阶层各界代表的座谈会，成立临时军政委员会，恢复社会秩序，布告安民，市场照常营业，我军公平购物，各安生计，这样就暂时恢复了社会正常秩序。

三天后肖指挥员也到达城内，又一次召集更广泛的各界人士的座谈会，说明国内革命大好形势、我解放军的节节胜利消息，介绍省内人民奋起干革命的情况及我们部队的任务。还组织学生宣传共产党的政策、我解放大军的胜利消息、军队的三大纪律、八项注意等等。同时派出远近的各情报人员，以便掌握局势。

共革盟方面虽知我军入城，但仍逐步迫近东郊，在农村干扰农民的正常活动。已有零星不法事件发生，人民纷纷逃避，并向我军诉苦。他们仍不死心，企图趁机抢掠。我军早已在城东设防，并派出第二、五大队从两翼迂回，形成半包围势，以迫其后退。同时派出指挥所我为代表，前往双方武装警戒的田房与赵复初、曾光鑫等进行谈判，说明我军任务，促其无条件速撤，以免发生不幸。

他们估计力量悬殊，形势不利，终于在当晚午夜后全部撤去，未曾造成浩劫，但在匪部住过的村庄抢走部分耕牛、粮食、财物、妇女等等。第二天我军获报后，立即派武装部队追赶，终因时间太晚，已越界逃脱，无法还原失物，但境内已无匪踪，人民生活暂时又恢复了平静。

我军进驻缅城后两星期，十一支队司令部、政治部就来到，前进指挥所从此撤销。司令员傅晓楼因到宁洱开会，只有政委兼副司令员王天翔（王松）、参谋长蒋勖之、政治部主任吴佟率领一部分政工人员到达，立即召开扩大座谈会，交代当前形势和任务，肃清旧政权影响，着手建立各级人民政权，收容缅境内所有零散武装，增编十、十一两个大队，号召高初中学生及社会知识青年，到军政干校参加学习，并安排各级学校按时开学。

第一期军政干部训练班，共收男女学员200余人，王天翔为主任，王仲生为教育长，我为军事教练兼女学员队队长，邓炳荣为女学员队指导员。政治部人员到校兼授课，学制暂定一月，期满后分配到城乡各级政权及军队工作。结束前还组织若干宣传队到边远山村做一次巡回宣传工作，受到人民的热烈欢迎。我和邓炳荣率领男女学员40余人，前往忙来山边寨山村做巡回宣传演出，大受山区人民的欢迎，他们说这是从来没有过的大喜事。

三、进军耿马

我队在为山区人民热情而有成效的演出活动中，我作为一个军人，对第一次参加这样有意义的丰富的文化生活，是特别感兴趣的，每场都安排有我的节目——少林武术表演。但因我还有保安任务，不得不走，队员们舍不得我离去。

就在第三天午夜接到王政委命令，要我立即赶到耿马县的勐永四大队接受任务。事情来得这样突然，进军耿马的消息我事前一点也不知道，这也难怪，因为是军事秘密。次日凌晨随带警卫员共三人匆匆离队出发，当天下午4时赶到目的地，向大队长、副指挥员黄强报到。他告诉我前天夜里就吓跑了小土司，占领勐永，十二中队王之政已随五大队进军勐撒，昨天到箐门口与敌接上火了，因十二中队不听指挥，要我再率十一中队赶往，以副大队长（在澜沧已编制定）的身份指挥十二中队，配合五大队协同作战，副司令兼指挥员已在勐撒前线。

我连夜率队赶到箐门口，罕富勇打了一仗就撤入勐撒城了，我与肖大队长商议进军的作战计划。第二天拂晓开始向勐撒城搜索前进。我部离城400米即受炮火的阻击，未能一举攻占勐撒城。敌方居高临下，城边无地形可利用，遂退到有利地势，布置大包围，三面用密集火力佯攻掩护，我率领十一中队一部突击攻坚，突破一点，很快就占领半条街子，敌方疯狂还击，无法再前进，只有加强固守已占的半街，等待入夜另布围歼。由于街背一面靠近陡山密林，布防尚未周全。该敌入夜后不久即秘密爬山越岭向耿马逃去，到拂晓前开始再攻时不见还击，才知有变，待天明搜索入城一无所获，因此就结束了勐撒之战。

一面布告民安，宣传党的政策和纪律，很快就恢复了社会秩序，各安生业。

次日土司（耿马）方面有代表一人（北方口音）来到勐撒找王副司令谈判，希望我军停止进攻，愿意接受整编。我方提出先进军到石灰窑、石房设防，他们也答应这个条件，并要求我方派代表入城谈判。次日就派参谋刘春光随耿方代表入城的同时，我五、四大队（缺十二中队和十中队）即向石灰窑（离城20公里坝子边山口）前进，到达后五大队立即设防，四大队的任务是占领石房三尖山一带。当时十二中队尚未到达石灰窑，十中队石安华因由勐撒续进更无消息。如等齐部队再出发，有误战机。因此，我只率十一中队等到午夜后出发，后续部队由肖催促，我部在夜间急进，沿途遇到几起驮马辎重等物在村边路旁休息，实为离城避祸。我部经过后才发觉是他们所谓敌人，因我部夜行秘密，也不惊扰他们，所以他们就不在意了，虽有余悸，但已成为过去。

天刚亮我部到达石房山脚，因未了解情况，只在森林里潜伏，一方面等待后来中队，一方面派出武装侦察组上山搜索敌情。据报尚无敌情，但山头宽阔，少数部队很难固守，所以一直等到下午5时仍未见后队到达，但山顶监视哨报告发现由耿马城方向的武装百余人带有六〇炮一门已将到山顶。得此紧急情况后不顾一切率队上山，到达顶端后已发现敌人过去占领石房要地。我部暂作休息，恢复精神，待机攻击。同时又发现在隔箐的大山坡小路上有部队向我同一目标——石房右边前进。我认定是石安华的十中队，因为他们背有亮帽，焦急的是既未与我联络上，又不了解敌情就冒失地大摇大摆一路纵队前进，在光天化日之下，山坡正对敌方枪炮口，距敌阵约1公里，又无树林可掩蔽。在此危急关头只有发起进攻，才能分散敌人火力，减少伤亡；同时也会发现我军位置，设法联系统一部署才能有效。

我部正发起攻击，石房之敌顽固抵抗的同时，向我前进中的十中队猛烈炮轰和机枪扫射。但射程较远，损失还少。按以往经验，新兵怕炮，老兵怕机枪，石安华成员，包括干部在内都没有起码的军事训练和政治教育，更谈不上指挥能力了。当初组织起来的农民新兵就上战场哪有不吃亏的，因此只经一轮炮火袭击就溃退了，再也用不上。军队有句"座右铭"叫作"必死不死，幸生不生"，这支部队不论大小，有一定的训练素质，指挥人员有一定的作战能力和指挥艺术与经验，它的命运就好得多了。

我部在黑夜派联络数次，均未接上，知其已败退远去，十二中队始终没有来到。我再次发起两次猛攻仍未得手，我部略有伤亡，士气稍低落，静听双江、岩帅方面，已无枪炮声。早上是听到的，派人向五大队请援又无消息，战斗力薄弱，无法再攻，已形成孤军深入的处境。午后敌方增兵已到，而有坚固防守工事，且有火炮，在此情况下我部商量决定暂时撤退，待机重新计划进攻。在天明前，我部退到距石灰窑约1公里的寨子设防待命，我亲自找到肖大队长说明情况，他说政委昨天已去双江、岩帅阵地，至今情况仍不明，昨天中午起至今听不到枪声，可能有变。十二中队不听指挥，仍在石灰窑村子住宿。五大队及我部前沿阵地已有敌情，我即赶回驻地，说是敌人小部队试探袭击后退去，入夜肖叫我靠近石灰窑设防。

我乘空时找到十二中队，见到王之政在指挥他的亲信装运抢来的东西，还有抢来的骡马，我制止不听，口出恶言。我不愿在敌前发生冲突，只能调查记账，到午夜后王副司令员仍不见回来，而阵前敌人已增援，并且侦察到已有一股敌武装向我退路的后山迂回运动，企图围歼我四、五大队于此地。因此我们估计我各方面的情况不妙，决定拂晓前撤离石灰窑，到勐撒待命。

晨前五时十一中队前部（十二中队已连夜起程先跑了），五大队在后向勐撒前进，我部刚过田坝到菜子地寨边正转入密林，就发现后山顶有敌人占领。回顾石灰窑方面五大队尚未过完田坝，一路纵队摆有1公里长。我派人通知肖，在山顶发现敌情，他叫我急进占领勐撒，当前之敌由五大队对付。我部急进在密林路上，已听到敌人枪声，不久与五大队接火，肖亲自率队掩护撤退，指挥警卫班与敌激战中左手负伤后，才撤离战场。回到勐撒天已入黑，我见其伤势严重（左手已断），随军药物甚少，劝肖先回缅宁医治，并立即向黄副指挥飞报紧急情况。肖的两个中队暂由我统一指挥，邱绍周十四中队已随王副司令员做警卫队，通讯员去勐永已经一夜一天仍未见音信回报，也没接到副司令员的任何指示，据侦察石灰窑之敌已向勐撒推进。在此情况下，我十三、十五两中队连夜撤离勐撒向大寨河前进，我率十一中队退往箐门口，石安华十中队早已退向勐永，王之政十二中队也早已向缅宁逃走，我到箐门口后立即又派出一名武装干部向勐永方面报情况，并限天明前回来。午夜后两点钟，哨兵发现由勐永路上来勐撒赶街的商贩数人，查问结果，知勐永在昨天已陷入敌手，黄、杨大队长已牺牲，我军损失重大。因此，我立即改变撤军路线，向大寨河急进，先占领通往缅宁山口为上策。

我部到达距大寨河约10里路的山村时，十三、十五中队在此宿营，并无哨兵警戒，找到他们中队长说明险地不可久留，促其立即出发，在天亮前要通过山口，向缅宁撤退。因我知其能战的十四中队已被邱绍周带走跟随王副司令员做警卫，今后如遇战斗包袱太大，因此我部暂住收容作后卫掩护。

天亮后我部继续向大寨河急进，到达山口前1公里，大雨下个不停。为防备勐永方面有敌人赶来封锁山口，先派出两个搜索班占领丫口两边的山顶营盘，掩护部队通过山口。走了一段相当长的夹槽才开始下山，第二天中午才回到缅宁城。

当天，我立即将在此次耿马的军事详细经过向司令部报告。当时，傅晓楼司令员及肖源新政委已由宁洱开会后赶到缅宁城。司令员任命我接替第四大队长的职务，并收容由勐永打散回来的人员归队，重新编队整训，派黄保亚接任十一中队长（前中队长李斌已在博尚牺牲，一直由我兼任），司令员及政委到大队部讲话，稳定军心。几天后，王副司令员率领警卫队回到缅宁，肖雨苍转回澜沧就医。

（朱　江）

泰恒"二八暴动"和缅宁起义

　　我于1941年简师毕业,后在泰恒(即博尚)教书一年,1943年9月—1944年冬进大理战干团受训并集体参加国民党,后分到龙陵国军36师106团5营任排长。1945年5月听说要打内战,我就开小差回家,仍从事教书,后经商。1947年在博尚加入哥老会,排行三哥。1949年3月后参加了泰恒暴动和缅宁县起义。

一、泰恒"二八暴动"

　　1948年底,听说澜沧、景谷等地,在共产党领导下有些人起来闹革命了,泰恒镇的进步人士在澜沧革命影响下也起来参加革命解放活动。二月八日暴动前,先后有两批人员到了澜沧、景谷一带寻找支队并取得联系。去澜沧联系的有王廷相、何哲生、何进先等,说见到了王廷良、王天翔等领导同志并取得联系。另一路到景谷联络的邱振昌、邱振旅等说也见到支队领导邱英才等。联络员回来后,经研究策划,于1949年3月7日(古历二月八日)举行了缅宁县著名的泰恒"二八暴动",收缴了泰恒镇队兵枪支弹药及永和寨康良升家的枪支。起事时,我和张光全负责监视村镇公所职员。暴动成功后,及时成立"泰恒临时军政委员会",大家一致推选王三云为主任委员。同时成立了"泰恒民兵起义大队",邱振旅任大队长,我任副大队长,下设康怀宝、张光智、陆德茂三个中队。景谷方面也及时派饶谷清带领一队人员过江来帮助指导革命。不久王三云收到一封信，当即就读给大家听，信的内容大致是：决不能让李守忠土匪进入博尚街危害民众。经讨论，大多数同志都主张去堵截，我就带着150多人的武装队伍到天生桥堵截，同时圈内的吴丙阳也带着他的中队56人到天生桥参加堵截，但日过中午还没见李匪队伍到来。我估计土匪可能绕道从箐中堂进入博尚，当即又把队伍撤回到讯房后山布防。但王三云断言土匪绕道那袜走了，就擅自撤回了我的布防武装。当时我埋怨他想引狼入室，由此引起的后果他必须负责。他说："李匪100多人，有50多条枪，我们有办法对付。"不出所料，李匪就从我判断的路线进驻了博尚街。队伍回博尚街后，听说碗窑的杨学政要来打博尚，我就把武装部队带到大义地布防。当时澜沧支队前锋已追到博尚外线，李匪就将王三云软禁，不久又放回。王三云当夜就出去找支队联络，约定次日拂晓协同进攻李匪和碗窑的杨学政武装，估计陆德茂中队要与裴征疆大队一起进攻杨学政，由康怀宝中队破除南栅门和小水井楼门，引支队突击李匪。但在拂晓前，李匪越过了我方起义大队警戒线，企图袭击我部，阻断我方支队进路，我方大队立即开枪阻击，战斗提前打响。李匪用炮四方轰炸，炸毁许多民房，续而还投掷了燃烧弹，使博尚街上燃起了熊熊大火。在这危急时刻，我冲出火网到曼来潘家（支队前敌指挥部）找到肖雨苍指挥员，直问他们为何不按时出击，火海的后果他们必须负责。肖指挥对我说："同志，你不要性急，我摸不清你们所在的位置，也看不清李匪藏在哪里，在摸不清敌情时不能贸然行动，否则会误大事"。我把情况给他汇报后，他及时命刀三等几个中队出击，直到第二天战斗才结束。第三天上午9点左右，我在小勐准周继清家楼上与黄张大队长谈话，突然肖指挥跑到楼上说："王佑箴要我负责博尚街火海的后果，并沿路拖着我咬，我当时就把他打死了。"肖指挥随即撩起裤角给我们看，腿上确有伤痕。两天后支队开庭公审指示用燃烧弹烧毁博尚街民房的杨源，并交泰恒民兵大队执行枪决任务。

后经调整，支队就下到县城。泰恒民兵起义大队被编为"缅宁城防警卫中队"，苏新池任中队长，张光仁任中队副，属于"缅宁专署警卫大队"（大队长邱振旅）的一个下属中队。后来我俩率部队随武工队下乡开展征粮等活动。我因家被烧毁和弟被炸死，就请假回家善后，中队由张光仁负责。耿马土匪反扑缅宁时，张光仁、陆德茂通知我归队，我回城后就率领队伍参加了小丙野阻击战，得胜后转回县城接吕继虞中队驻防忙角至晓观山一带。1949年6月21日，上级派何其多到我中队任教导员。不久我又请假回家。当时肖县长不同意我走，说我是"警卫队的灵魂"，但看到我的家庭困难问题确实难以解决，才准许我脱队回家。我走后，张光仁被任命为中队长，陆德茂为中队副。约在7、8月间，该中队随彭伍专员进双江，后返回到那招阻击支队。云顺双缅耿反动队伍围攻缅宁时，博尚街居民都到毛裨田躲避。一天，村民谢德荣、张石清报告说土匪李守忠率队攻打博尚了，我当即和张光礼等出村阻击，双方发生激战，在村民们的协助下四方包围，我们击毙土匪无数，余匪仓皇而逃。这就是缅宁县人们常说的"博尚战役"，即"泰恒暴动"。

支队撤离缅宁后，旧政权复辟，强迫所有参加闹革命的人都必须登记并作查处，一时城内一片恐怖。就在西门城楼旁边杀害了地下党员邓炳荣、杨宝槐两夫妇等革命同志，可怜降生不久的孩子就失去了父母的呵护，顿时人心惶惶。时隔不久，朱家璧副司令率领九支队路经双缅，一路宣传革命，大大鼓舞了人民斗志，新的革命即将来临。

二、成立"缅宁县临时起义军政委员会"和追剿李希哲叛匪及杨学政武装

1950年1月，景谷李希哲复辟梦破灭后，率残部逃到缅宁县的碗窑和勐托盘踞，当地杨学政与之狼狈为奸。景谷剿匪指挥部派吴寿春、吴方良过江来策反圈内、博尚等，武装打击李希哲和杨学政。经联络，我准备后，于11月23日，邱振声、邱振昌、张光仁、吴方良和我在邱振旅家成立了"缅宁临时起义军政委员会"，邱振声任主任委员，吴方良等负责政治宣传和与九支队联络，委员张光仁负责联络各地武装，我负责军事。1950年2月4日正式在博尚举行联合起义，并决定于2月10日集中力量攻打李希哲叛匪和杨学政武装。在行动前一天（2月9日）得知伪保安营长曾光鑫带领一队武装假借拜访博尚哥老会之机，打击进步力量。我们商议后，胁迫曾光鑫率队参加了追击李匪的战斗。我们策划先把曾光鑫的队伍安住在学校，到夜间我才去见曾光鑫，他正在张光全家楼上抽大烟；趁张光仁给大家做介绍时，我事先安排的人上楼报告说："有异部武装入境，请示对策。"我说："我们攻打李希哲土匪的援军到了。曾营长你来得正是时候，我

们现在就要出发打李希哲，是你曾大哥表态的时候了。"面对突然事变，他只好说："请帮忙疏通一下，我愿与你们站在一条线上。"我对他说："只有实际行动才能表明你的立场。"他问："我该怎么办？"我说："带上你的队伍立即上火线去消灭敌人。"面对这一情势，他只好把队伍集合起来。为防万一，我把他的武装放在黄丕显和吴秉阳部中间，挟持他参加了追剿李希哲、杨学政的战斗。张光仁、吴秉阳、张仕鹏、黄丕显的队伍都参加了大南美战斗。政工人员吴方良、邱振昌和我都到前线指挥。战斗结束，击毙土匪数人，李匪残部逃进耿马，缴获重机枪1挺。战斗中有纪仁瑞、李景雍、董小廷、杨应廷等40余匪来投诚，我把他们编为一个中队，由李景雍任中队长，纪仁瑞任副中队长，追剿李、杨土匪的战斗即胜利结束。事前，还布置黄丕显收缴杨学政派驻马台渡口收盐税的武装30多人。

三、改编"缅宁县临时军政委员会"，成立"缅宁县人民联合自卫总队"

自土匪李守忠等逃进耿马后，邱振昌、吴方良提出回师解放缅宁城，我同意并主张立即行动，所以队伍连夜从大南美撤回。次日（2月11日），未遇任何阻拦就进了缅宁城。我们邀请伪县长彭桂尊参加起义指导工作，他当天就部署在四城门张贴安民告示，所以县城秩序井然。当天上午，我派陆德茂去打开狱门，释放所有被关押的人。2月16日，商议后就对"缅宁县临时起义军政委员会"进行整顿，后一致推彭桂尊任主委、邱振昌任副主委，下设政工、武装、宣传、财粮等组，邱振昌负责政治宣传工作。同时把所有的武装队伍整编为"缅宁县联合自卫总队"，由邱振声任总队长，我任副总队长。总队下设三个大队，一大队曾光鑫驻防蚂蚁堆、蔗奈一线，维护北大路治安；二大队张光仁驻防勐托、博尚一带；三大队黄丕显部驻防城区、邦东、马台一带，以监控曾光鑫部反叛。不久青华乡人杨仕桐到邱振声家找我说，他可以组织一支30多人的武装。我考虑后同意他组建一个中队，由黄丕显指挥。后来一些被打散了的李希哲人员说，他们是被逼迫来的，要求回景谷。当时没有公章，由我签发通行证放回。不久我回博尚参加二大队整训，还随政工员到那戈、邦东做宣传工作，并要求张仕鹏、周洪耀确保地方治安。一天我和张光仁下城，得知曾光鑫的一个中队闹待遇问题，军委会和曾大队长劝说都不从，并扬言要另拉山头。我们商议后认为，大军即将来接管，若此时出事则后果难料。于是就布置张光仁、黄丕显带队假借演习为名，傍晚时就在东门外包围了这个中队，让曾光鑫前去通告："要走的把枪放下，若不从，就要采取断然措施。"这个中队只好缴械，一场意外变故得到控制。不久组织派接收先遣人员廖希伯、徐和斋到缅宁指导工作，两人到博尚给队伍讲话，下城回镇都由张光仁派武装护送。后"缅宁临时军政委员会"改为"肃匪迎军委员会"，专门负责解放大军接管的准备工作。5月，土匪黄丕显和云县勐麻人张国柱发生矛盾，黄丕显请求张光仁支援他打张国柱。为保博尚安全，严防博尚后方空虚而发生不测，暂不发兵。不久解放军开进缅宁县城。

四、实现顺利交接

1950年5月7日，接管缅宁政权的共产党军政人员进入缅宁县城，于10日举行政权交接仪式，11日"缅宁县人民政府"正式成立。同时决定于5月14日收编缅宁各地方武装。收编时先由"迎军委员会"发出通告，命各队武装按时到临沧大众体育场（现县粮食局）接收点验。我同张光仁等率领部队进城参加了收编。当晚在总队部有几位解放军首长上楼同我谈话，谈到这些武装如何处理时，我说："大部分是土匪出身，也有闲散人员和小买卖人，一时难以说清。"又问我今后如何搞好治安，我建议说大的土匪武装都收容了，但随时会有小股土匪骚扰的情况，为搞好治安工作，应收缴城内外所有的武器，并铸成锄头、镰刀、斧头等劳动工具，才会太平一些。点验当天，我从总队部带领队伍到大众体育场，一切听从解放军指挥，大家按口令整整齐齐地把枪放下，并退到指定位置坐下，认真听首长讲话。后分队学习，大队长、分队长编为一个学习队，住萧祠庙，其余人员住南塘街五塔寺。当夜我住在双水井邱振声家，15日张树栋书记通知我到凹腰街团部，吴团长接见了我，由一指挥员带我到各学习队讲话，安顿他们的情绪。我讲的主要内容是"参加投奔共产党的行动是正义的、正确的"，并鼓励他们安心学习，相信每个学员都会有光明的前途。后来，政工组的人员全部留在县委会工作。为照顾我的家庭，组织把我分到博尚区协助工作。当时，我还动员不敢下城点验的丁石光向解放军投诚。我到小勐准找到他，他对我说："我已从窗口看到你才没有跑。"我对他说："解放军对我们很好，你应该下城说明你的情况。"他考虑后就与我下城，当面把一支轻机枪管和一支军号交给了丁营长和郭教导员。

1950年6月，博尚成立"四区剿匪征粮委员会"，左许贞任主任委员，我任副主任委员，一直带领民兵随一二〇团三营做剿匪准备工作。我提供行军线路图，侦察敌情，并参与策划、部署剿匪工作。先后参加了"小户肯战斗"、勐勇战斗和博尚战役、那赛、东来战斗和解放双江等战斗。在双江征粮时，由我出便条，后来回临沧换为正式收条。周铎县长接任后不久我转回临沧。组织要我分管财政工作，我怕被坏人拐骗钱财，造成国家损失，所以没有服从。组织又派我任博尚、城区民政助理员兼司法调解员。我都很好地完成各项工作，所经手的武器、弹药、钱财、大烟等，从不出差错。但在1952年5月2日我在城区因假案被捕，以后又以各种罪名几次被捕，判刑劳改。释放后，于1980年双江勐库农场吸收我为正式职工，后因年老体衰退休回家与亲人团聚，直到1982年6月才得以彻底平反，使我还能安度晚年。当时普县长离任时曾交代："苏新池、杨仕良、李东旺三人不能处分，要好好善待。"今天党的政策确实兑现了。我万分感谢党的英明，感谢政府的关怀。

（苏新池口述　罗忠和整理）

云县地下革命斗争纪实

——回忆在云县开展地下革命斗争的经过

云南地下党的历史，由于在"文化大革命"中林彪、江青反革命集团的破坏，以及在此以前的几次政治运动中，领导工作的失误和"左"的思想影响，曾被加上种种诬蔑不实之词。作为云南地下党组成部分的云县地下党，当然也免不了受到各种诬蔑和诽谤。对此，党的十一届三中全会以后已经拨乱反正，明确肯定：云南地下党是中国共产党的一个组成部分，在远离中央的边疆多民族地区，艰苦奋斗，做了很多工作，取得了重要成绩，为解放云南作了贡献。为了肃清流毒，恢复历史的本来面目，有必要将云县解放前地下革命斗争的历史作一概述。

一、接受开辟新区的光荣任务

我云县20世纪40年代的旅昆同学数十人，在抗日战争胜利以后，绝大多数都积极参加了云南地下党领导的历次反蒋爱国民主运动，并在一系列的运动中受到了教育和锻炼。到1949年，已有不少同学参加了地下党领导的革命组织"民主青年同盟"，有的还加入了中国共产党。

1949年7月，为了配合和迎接全国的解放，地下党派李珪（中共党员，云大学生）带领一批革命青年学生，从昆明回云县进行开辟新区的工作，并对发展组织、开展宣传、建立武装、夺取政权，以及统一战线等工作作了一系列的指示和布置。7月中旬，我们一行十余人由昆明出发，十余人中除昆明籍的云大学生罗志中、张展英二人外，全部是旅昆的云县学生，其中有昆明师院的程光锦、俸光顺、杨执中，五华学院的唐守诚，龙渊中学的张国文，南警中学的罗开庆。他们多是"民青"的成员，其他几人虽无组织关系，但都是要求进步的青年学生。由于处于地下环境，"民青"成员都以秘密口号接转关系后由李珪单线联系，进行领导。总的原则是：革命口号、革命行动公开宣布，组织则绝对秘密。

　　在回县途中，曾在昆明碧鸡关和下关车站两次遇到国民党军警的严格检查。同学们沉着机智，巧妙地与之周旋，愚蠢的敌人什么也没有捞到，我们的革命文件和材料一件也没有落到敌人手里。

二、1949年下半年的斗争情况

　　我们7月下旬到云县后，由于家庭多在东、南两区，遂决定以东区的文映乡（晓街），南区的丹山乡（大寨）、茶房乡为基地，以中小学校为据点，并以家庭为掩护，开展革命活动。由于三个点相距几十公里，决定每月召开一次各点负责人参加的工作会议，汇报研究情况，检查布置工作。平时采取多种方式加强联系，必要时则召开临时会议。

　　8月例会在茶房中心小学召开，这次会议详细研究云县当时的政治情况，认为当时云县革命的主要敌人是以伪"西剿"副总指挥杨耀辉、大队长张国柱为头目的反动军队和以杨耀辉为县长的伪政权。他们势力强大，我们只能先做深入细致的群众工作，遂决定在9月例会前的主要工作是：首先开展宣传工作，大造革命舆论，特别是针对当时大部分人民群众把"共革盟"和共产党混为一谈的混乱思想，进行宣传解释工作，澄清这种思想，树立对共产党的正确认识。我们根据《新民主主义论》和中国人民解放军"约法八章"等文件精神，宣传党的纲领政策，扩大党的影响。其次是抓组织建设，先把三个点的"民青"分别编成小组，加强活动，然后物色培养对象，准备发展扩大"民青"组织。同时准备到农村发动农民群众，宣传反"三征"（征兵、征粮、征税）。

9至11月，我们都坚持每月的工作会议，工作逐步有了开展。这段时间主要做了以下一些工作：

（一）建立云县地下党组织和"民青"组织

9月间，我们除由昆明来的党员和"民青"盟员外，陆续在茶房中心小学的教师中和云县中学丹山分校的学生中，经过教育培养，发展了一批"民青"盟员，各据点都成立了"民青"小组。三个据点的"民青"组成了"云县地下民主青年同盟支部"，由罗志中担任支部书记，负责联系。

到了10月前后，根据地下党领导机关交给的建立党组的任务，将经过工作锻炼、政治觉悟有显著提高的一小批同志，个别的先后吸收入党，同时又在文映乡的贫雇农中个别吸收了几个党员。10月，建立了云县地下党支部，由李珪担任支部书记，这是云县有共产党组织的开端。

（二）宣传党的纲领政策，扩大党的影响

我们根据《新民主主义论》《论人民民主专政》以及《中国人民解放军布告》等文件的精神，在3个乡广泛对群众进行宣传，澄清了云县在"共革盟"骚乱之后，人民群众中的混乱思想，使广大群众初步了解党的纲领和政策，树立了党的威信，扩大了党的影响，为迎接解放做了舆论准备。

为了学习宣传的需要，我们还刻印了一些文件，如《怎样做一个共产党员》《新民主主义论》等。

此外，我们曾多次到县城宣传党的政策、纲领，并通过开明士绅杨厚培筹组《新民主主义论》学习会，后来虽由于伪县长杨耀辉的阻挠，学习会未正式成立，但也起到了一定的宣传作用。

（三）组织农会反对"三征"

我们在3个乡的一些集镇和农村中，用举办识字夜校及秘密串联等方式，对群众进行宣传组织工作，发动群众反对国民党反动政府的征兵、征粮、征税。在宣传组织反"三征"的基础上，在一些农村进行组织农会的工作。如在文映乡李珪和罗志中深入第一保的山区，发动群众建立农会组织。在各村成立了农会的基础上，又成立了村联农会。程光锦、俸光顺、罗开庆、张国文在丹山组织的农会，由村农会发展为区农会。

三、从卢汉起义到与郭琦会合

1949年12月9日，原国民党云南省主席卢汉起义后，掌握云县伪县政府和伪"西剿"大队的杨耀辉与张国柱，都宣布响应卢汉起义，并提出要和地下党取得联系。当时，我们由于没有得到滇西地委的指示，只是在3个乡更放手半公开地进行宣传群众，组织群众的工作，没有公开出面和他们联系，但随时派人进城通过各种渠道了解他们的动向。到1950年1月初，由于杨、张之间发生矛盾，杨在一个晚上悄悄跑了，伪县政府已像无头苍蝇，嗡嗡乱转。当时我们考虑，如果云县地下党再不出来领导，社会治安就会发生问题（当时社会治安本来就不好，经常发生土匪抢劫事件），那我们就是对人民、对革命没有尽职尽责。经党支部多次研究，认为当时的关键是要抓到枪杆，假若地下党控制不了伪"西剿"大队，不但起不了领导作用，而且还有危险。所以，我们一面设法和上级党组织联系，一面派人与张国柱谈判，要他接受共产党的领导，把队伍交给地下党改编，给他另安排适当的行政职务。在当时解放大军已进入云南的大势之下，他也不得不同意这个条件。

在张国柱接受交出军队由地下党改编的条件后，我们随即在3个据点乡，将部分党员和"民青"成员集中武装起来，并由李珪、罗志中、程光锦等同志组成领导小组，带领40余人，于1月中旬开进县城改编"西剿"大队和领导县政权。

进城以后，我们主要做了两个工作：第一，是把原"西剿"大队改编为"云县人民自卫大队"，派罗志中为党代表，具体负责改编和改造工作。第二，是成立过渡性的带有统一战线性质的"临时县政委员会"，代替已瘫痪的伪县府，派李珪和程光锦两位同志为党代表，负责领导工作。

我们进城几天后，改编改造旧军队的工作刚开始进行，忽报"边纵"八支队来接收云县的"特派员"已达距县城60公里的哨街。我们十分高兴，随即派罗志中同志为代表，带领数人星夜赶到距县城30公里的茂兰迎接，以便介绍情况和汇报工作。不料到茂兰遇到蒙化地工委和专办处派来的陆恩锡和陈荫昌时，才知道他们未带来云县地下党的组织关系，而且根本不了解云县已有地下党的组织。当陆、陈到县城后，李珪等同志又多次同他们联系，但由于陆、陈二人主观条件的限制，不惟不听我们的意见，反而在社会上公开宣布我们是"冒牌"，致使一些反动的土豪劣绅钻空子，趁机攻击云县地下党。为了顾全大局，维护革命团结，我们在1月19日的各界人民代表大会上声明：云县城内的一切工作，移交陆、陈处理，我们仍回3个乡做群众工作。同时派人到上级党组织联系汇报，等候上级指示。

到了1月底2月初，我们与滇西地委书记陈家震同志及蒙化地工委书记张从龙同志先后取得联系。蒙化地工委通知云县地下党组织直接与地工委派来云县的县工委书记郭琦同志建立联系。李珪于2月中旬到县城与郭琦联系上以后，适因郭与八支队三十八团要到南区宣传，因此约定数日后在茶房乡会合。2月下旬，原在云县从事地下革命工作的大部分党员和"民青"成员，集中到茶房街以云县党支部的名义欢迎县工委书记郭琦和三十八团，并由李珪同志将云县地下党员和"民青"盟员名册亲自移交给县工委书记郭琦同志，由县工委直接领导，后来这些有组织关系的脱产干部都分配在县委会、县人民政府及各区政府工作。这批干部是云县解放初期的一支骨干力量，云县干部队伍的一个重要组成部分，对革命事业作出了一定的贡献。

（李　珪　程光锦）

云县剿匪工作回忆

1950年初，建立了云县人民政府以后，摆在眼前的是建政、剿匪、征粮等几项重大任务。那时，区乡政权初步建立，群众尚未发动，土匪到处活动，征粮工作受到地霸的抵抗捣乱，工作难以进行。3月，在县委和县人民政府领导下，在云县卫生院（现在的防疫站）举办了一期征粮工作训练班，学习了有关征粮工作的政策和累进计算方法。训练班结束以后，分配到各区乡去配合解放军及地方干部宣传政策、发动群众，登记田地面积，计算出各家各户应交的粮食。总的原则就是：田多的多交，田少的少交，没有田的不交，具体做法上，暂时交不出粮的还可以用人民币折征。这批学员下去以后，有的担任乡指导员，有的担任乡长，副乡长则一般是由旧乡长中较开明的统战人士担任。但是，终因人数不多，有的一个乡只有几个工作队员，同时，由于地霸的勾结、煽动，许多地方土匪暴乱发生了，许多同志为了革命事业英勇牺牲了。现在仅就我个人耳闻、目睹、身历的一些事件记录如下。

1950年8月1日，县上准备召开一个"八一"建军节座谈会议，不料在31日晚上得到一个情报，涌宝征粮工作队在7月27日被土匪包围，激战到深夜，因敌众我寡，弹尽粮绝，全部被害，现土匪已占据了涌宝街。这样，建军节座谈会开不成了，石双印同志和一二〇团的丁营长研究以后，派出一个排，携带轻机枪3

挺、六〇炮3门，由石双印同志率领指挥，马上出发向涌宝前进，当天中午就到达晓街。因为准备次日拂晓进攻，所以到达后即稍事隐蔽休息，黄昏前又继续前进，到了茅稗田仍觉时间尚早，又休息了一会儿，最后到达涌宝街天还未亮，立即做进攻部署。当天口令是"助"（问）、"稿"（答），同时规定每人左手上拴一块白手巾，以便夜间识别。首先是把各个路口封锁起来，攻击号令是手枪3响以后，便开始做大包围的进击。但是，石双印、吴章德和我3人一直深入街子后开枪，却只见群众乱跑，不见敌人还枪，我们只得把跑出来的人统统赶到学校里看管起来，然后一个个查问，原来土匪已于7月30日逃窜到茅稗田后面的山林里去了。

这时，因对敌人的动向尚未侦察明白，所以便暂时停下来，把土匪骚乱后造成的局面做一些善后处理。首先是向群众宣传政策，安定民心。然后把土匪杀害的刘海宾、赵德安、祁东堂、杨发正、刘云山等五位烈士的尸体加以安葬。在安葬烈士的时候，我们每个人都感到悲痛万分、泪落如雨，石双印和许兆根两位同志悲痛得连饭都吃不下去。万恶的敌人把五位烈士衣服脱光，周身上下用刺刀戳了二三十个刀孔，像筛子眼一样。土匪的野蛮残忍行为、烈士们的悲壮牺牲场面教育了大家，我们在烈士墓前宣誓，一定要为烈士报仇，一定要把革命进行到底。

过了两天，又得到土匪窜扰茶房的情报，我们连夜出发，天亮赶到茶房，得知土匪又折回涌宝梅子树，看来仍然是打算窜扰涌宝，所以我们便毫不迟延，当天赶回涌宝。那时阴雨连绵，泥滑路烂，这样白天黑夜的行军，周身都是泥巴汗水，到涌宝热水塘，连洗个澡都来不及，便得知土匪已进犯涌宝。我们马上占领阵地，布置火力，刚刚安排就绪、派出哨兵，土匪的枪声、喊杀声已四面传来，战斗打响了。这次战斗仍处于敌众我寡的形势，土匪共900余人，是全县规模最大的一次，其中带枪的200多人，有9挺轻机枪，其他是步枪。我方只有十七八人，有3挺轻机枪、3门六〇炮，其他是步枪和手榴弹。尽管我们人数很少，但凭着革命队伍的自我牺牲和英勇善战的精神，沉着应战。

战斗开始时，土匪占领了街子后面山上高地，以1挺三八式机枪向我工作队驻地猛烈射击，企图切断驻地与各火力点的联系。一时弹如雨下，战斗十分激烈，但我们的小炮发挥了威力，对着敌人的3个火力点——街子后面山、河对面山、洗澡塘山开炮，打得土匪狼奔豕突。最后我们有三位同志从茂密的苞谷地里穿插过去，甩了两颗手榴弹，俘获了那挺三八式轻机枪和一支汉阳造，俘房了一名土匪，名叫杨金红（三家村人），缴获大烟十两、银圆半开九元，其他匪众全部溃败，纷纷逃命去了。战斗结束，我方无一伤亡，这次战斗给土匪的嚣张气焰以一次严重的打击。

8月8日，土匪窜扰晓街，打开粮仓，蛊惑一部分落后群众去挑粮，还贴了一些咒骂共产党的反动标语。等我们闻讯赶去追剿，土匪又已转移到独木，等我们到晓街时，土匪又回扰慢秧村。恰巧这时有三位同志由城内来，将往茶房去工作，在此地碰上，被土匪包围。8月9日，这三位同志和土匪奋战了一个中午，最后子弹打完，光荣牺牲了。当天土匪经长坡岭到昔汉的丫口田与我解放军一个班发生遭遇战，由于箐深林密，地形不利，加上敌众我寡，我方6位同志牺牲了，其他都负了不同程度的轻重伤。

8月10日上午5时至下午6时，土匪攻打头道水区政府，没有得逞。由于姜保好同志率领部队顽强抵抗，整整打了一天，我们的同志到下午3点还连喝水吃饭的工夫都没有。炊事员把饭捏成团烤黄，把水壶装满水，准备往火力点上送，不料刚一开灶房门，就被敌人的枪弹打中胸部，牺牲在灶房里。这次战斗结束，我方伤亡2人，土匪伤亡40余人，狼狈而逃。

农历六月火把节前后，我解放军20人由盘村到丫口街途中，在懒板凳街附近被土匪伏击。因为处于不利地形，从上午10点打到下午6点，因子弹打完了，共牺牲了11位同志，有6位同志不幸被俘，只有3位同志脱险。灭绝人性的土匪们把6位同志脱光了衣服，由懒板凳街押解到哨山，再到昔汉的平掌村，烧了几锅开水，用开水一瓢一瓢浇在身上活活烫死。为了改造黑暗腐朽的旧中国，为了建设社会主义新中国，我们多少革命同志就是在这种惨绝人寰的情况下死去的。

今天，30多年的时间过去了，但每当我想起这些死难的同志们，总是热泪涔涔，悲痛不已。

（丁仁章）

我所经历的茶房剿匪回忆

我现在已77岁了，回想起参加茶房剿匪的经历，件件往事历历在目。

那是1950年农历二、三月，刚刚解放，茶房区上通知要我去当公安员。隔了几天我到区上报到，是到李崇智处报到，当时我不知道他是公安队长，李说："你来了好啊。"时隔了一两天，我就被派到黄沙河一带去打土匪。因这一带山高路窄，逢涌宝街天土匪经常在半路抢人。我们出发这一天恰逢涌宝街天，据分析，匪首张国柱的勤务兵肥三、肥四兄弟俩可能到此抢人。由李崇智带队，我们公安队员共7人，来到大园边村后沈家大坟前设下埋伏。设伏约1小时后，两名土匪大摇大摆地出现了。当土匪走进埋伏圈时，李崇智下令开火，我们7人接连扣动扳机，奇怪的是枪未响，土匪听到拉枪栓声便跳下路边逃跑了。我们紧追不舍，可是深山密林，当我和公安队员张有林追到一小山梁时，我在张下边，土匪枪响了，张有林应声倒下，不幸牺牲。最后我们只得返回区上。

当时茶房区政府设在茶房小学校（现中学所在地），我们公安队员就住在这里。顾泽是部队下来的参谋，时任征粮工作队长，我们习惯称他"顾参谋"，他带解放军邓德志等住在茶房街子当时张国辅家的房子里，当地人石润源任副区长，李崇智任公安队长，杨正伦任指导员，公安队员22人，武器、弹药充足，单是收起的各种枪支就装了一间房。大约是农历六月末的一天，那是茶房街天晚上，一个名叫吴大黑丑的人跑来，不知什么原因，说他要参加公安兵，这样公安队就有23人。当时，已有传闻土匪张国柱要攻打茶房区政府。这天晚上公安队把征粮得来的钱分给个人，只给我们说每人背200元。晚上值班为两班，分上半夜、下半夜，每班分两个地点，一个点是茶房街子垭口，一个点是茶房陈家村后边，每个点5个人。我轮到下半夜在街子垭口值班。早上天亮了，我们值班的几个公安队员就去洗脸，洗好脸刚拾起烟锅准备吸烟，就听说土匪来了。我站起来一看，土匪人数有几百人，我们立即各奔位置打土匪，原在校园外打，打了一阵，觉得很不好隐蔽，我们就撤进学校房内打。

打仗开始不久，顾泽参谋就从其住处跑到公安队阵地学校围墙内，随即控制了副区长石润源，然后急促地说："公安队员好好打，胜利了每人给100斤大米"，并立即亲自指挥战斗。战斗正在激烈进行，公安队员黄发志已中弹牺牲，张匪判断我们会从大门口撤出，遂派其机枪手田正富将机枪架在大门脚下，企图封锁大门口。但及时被公安队员发现，公安队员字科等瞄准机枪手就开火，匪机枪副射手麻双被击毙，机枪手田正富大腿中弹，拖起机枪逃走。在阵地茶房河对面鸡头山上，匪首张国柱大声喊叫："石润源，大伙都是本地人，有什么打常（临沧方言，意为打着有什么意思），我们主要是打老解（老解是当时土匪对解放军的蔑称）。"山脚秧田上，只见秧苗闪动，我们集中火力往闪动的目标射击。在激战中我听到公安队员字科说："有人说，谁能把老顾干掉，张国柱给1000元钱。"我说："不要图1000元赏钱，那样恐怕连自家的命都保不住。"我指着已打死的土匪说："你看看，人一个个都打死了。"

这次土匪来势凶猛，我们阵地正面，茶房小学校南向与鸡头山之间有猛麻河之隔，鸡头山是张国柱主阵地，张在此指挥，山脚为北向，叫石门槛，我们右后西南向为学校大门，左后东北向为茶房街子垭口。土匪从南向东、向北包抄我们，首先打到了街子顾泽参谋驻地，解放军邓德志就是在这次战斗中在顾参谋他们驻地牺牲的。激战中由于土匪众多，攻势较猛，我建议，如果打到天黑土匪不撤，我们主动撤出，带上好枪上山。结果在顾泽、李崇智等领导指挥下，我们打掉了敌机枪手，打到下午约4点钟，土匪撤走了。清扫战场时，缴获英国造机枪1挺、三八式步枪1支，打死土匪多人。战斗结束，每个公安队员奖给大米100斤。这次战斗有顾泽、李崇智等领导的有力指挥，沉着应战，才取得了胜利，保卫了新生的红色政权。后来在追究石润源企图带公安队员叛变逃跑审查时，我才明白了真相，组织找我了解情况时，我如实地反映了当时我所听到和看到的，结果石润源被判刑劳改。我却因家里做重活人手少，由弟刘天奇替换，于当年农历八月回家生产，弟后来正式参加了公安部队，后转业在下关工作。

我参加新生政权成立后的剿匪战斗，为保卫新生政权出了点力，是我这辈子的一件幸事。以此回忆，告知后人。

（刘天扬口述　刘银良整理）

南片河剿匪之亲历者说

故事背景： 据《镇康县志》记载，1951年5月22日，盘踞永德大雪山区的反共救国军"沧怒纵队"闻兴周、杨治春两支队400余人，乘中国人民解放军十四军四十一师一二三团集结之机，窜入小勐永、石城、小勐撒一带抢劫，十余寨子被烧毁……1951年6月14日，镇康县人民武装部副部长黄振龙率耿西区民兵及武工队百余人，配合解放军一二三团某连在散路坝围攻由大雪山逃窜至该地区的杨治春股匪200余名，战斗10分钟，打死匪首李文贵以下5名，活捉5名，缴获机枪3挺、步枪3支及部分弹药物资。《中共镇康县党史资料》（第一辑）记载：1952年7月（编者注：当为1951年7月），原盘踞永德大雪山的残匪杨治春部潜逃，路经彩靠、军赛、忙吉利等沿途民兵追歼，后与孟定的戛楼民兵配合堵截，杨匪无法从孟定出境，被围至耿西区（今南伞镇）班龙山的硝塘坝一带，附近群众闻风而动，不知出动了多少男男女女，打得杨匪焦头烂额，活捉了杨的小老婆、秘书彭世聪等人，缴获轻机枪1挺、步枪数支。班龙山的杨长旺、大凹的杨连科、黑马塘的龚世勋、甘塘的朱成林（学名朱体德）代表全体参战民兵，出席了保山地区民兵先代会，受到了保山军分区的表彰，上了光荣榜，各奖得老步枪1支。另据有关史料和亲历者讲述：这批残匪从永德大雪山、崇岗地区顺南汀河溃退，意欲逃亡境外，我人民解放军一面穷追不舍，一面在孟定南汀河西岸戛楼、南捧一线组织地方民兵联防组坚决阻击。被迎头阻击打溃的残匪们遂攀越仙人山、干箐山、老扁山，来到南片河东岸边，试图沿河而下渡过南捧河从耿马河外一带出境，但是走到绝路迷失方向后只能四处乱闯乱撞。镇康县人民武装部副部长黄振龙率甘塘、班龙联防组，联合县自卫营（营长兼县人武部长关玉鸿、教导员张随元）坚决贯彻"防匪自卫、剿匪保家"的战略方针政策，紧密配合中国人民解放军（滇西卫戍司令部）第十四军四十一师驻木场、黑马塘的一二三团（团长葛旺蓬、政委贾德修、副团长刘绳裙、参谋长周国章、副参谋长刘明义）二营（营长赵平、教导员王汉臣）、三营、公安甲团（团长杨子慎、政委周天榜、主任张谦）、公安乙团（亦称边部二团，团长刘明义、政委王汉臣、副政委杨克敏、主任苗士全、后勤主任韩清华、侦察股长高升海）投入了这场追剿阻击恶战。

　　我叫朱体德，小名朱成林，是镇康县南伞镇甘塘村委会水井一组村民，1933年2月出生，今年89岁。解放初期剿匪时，我担任甘塘乡（后来的军弄乡）群众联防大组长。我亲身经历的剿匪时间是1951年6至7月，战斗发生在南片河、南捧河沿线的班龙山、硝塘坝、大官房、独立户、大硝洞、老虎桥、老龙寨等村庄和地点。当时的土匪来源于凤庆、云县、永德大雪山，千数人马多次与解放军殊死较量，最终面对彻底失败的下场，准备逃出国外；当他们来到孟定戛楼、南捧，遇到了我人民解放军和民兵联防组的迎头痛击，一交战就把他们打得溃不成军。残匪们于是拔腿朝着丫口寨、攀花水、扁山、老鼠沟、四角田、大官房、硝塘坝、半坡寨、南林田、天生桥、南片河、新寨等地四散奔逃。残匪们拖儿带女疲惫不堪，连滚带爬、漫无目的地沿着南片河东岸、朝着外国（缅甸）方向逃亡。头顶上忽而烈日似火、忽而暴雨倾盆，人就像一会儿在火炉，一会儿在冰窟，衣服湿了干，干了再湿，破烂不堪的棉布衣服裹着落汤鸡。残匪败军已经好几天没有吃饭了，仅靠野菜、野果充饥，营养不良、面黄肌瘦，破枪上涂着红锈和泥巴，像柴棍树干；拖着刀枪的男人们眼神都木了，话也不会说了，妇女们嘤嘤呜咽，孩子们在风雨中一步一跤，早已滚成了泥猴，一个个蓬头垢面、乞丐不如。特别是当他们走到南片河尽头大硝洞山旁，只见四周围全是高耸入云的悬崖峭壁和遮天蔽日的原始森林、密不透风的野竹林，东岸是真正无法逾越的绝路。活像无头苍蝇走向穷途末路，加上眼前的南片河水浊浪排空、疯狂咆哮，深谷里传来一阵阵虎啸猿啼、阴风怒号，又遇上这酷夏最恶劣的天气，让残匪和家属们一个个毛骨悚然、魂不附体、绝望至极，有的人精神和身体彻底崩溃后命丧山崖、葬身激流；一部分人战战兢兢地爬过横倒在河面上的枯树干到达河西岸、死里逃生，但已经彻底迷路、晕头转向。于是，他们又只能四处乱闯乱撞，并偷偷摸摸到一些村寨周围寻觅食物。一天早晨，隔着灰蒙蒙的雾气，饿得前胸贴后背、有气无力的土匪在一个叫作新寨的小村子农户的山地伙房窝铺里煮野草吃，他们的火塘旁倒是堆放了高高的一堆飞花草（野茼蒿），但是用来煮草的锅也仅只有很小很小的一口，没有盐、没有油，什么调料都没有，十几个人围在一起狼吞虎咽，吃得似乎还很香。当地人发现后就立即以"火炭烧鸡毛"般的速度飞跑到甘塘报信，说是那伙土匪已经走投无路了，现在就是去捉拿围歼的最佳机会。因为当时还没有成立民兵组织，只是刚刚组建了村民联防组，上级任命我为甘塘联防大组组长。县委武装工作队接报后，段发科、李耀贤、杨忠华等同志安排我召集男青壮年配合解放军和武装工作队到老龙寨、新寨一带展开剿匪行动。时间已经是上午十一二点钟，甘塘村民基本都已经出工下地干活去了，我跑遍全寨子，只找到王钻文、闵三两个男青年。情况十万火急，我们不能再等，没有时间再去找其他青壮年，于是我们三人分头做好"作战"准备；没有武器，连火枪都没有，王钻文、闵三各带了一把涮刀（即钐刀，当地一种用于开荒劈草斩草，刀身一尺多长、刀把两尺多长、刀头稍弯向里的刀），我带了一把马棒刀（旧时的一种兵器，出鞘是刀，入鞘为棒），然后就匆匆忙忙朝着老龙寨出发了，途经和平村，张银柱加入了我们的"队伍"。到达老龙寨，已是傍晚时分。晚上，我们住在李顺祥家，寨子里的张香元、李发生、李龙保等也来和我们一起商议配合解放军、武工队围剿包抄土匪的行动方案。次日早晨，有几个土匪偷偷来到新寨村旁摘桃子果吃，被新寨人罗四（亦说罗四之子罗二）看见后立即跑来老龙寨通报，我们早饭都来不及吃，一人烧上几团火烧饭团边吃边出发了。我们兵分两路：一路沿着大白坟丫口、拦绊大沟、朝天冒水行进，另一路沿石塌皮、拦绊丫口、冷硝行进，目标就是新寨、南片河。我们这一路到了冷硝，就与从黑马塘来的解放军会合了，于是直扑一两公里外的新寨。当时正在下大雨，看到山谷地窝棚里炊烟升起处好像有人在生火煮东西吃，也拿不准是当地农户还是土匪，于是我们悄悄靠近他们，我壮着胆子问："你们是什么人？是来薅谷子（手工拔除山稻谷地里的杂草）的吗？"其中一人没好气地回答我们："你管你爹是什么人"，马上就端起机枪朝我们打，幸亏解放军箭步过来掩护我在一蓬草篷后面卧倒，才躲过了一梭机枪子弹，解放军就开枪还击跟他们对打起来。一会儿，或许是没子弹了，他们就不打了，可能土匪也料想不到我们是去捉拿他们的。他们有2挺机枪、2支步枪的弹药大多装在背包里套挂在伙房柱子的丫杈上，停止打枪后，只见一个土匪拼命地想要去取柱子丫杈上的背包、弹药，却因为手忙脚乱，怎么扯也扯不下来。我们趁机飞跑过去捉住这个土匪，其他土匪们把枪挑在肩膀上撒腿就跑，他们的女人跟在后面跑，我们跟在后面追，追了没有多远就追上了，我们就和土匪肉搏起来。解放军与土匪扭打成一团，我们用马棒刀、涮刀背和棍棒狠狠地揍打，他们不放下枪，我们就不放过他们。持续了十几分钟，把新寨罗家、蔡家的一大片正在抽穗养花的山稻谷都踩踏和按倒了一大半，终于降服了那几个垂死挣扎、负隅顽抗的土匪。除了打死几个外，还抓到活的9人，其中青年土匪3人、家属小孩4个、妇女2人，我看见这两个妇女的裹脚带都已经跑丢了，"三寸金莲"小花鞋已经糟蹋破烂得不成样，畸形的裹脚加上多日荆棘蛮刺划戳、雨水污泥浸泡，双脚脚踝以下已经腐烂了。一个妇女哭泣着哀求我们说："大哥、大哥，我们的汉子不对啊，把我们拖到这个地方，他们被打死活该，让我们跟你们走吧，任凭你们叫我们做什么，你们叫我们去哪里我们就去哪里。"我们于是对她们说："你们没有错，只是他们错了，只要你们听话，我们是会把你们好好送回家的。"我印象最深的还有那几个儿童，他们饿得脸蛋干瘪、眼珠深陷，快要昏过去了，看见我们有人在吃早上出发时备下的火烧饭团，这些孩子哭喊着伸手来争要吃，于是大家把带在身上的饭团都给了他们。部队连夜把缴获的武器送回黑马塘，第二天又把抓到的活匪及其家属押送往明朗解放军团部处置，实在无法走路的，还派人用担架担着去，小孩子直接就背着去，到了黑马塘，还让他们骑军马呢。解放军一二三团某连部派来带领我们剿匪的一个班全部走后，我们七八个民兵连接三天在南片河边搜山寻找溃散的土匪，因为根据抓获的土匪家属老妇女交代：南片河水流太急了，有几个严重受伤过不了河的土匪留在了对岸，遍山去摘野枇杷果吃。果然，我们在野竹篷里和巨石、悬崖脚下找到了几具土匪死尸，还抓到了几个在摘野枇杷果吃的残匪。追剿土匪的路上，我穿着两毫五一双的保山施甸竹马草鞋（出发前我在甘塘街买了六七双带在身上），走在青苔路、泥巴路上一点都不滑，因此我们走得比解放军都要快呢。第四天，我们护送被饿死、被击毙的土匪尸首佐证（耳朵）到耿西（木场）区政府，7个土匪的尸首佐证用竹篾编饭钵装了差不多满满一饭钵，送到区政府已经有一点点发臭，我一手牵着一个俘虏，一手提着饭钵移交给了区委秘书张之谟。张秘书安排人给我们准备了饭菜，我们在区政府的厨房吃过饭后就返回甘塘了。这次剿匪，还缴获了几坨鸦片、几捆花钱、两盒麝香，有人想把麝香拿走，解放军马上上来制止："老乡，不能动，这个是贵重药品呢，我们一切缴获要交公呢。"作为当场奖赏，解放军给我们甘塘的三个人赠送了一条缴获的毡子，半路上，我又跟王钻文、闵三商量，分别给他俩一点钱，毡子归我。

那次到老龙寨一带剿匪结束回到甘塘后，我们时不时还积极参加一些剿匪善后工作，印象最深的就是苗营长（当为公安乙团主任苗士全）他们在乡政府排查人员、收缴枪支的场面。我大爹朱新奇家是乡政府临时办公地点，我们看见他家的一间房子里挤满了"悔过自新"人员，工作组对他们反复进行审查、登记、开导、教育；而小耳房（偏房）装满了收缴到的枪支，有剿匪缴获的，也有被李弥、李文焕逼迫去到缅甸新地方逃回来的人员上交的。有一次，苗营长还与县委工作组侯安义、鲁茂廉两位同志发生了争执冲突，原因是侯安义、鲁茂廉两位同志提出无论如何也要把收缴到的枪支留给乡政府一部分，配发给政府干部和民兵骨干用来剿匪、防身，但是苗营长态度坚决、口气强硬地坚持说："枪支必须全部归军队，留给乡政府一部分就是不允许、不合规。"最终是侯安义、鲁茂廉两位同志妥协了。苗营长确实是一个威风凛凛的军人，因为脸上长了一个疤痕，人们都戏称他为"僵疤营长"。我们记得参加指挥南片河剿匪的还有一个关营长（当为镇康自卫营营长关玉鸿），他当时驻扎在黑马塘，偶尔也来甘塘参加处理剿匪善后事宜，我们在南片河剿匪那次，解放军和民兵都说他们是关营长派来的。听说评定剿匪立功受奖人员的工作主要就是关营长带领做的。后来他撤回去到德党，好像担任了镇康县武装部长。

过了一年多，大约是1952年10月，接到上级通知，我们到县城德党开民兵英模先进代表大会，往返和开会时间差不多20天，我被授予二等功，得到一把锄头、两件大衣的奖赏，还领取背回来了一大堆宣传画报。最后评选出出席保山专区先进英模代表大会的代表，我们甘塘、班龙是杨长旺、杨连科、龚世勋和我被推选去参加。往返去保山开会又用了10多天时间，杨长旺、杨连科、龚世勋和我4人也是被授予二等功，并给我们分别奖励一支枪。军队首长事先征询我们的意见，问我们想要什么枪？德宏那边的代表要的是卡宾枪，卡宾枪好是好，但是子弹不好找到，所以我们四个人要了中正式步枪，也就是小花号枪。1957年，我的枪被乡政府借去后再也没有回到我手中过。我们从保山开会回来后，又到德党户乃训练了几天，是武装部黄振龙副部长指挥训练。

解放初期，我们家乡匪患严重，1949年土匪最猖獗，我们边疆镇康特别是甘塘一带到处都是偷牛偷马、抢人拴打、敲诈勒索、强奸威胁，晚上需要躲着睡觉。为什么土匪那么多？1948年（应为1949年）耿马土司召集李泰兴攻打沧源土司，李泰兴帮助打了一个月没有结束，就来了解放军进入耿马城，耿马土司逃跑缅甸，李泰兴就在耿马地面瞎搞起来，跟有钱人家借钱、要钱勒索财物。1948年朱兴盛到果敢印信躲避，黄大龙说给李泰兴："财宝就堆在印信，财主在这里躲着，想要钱的话把他（朱兴盛）抓起来就有了。"朱兴盛被抓捕绑架到南宋里两个多月，家里大小枪支16支、钱财物资、黄金白银、大烟大洋全部交光，另外又向亲戚朋友借了一部分赎金才得以脱身。1950年腊月初一早，李泰兴又找借口带领100多名土匪抢劫了朱家，并放火烧甘塘街，烧毁杨顺清家大小房屋4间（幢）、朱兴盛家大小房屋5间（幢）、朱新奇家大小房屋6间（幢）；绑走张小达、李文亮、朱体仁3个人，抢走全村牛马牲口200多匹、抢走全村过年猪肉100多坨、缝纫机30多盘，枪支十几支，只有乖乖缴枪交钱物的两家没有被烧房子。

中华人民共和国成立后，经过剿匪战斗，镇康解放，我参加生产队骡马运输队，投入社会主义建设大潮，我们实现了不愁吃穿。特别是实行改革开放以来，在马列主义、毛泽东思想、邓小平理论、"三个代表"重要思想、科学发展观和习近平新时代中国特色社会主义思想指引下，在以习近平同志为核心的党中央带领下，我们中国大地、边疆农村发生了前所未有、翻天覆地、改天换地、惊天动地的变化，通过新农村建设、脱贫攻坚助力脱贫致富实现乡村振兴，改变居住环境，改善医疗条件，人人享受小康生活；我们老年人享受着养老金，过上了幸福美满的生活。这就是我们跟着共产党剿悍匪、搞建设所追求的。

（朱体德讲述　施文明整理）

南片河剿匪之亲见亲闻者说

我是镇康县南伞镇班龙村老龙寨村民，现年80岁，1972年到1984年担任军弄乡南片河生产大队文书。1951年夏，军民联合在南片河边"围剿"杨治春残匪的事情已经过去了整整71年，尽管当年（1951年）只有9岁，但因为亲眼看见解放军抓获的那些残匪押解到了我家里驻扎休整了一天两夜，我对那个事件至今记忆犹新。记得解放军当时来了五六十人，住在地主鲁富贵家（该户地主因不了解、不理解共产党解放军的人民民主改造政策，已逃亡缅甸），每天早上军号响起，他们出勤出操，我们小孩子很好奇，就跑去看热闹。我清楚地记得他们头戴鲜红五角星军帽，腰挎两枚手榴弹，系着一圈子弹、一个军用水壶，背着一顶油帽、一把手枪或肩挑一支步枪、一挺机枪。那天早上，他们队伍刚刚走出村口大榕树下，就遇上新寨的罗四急匆匆、慌里慌张地赶来报信说："有一伙土匪从南片河上来到新寨寨子边摘桃子吃。"解放军队伍马上停住脚步，重新返回到宿营地点（鲁家大院）组织分派任务。我们老龙寨上寨彭从富、李顺祥、下寨张香元、李发生等青壮年参加剿匪行动。分成两路包抄土匪，左路从老龙寨出发沿着石塌皮、拦绊丫口、冷硝行进，右路从老龙寨出发沿着大白坟窝坑、打营盘、眼睛花坟、下拦绊、拦绊大沟、小水沟、朝天冒水、独立户行进，两路队伍最终在新寨会合收缩包围圈围歼土匪，解放军一边朝天鸣放空枪一边大喊："抓活的，抓活的!"后来听说李顺祥他们左路先期到达新寨,发现土匪躲藏地点后,李顺祥凭着自己曾经被逼迫去当过耿马土司壮丁的经验胆量,试图硬冲上去跟土匪拼杀,想不到土匪在一户农户的杵臼上架起转盘机枪扫射过来,幸亏他穿的是草鞋,恰巧几根草棵穿进鞋里把他绊倒在地,他才侥幸躲过了机枪子弹,只是戴在头上的毛线头套提手被打掉。不大一会儿,土匪的机枪打不响了,可能是忍火(因回潮等原因卡壳),解放军和民兵一起冲上去与土匪展开肉搏,箭步冲到土匪机枪手架机枪的杵臼旁,李顺祥手举大刀往下狠狠地一劈,没有劈中土匪和机枪,却把杵臼劈去了差不多一半。在与匪兵们展开扭打肉搏中,把新寨蔡家、罗家的山稻谷苗都踩踏按倒了一大片,最后终于降服了顽匪。大约下午4点多钟,我们看见解放军押送着一长串、十几个用刮马藤(当地一种比较柔韧结实的野生藤蔓)牢牢捆住的土匪及其家属来到老龙寨,可能是为了让这些饿昏了、累垮了的可怜又可恨的人得到拯救,解放军把他们一部分安排住进李阿贺家,一部分安排住进我家,因为当时村里除了地主家外,算我们两户比较宽敞,也能够给这十多个人提供足够充饥的食物。我清楚地记得,几个土匪家属老妇女解下她们破破烂烂的裹脚带,简单涮洗后拿到我家的火炕上烘干。天黑后,解放军从我家的粮食仓库搬出坦笆(一种用于晾晒粮食等,可以卷曲收放的大幅篾编)摊开,点起蜡烛擦拭那挺缴获的、裹满泥巴的机枪,他们卸下机枪零部件,一边小心擦拭,一边感慨地对机枪说:"幸亏今天你卡壳了,否则的话我们还不知要吃你的多少亏呢!"第二天早饭后,解放军把彻底降服了的土匪全部松绑,让他们好好地休养了一整天,第三天才押送着朝班龙、木场方向去了。之后的一段时间,我们寨子两户人家为一班,设卡轮流护村值守执勤;我们家和肖老寿家共同值一班,卡点设在冷硝西北角。有一天,我大哥和肖老寿在执勤点堵截到一个披着蓑衣、披散着头发的人,可能是想到了自己的穷途末路,他也不反抗,就被我大哥他们轻易抓捕拿获了。再仔细一看,原来是一个男扮女装的残匪败兵,经过反复审问,他终于承认说是自己的同伴被"老解解"(对解放军的恐称、蔑称)抓到老龙寨,他要去找同伴。同时,还在他的身上搜出了一支二十响手枪,幸亏他不开枪顽抗,不过也许是没有子弹了或真的要缴械投降不打算顽抗了。我还清楚地记得,解放军苗营长(注:中国人民解放军第十四军41师临时驻甘塘的公安乙团主任苗士全)带领剿匪部队在老龙寨驻扎了好几天,对当地青壮年男子进行了一一排查登记，对腰围上、肩膀上有勒痕的进行了反复查验、审问，可能是嫌疑他们参加过什么组织甚至是土匪，背负过枪支和子弹。苗营长在群众大会上操着河南口音讲的几句话是："乡亲们，我们是共产党、毛主席派来的军队，是来解放你们的、帮助你们的，请你们也配合、帮助我们，大家团结起来一起坚决消灭土匪。"

（何忠成讲述　施文明整理）

为保卫和建设边疆献青春

中国人民解放军原昆明军区步兵第七团（即7637部队，其番号、代号曾经多次变更）从解放初期和边疆剿匪战斗打响，到1969年6月调防以前，一直驻守在祖国西南边陲——沧源阿佤山。

1958年初，当我们都还是不满20岁的小青年时，就响应祖国召唤，离开家乡来到阿佤山，接过老战士手中的钢枪，担负起了保卫祖国的光荣使命。20世纪50、60年代，我们所守卫的中缅边境一线，对敌斗争任务艰巨，形势紧张，情况复杂。盘踞在境外的蒋军残部联合内外敌对势力，经常对新中国进行造谣、污蔑，还频繁潜入境内骚扰破坏，袭击我军、政目标及少数民族村寨。1964年，为了认真贯彻落实党中央和人民政府关于边防、外事、民族、宗教、统一战线等一系列重要政策，加强边防对敌斗争，加快边疆建设，争取早日实现长治久安，部队由原来的专门军事单位很快转变成一支集战斗队、工作队、生产队于一身的革命队伍。而我们则亲身经历了这一重要的历史性转变，并且通过实践，为保卫和建设边疆，奉献了自己宝贵的青春年华。

战　斗

那时候，为了有效对付盘踞在境外缅甸、泰国一带的蒋军李弥、李文焕、李国辉、黄大龙、马俊国残部经常对我进行窜扰破坏活动，战斗仍然是我们一线连队的首要任务。通过强化军事训练，全面提高军事素质，我们牢固树立了时刻准备打仗，坚决保卫边疆人民生命财产安全的信念。那个时代边疆环境条件十分艰苦，交通不便，深山老林、羊肠小道，一切战备物资和供给全靠人背马驮。营房是自己建盖的茅草房，部队常年四季顶烈日、冒风雨、风餐露宿，从事战备执勤、边境巡逻、野外伏击等任务。平时，干部、战士必须做到人不离枪、枪不离身，甚至吃饭时间也要背着枪。情况紧张时，连睡觉都不能脱衣服。我们在部队驻地附近构筑了各种战壕、暗堡、鹿寨、竹竿等障碍物，以防范敌人偷袭。一旦得到敌人将要窜扰的情报，部队就要立即进入伏击位置。那时，设伏是部队的"家常便饭"，时间少则半个月、1个月，有时甚至长达几个月。在伏击圈内，我们必须承受日晒雨淋、蚊虫蚂蟥叮咬；吃的是自制干粮，食物少了，饭、水少了，大家就互相让着，饱一餐、饿一餐，互相鼓励和帮助，不怕苦、不怕累，坚持完成任务。日子长了，不少官兵患上了胃病、风湿性关节炎等难治愈的慢性病。记得有一次，连里小分队在下班老寨子塌田国界线内潜伏1个月有余，司务长张进学给小分队送饭，途经深山密林，遭遇野象群袭击。那时，为了防止暴露目标，不能开枪恐吓驱赶，只好拼命逃跑。在经历一阵风险之后，才得以脱身。

人民战争是我军的光荣传统。为了建立起牢不可破的人民防线，我们认真宣传群众、发动群众，组建乡村民兵，开展军民联防、边民联防和情报工作，做到了有备无患、万无一失。1958年下半年至1959年初，李天元同志奉命参加毕家庭小分队在单甲前沿羊窝、嘎多两地的战斗。其中，羊窝战斗对付的是一股20余人的蒋残匪，从上午11时至下午4时左右，战斗打得很激烈。我部击毙敌7人，缴获枪支7支和部分火药。下午进入冷战，我们抢占山头构筑工事。敌人乘夜暗撤退到分界线一带，妄图以国境线为依托继续顽抗。那一夜，我们2人一组监视敌人，再疲劳也不敢闭一下眼，一直坚持到天亮。残敌悄悄撤走后，我们才掩埋掉敌人尸首撤回。这次战斗我方无一人伤亡。

　　嘎多前沿伏击战发生在1959年春季。小分队埋伏一整夜没有打响，第二天早晨太阳刚露脸，部队除了留下2人放哨外，其余休息睡觉。我们刚睡熟，忽然听哨兵冲锋枪打响，又一骨碌翻起来，得知敌人已进入我伏击圈。战斗结束，毙敌1人，俘虏1人（军医），缴获枪支2支、黄牛1头。由于地形限制，少数敌人逃跑，未实现全歼。

　　1969年3、4月间，上级获得情报：蒋残匪准备袭击班老新寨工作队，火烧群众村寨。侦察排长杨贵荣主动要求带领一个班兵力，进入预定伏击位置。凌晨时分战斗打响，全班投入战斗，乡干部岩孔带领民兵和群众投入战斗，还组织了担架运送伤员。敌人见势不妙，仓皇逃窜境外。战斗中，干部李福曾负伤仍坚持不下火线，排长李贵荣受重伤，剩一口气还顽强向敌人扫射，最后因流血过多壮烈牺牲。这次的战绩虽然不够理想，但避免了工作队和村庄遭受不可想象的损失。这些事实，都说明了我们这支队伍确实是一支不畏流血牺牲，始终和边疆人民团结一心，誓死保卫祖国边疆的名副其实的战斗队。

工　作

　　1964年，根据中央军委的重要指示精神，我团防区共组建了11个民族工作队，担负起了战斗队、工作队、生产队，即"三队"的历史重任。仅我一营防区边沿就组建了白岩、胡广、班搞、忙库、下班老、新寨6个工作队。那时，李天元由新寨前哨排排长改任新寨工作队指导员，李建忠同志由班搞工作队卫生员提任指导员。为了尽快使新组建的单位变成一支名副其实的工作队，让党的各项方针政策深入人心，我们从学习当地少数民族语言入手，广泛开展工作。部队每天坚持学习半小时民族语言，平时要求饭前学两句，下寨、劳动、开会时，抓住机会向群众学，同时还把这种学习作为单位和个人评比考核的一项指标来对待。结果，大家很快掌握了基本民族语言。工作队长刀应青、副队长李绍文、司务长字应光、队员李福曾、穆光和等同志甚至都可以充当翻译。为了使党的政策深入村村寨寨，做到家喻户晓，我们又以不同形式开办了少数民族头人、宗教人士、群众骨干等学习班，办了青少年夜校，还在参加群众生产劳动的时候，利用在田边地角休息的机会，教大家唱歌、识字，结合揭露境外敌人的谣言宣传。那时，境外敌人大肆散布"汉人不可做朋友，石头不可做枕头""大军是流水，阿佤是石头，水淌石头留，到头来边地还是我们的天下"等，甚至煽动群众跑外国。那时我们驻守的班老一带还是1960年中缅勘界后刚刚划入的新区，群众的认识有局限性，容易受到敌人的欺骗和利诱。例如，新寨、下班老寨头人胡玉堂等人以及永董、永桑寨子的数十户群众就曾经跑到缅甸一侧的金厂、芒相、塔田居住。经过我们长期艰苦细致的工作，反复宣传党的各项政策，加之部队和地方干部与人民群众同甘共苦，同吃、同住、同劳动的种种事实，促使辖区多数头人及广大群众受到教育感化。他们说："共产党好、毛主席好！大军和我们是一家人，帮我们建立乡村政权，阿佤人民翻身做主，以后再不受头人的压迫剥削，不受土匪的烧、杀、抢。"群众逐渐安居乐业的新景象，使外逃人员慢慢醒悟，又陆续搬了回来。新寨佤族群众岩龙一家外迁回来后，没有房子住，我们工作队发动干部、群众伐木、割草、扎草片，三天盖好房子使他们搬进新家。那个时期，部队为乡村培养了一大批少数民族干部，新寨乡乡长岩孔、副乡长岩桑，民兵队长肖老三，班搞乡长陈岩三、副乡长陈岩尼等，都成为地方的骨干。还办起了6所小学，自己动手建盖校舍，没有桌凳，部队帮助加工。最初教师由部队官兵兼职，后来逐渐交给政府派来的教师。在地方党委政府统一领导及工作队干部战士尽心尽力帮助下，边疆各族人民坚定了走社会主义道路的信念，并从内心喊出："共产党好，毛主席好，解放军好！"

生　产

"全心全意为人民服务"是我党的宗旨；"艰苦奋斗、自力更生、丰衣足食"是我军的光荣传统。战争年代如此，和平时期也如此。20世纪50、60年代，边疆军民的生活都相当艰苦，部队供给每人每月生活费9～12元、肉4两、油2两，还有部分干菜。当地少数民族没有种菜习惯，只是秋季在旱地上种点南瓜、冬瓜，经常供给部队，战士们开玩笑说："南瓜事务员，冬瓜事务长。"为了改善部队生活，同时也给边疆人民做示范，我们动员干部、战士从家乡寄来菜籽，开荒种菜，种玉米，饲养猪、鸡，蔬菜生产任务分到班，完成任务有奖励，从此基本保障了肉、油大部自给，蔬菜全部自给。我们新寨工作队在距离驻地约

500米的低地上新开了约2亩菜地，种上各种蔬菜和佐料，又开垦梯地种玉米做饲料，基本保障了部队每餐三菜一汤，官兵士气高涨，体质也得到增强，提高了部队战斗力，尤其是给群众起到了很好的示范作用。

为了帮助群众改变毁林开荒、刀耕火种、"种一片坡，收一箩箩"的落后生产方式，扭转"吃饭没有菜，盐巴和野菜"的艰苦生活状况，部队带领群众开展大生产运动，开沟引水，开梯田、梯地，种水稻、玉米、旱谷、小麦，养猪、养鸡、种菜，教会他们生活讲究卫生，种地使用农家肥，还教他们放弃用木棍、竹笆打谷子的习惯，改用木板、灌槽来脱粒。原先，群众只会使用锄头、铁铲耕作，在我们的帮助下，驯服了耕牛，教会他们制作犁、耙，终于能够用耕牛犁田耙地。当初群众种得玉米、小麦却不会做成饭吃，只会烧着吃、煮着吃。我们托供销社从内地购进石磨，让每户派1人到部队学磨面，学做玉米饭、馒头、包子、饺子等。又带他们参观部队生产基地，给他们蔬菜籽种并帮助种菜。在部队的带动下，群众粮食逐年丰收，生活有了显著改善，人心安定，安居乐业。

如今，沧源旧貌换新颜，各族人民在党中央改革开放正确路线指引下，满怀热情奔"小康"，数十年前的艰难困苦一去不复返。再看看我们这些曾经与各族人民同甘共苦，用青春和热血保卫和建设边疆的老兵，有些已经与世长辞，如今仍然健在的，也已是白发苍苍，老态龙钟。但是，对于过去，我们无怨无悔，始终为之感到光荣与自豪。同时，我们也十分想念当年那些一起生活、战斗在边防前线的战友和同志，尤其怀念那些为了祖国边疆阿佤山的和平、安宁而流血牺牲的英烈们。

此时此刻回顾过去，我们真切的感受就是：青春献边疆，如今回味甜。

（李天元、李建忠口述　张克庸整理）

班老回归

回归之路

一片丹心向祖国

　　为了争取班老回归，保卫国、胡玉堂、胡忠华、高耀星等佤山爱国人士和各族人民群众进行了顽强的斗争。在这场斗争中孕育出伟大的班老回归精神，这个精神是佤山各族人民为了捍卫国土完整、维护国家尊严、增进民族团结而共同缔造的以爱国主义为核心的民族精神，是忠诚担当、守土尽责的民族认同，是捍卫主权、不屈不挠的民族气节，是厚德友善、守望相助的民族品质，是信念坚定、自强不息的民族自信。在这个伟大精神的熏陶下，培育了一代代佤山人民守土有责、守土负责、守土尽责的家国情怀。

一、班老佤族头人驱逐缅甸官吏

　　1944年，一个名叫达董武的缅甸官员带着6名随从到班老登记户口，准备收取门户钱，保卫国、保卫厂等佤族头人跟他们说："我们归中国管，不受缅甸管"，并把缅官赶出班老地界。同年12月，在英国政府的指使下，缅甸官员达董武带领25名武装人员再次来到班老准备收缴武器和门户费，遭到保卫国的坚决反对，并对缅官说："我们归中国管，不受缅甸管。"达董武则威胁说："中国政府已经把你们划给缅甸，不给门户钱就去挖公路做苦役！"保卫国回答道："钱不给，路不挖，我们要到自己的地里劳动去。"缅官又要求交出枪支，保卫国就是坚决不交。达董武命令缅兵架起3挺机枪威胁班老头人保卫国，激怒了围观的群众，佤族群众拔出随身携带的长刀，把缅兵包围了起来，缅兵见势不妙，慌忙收兵溜走了。

二、班老佤族头人腊戍拒绝封官

1953年，在中缅勘界筹备阶段，缅政府邀请保卫国、胡玉堂到腊戍开会，准备给他俩封官划地，被保、胡严词拒绝，表现出威武不屈、贫贱不移的忠诚之心。回到班老后，保卫国急急忙忙带着白达拽等佤族老人到县城勐董，晋见时任沧源驻军政委兼中共沧源县委书记赵延俊，向赵延俊书记展示其祖传的古印等物证，他深切地对赵延俊书记说："我们祖祖辈辈都是中国人，希望中国不要把班老丢掉。"

三、我们是中国人

1953年，中缅两国政府开始调查中缅南段未定界问题，勘界工作组组织召开洽谈会议，听取班老等各寨佤族头人的意见。胡忠华在会上发言："我们决心跟着毛主席、跟着共产党。"他们多次在会议上强调："阿佤山和缅甸的界线，自古至今都是清楚的。现在，缅甸已经摆脱了英国的殖民统治，就不应该再拿英国和我国签订的不平等条约来和我们谈判。英帝国主义把阿佤山分划为二，极大地损害了阿佤人民的利益，难道它会给缅甸政府带来什么好处吗？"

1954年底，云南省军区召集班老地区的上层头人到昆明参加勘界工作座谈会。参加的人员有上班老的胡玉堂、保卫国、保卫厂、保卫民，甘勐胡玉林，下班老杨老二，班洪高耀星，芒怕何朝珠等人。在座谈会上，保卫国把他家世代珍藏的朝廷官服、敕封的"班老王印"和同吴尚贤共开茂隆银厂时订盟的木刻等物证上交给云南省人民政府，请求中国政府一定要为班老做主。缅政府得知保卫国等到昆明开会的消息后，马上派70余名官兵赶到班老，质问保卫国之子保洪忠："为什么你参到昆明开会？你们是缅甸人！为什么听中国的话？"保洪忠对缅甸官员不理不睬。保卫国从昆明回到班老后，缅甸官员找上门来，威胁说："你为什么卖国？我们杀你就像杀鸡一样容易，以后你不听话就杀掉你。"保卫国还是那句话："我们是中国人，不归缅甸管。"

1954年6月29日，中缅两国在仰光发表《中缅两国总理联合声明》，宣布将和平共处五项原则作为保证主权国家之间平等和相互尊重的基本准则，开始推进中缅南段勘界的洽谈。1956年12月15—17日，中缅两国政府在云南省德宏州芒市举行两国边境地区人民联欢大会，胡玉堂等佤族爱国人士不顾境外国民党李弥残部的威胁，毅然前往芒市参加联欢大会，再次向周总理表达班老人民回归祖国的决心和信心。在中缅勘界座谈会上，胡忠华说："我们死活不归缅甸，跟毛主席走，死也要归毛主席，就是缅甸拿钱来，我们也不要。"勘界进入关键阶段，中缅政府再一次征求当地佤族头人的意见时，他们坚决表示："我们跟毛主席走，跟中国共产党走。"这是热爱家乡、热爱祖国的赤诚之心，佤山爱国志士的言行充分彰显了佤山人民守土固边、忠诚担当的爱国情怀。

四、肖子生给周总理写信

1956年，中缅双方领导人开始对边界问题进行磋商，两国对未定界一线各部落村寨进行调查，收集了解和分析各阶层人士对界线的反映和村寨的归属问题。此时，沧源县政协委员肖子生以佤山儿女代表的身份给周恩来总理写信，表达了阿佤人民永远心向党、心向国家的真挚感情。

云南省人民委员会作了回复，指出："临沧专署：现将外交部办公厅转来沧源县委会卡瓦族肖子生同志关于中缅划界问题给周总理的信抄送。请临沧专署联系地委进一步加强思想工作，并请将卡瓦族上层人物及群众对划界问题的思想情况随时向省反映。"

按照中央、省委的指示精神，临沧和沧源党委政府认真抓好边民的政治思想工作，引导佤山人民积极配合做好勘界工作，维护了边疆稳定，增进了民族团结。

（肖 江）

重大创举树典范

1948年1月4日缅甸脱离"英联邦"宣告独立，成立了以吴努为首的多党民主议会制政府。缅甸独立后，英国已将中缅未定界地区军事、行政事宜移交给了缅甸政府。英帝国主义殖民形成的中缅边界悬案（一是没有划定过的中缅北段未定界，一是签订了边界协议但还未来得及实地勘界的中缅南段"1941年线"，以及明显带有帝国主义色彩的勐卯"永租"三角地），最终将由中缅两国来解决。

1949年10月1日，中华人民共和国成立。新中国在成立之初，中国与周边国家之间几乎没有任何一段确定的边界，只存在相互交织的三种"边界线"：不平等条约规定的边界线、多年形成的传统习惯线和实际控制线。然而新生的中国，不仅面临修复战争的创伤、建设社会主义国家的重任，遭受帝国主义国家的封锁包围，而且还承受着周边新独立民族国家的疑惧和不信任。

面对复杂的国际形势，建国初期，我国实行"另起炉灶""打扫干净屋子再请客""一边倒"的三大外交方针。根据"一边倒"的外交方针，新中国公开宣布倒向社会主义阵营一边。各社会主义国家最早宣布承认中华人民共和国中央人民政府，在台湾问题上与中国保持一致，因此与这些国家不存在建交上的原则问题。新中国与以苏联为首的各社会主义国家不经谈判迅速建交。

新中国谈判建交制度首次应用于中缅建交谈判中。1949年12月16日，缅甸照会中国，表示决定承认新中国。缅甸成为继苏联东欧社会主义国家之后第一个承认新中国的非社会主义国家。1950年4月26日缅甸联邦政府派遣谈判代表到达北京，就中缅两国建立外交关系进行谈判。6月8日谈判顺利结束，中缅正式建立外交关系。

1954年6月25日至29日，周恩来先后访问印度和缅甸，访问中，分别于28日和29日同印度总理尼赫鲁、缅甸总理吴努发表联合声明，确认和平共处五项原则是指导两国关系的原则，并共同倡议将五项原则作为指导一般国际关系的原则。

中缅建交初期，历史遗留的中缅边界问题是双方关切的重要问题之一。由于帝国主义的反华宣传和挑拨离间，周边国家对新生的社会主义中国心存疑虑，中缅两国边民之间也时常发生一些小的纠纷。我国确定以解决中缅边界问题为开端，树立新中国以和平共处五项原则处理边界问题的典范，创造经验，提供范例，争取逐步与周边邻国处理边界问题。1956年2月7日至8日缅甸政府在中缅边

1956年12月16日下午，中缅两国边境人民联欢大会在德宏芒市广场举行。中缅两国总理及中方人员165人、缅方人员286人参加联欢大会，两国边境的居民15000多人欢聚一起，进行各种联欢活动。这次联欢大会的成功召开，增进了两国政府及领导人之间的互信和理解，极大地促进了中缅两国人民之间的友谊，为和平解决中缅边界问题打下了坚实的基石。（图片来源：《殷殷胞波情——1956年中缅边民大联欢》）

1956年12月16日下午，中缅两国边境人民联欢大会会场

境雷基召开了边民大会，1956年12月14至18日，中国与缅甸两国人民共同在中国云南省德宏州芒市举行了盛大的"中缅两国边境人民联欢大会"，有力地推动了中缅睦邻友好关系的发展和两国人民之间的友谊。

1957年7月10日，全国人民代表大会第四次会议上的《关于中缅边界问题的报告》对中缅边界问题的由来进行了回顾。报告中说："在我国和许多邻国之间，都存在着历史上遗留下来的未定界问题，而中缅两国之间的未定界问题特别引起人们的注意。这是由于英国在过去统治缅甸的时期在中缅边界问题上制造了长期的纠纷，而近几年来，帝国主义势力又经常利用中缅边界问题，挑拨中缅关系，企图造成紧张局势"，"中缅两国的边界大部分已经划定，但是有三段还存在着未决问题"，"第一是关于在佤佤山区的一段。中英两国在1894年和1897年签订的两个关于中缅边界的条约中，对于这一段边界都曾经有明文规定。但是，由于有关的条文自相矛盾，这一段边界长期没有划定。为了造成既成事实，英国在1934年初派遣军队进攻班洪部落和班老部落所管辖的地区，遭到了当地佤佤族人民的英勇抵抗，这就是有名的'班洪事件'。1941年，英国乘当时中国在抗日战争中所面临的危急情况，以封闭滇缅公路作为压力，同国民党政府于6月18日用换文的方式在佤佤山区划定了一条对它片面有利的边界。这就是所谓'1941年线'。由于不久就发生了太平洋战争，在这条线上并没有树立界桩。"，"第二是关于在南碗河和瑞丽江汇合处的猛卯三角地区"，"第三是关于尖高山以北的一段"。

在全国人民代表大会第四次会议上

周总理报告中缅边界问题

他说：通过继续协商，中缅边界问题就将得到全面的和公平合理的解决。

党不能发号施令吗？

毛主席　刘委员长　周总理
电贺蒙古人民革命胜利三十六周年

关于中缅边界问题的报告
1957年7月9日在第一届全国人民代表大会第四次会议上
国务院总理兼外交部长　周恩来

1957年7月9日，在全国人民代表大会第四次会议上周恩来总理报告中缅边界问题，图为《人民日报》1957年7月10日第一版报道。

报告叙述了新中国成立后我国政府处理中缅边界问题的经过。"在我们国家成立的最初几年，政府需要把全部力量用来处理国内国外一系列重大而迫切的事务，因此不可能同时为中缅边界问题的解决进行全面的和有系统的准备工作。但是，自从中缅两国总理在1954年12月12日的会谈公报中提出'在适当时机内，通过正常的外交途径'解决中缅未定界问题以后，我国政府就为解决这个问题进行必要的准备。政府的各有关部门会同云南省当局，对有关的历史文献和实际情况进行了系统的和详细的调查研究"，"在1955年11月，当中缅双方为边界问题的解决分别地积极进行准备的时候，在两国的边境上，双方的前哨部队由于误会曾经发生过一次不幸的武装冲突事件。这次事件，经过中缅双方的努力，得到了适当的处理，同时也使中缅两国政府体会到及早解决中缅边界问题的必要"，"从1956年年初起，中缅两国政府就中缅边界问题开始了频繁的接触。同年11月，缅甸反法西斯人民自由同盟吴努主席应邀来北京同我国政府商谈。我国政府根据我国的和平外交政策和对中缅边界问题调查研究的结果，通过吴努主席向缅甸政府提出了解决中缅边界问题的原则性建议"，"1956年，在中缅两国政府就中缅边界问题进行商谈的过程中，缅甸的领导人员曾经表示能够理解中国人民对于1941年线的不满情绪，但是鉴于这段边界已经通过当时负责的中英政府以换文划定，因此要求我国政府予以承认，并且要求我国政府把在1952年由于追剿国民党残余部队而进入1941年线以西地区的中国军队撤回。我国政府认为，在边界问题上，根据正式条约而提出来的要求，应该按照一般国际惯例予以尊重，但是这并不排除两个友好国家的政府通过和平商谈求得对双方都是公平合理的解决。为了促进这种公平合理的解决，为了替这种解决创造良好的气氛，我国政府在向缅甸政府提出的原则性建议中表示准备把中国军队撤出1941年线以西的地区。同时，我国政府要求，在中缅两国政府没有对1941年线问题取得最后协议并且树立界桩以前，缅甸军队不进驻中国军队自1941年线以西所撤出的地区，但是缅甸政府的工作人员可以进入这一地区"，"在我国政府提出了以上的建议以后，吴努主席表示这是照顾双方利益的公平合理的建议"，"去年12月在仰光和今年3月在昆明，中缅两国政府的领导人员又有机会对两国边界问题继续进行友好的商谈，进一步澄清了彼此的观点，在总的方面取得了一致的意见"。

报告说明了我国政府在处理中缅边界问题中所遵循的基本政策，并指出"中缅两国政府根据友好的精神和和平共处的五项原则，对中缅边界问题进行了多次的接触和商谈以后，已经在总的方面取得一致意见。我们相信，通过继续的协商，把双方在具体问题上的意见加以协调以后，中缅边界问题就将得到全面的和公平合理的解决。"

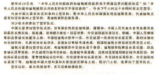

1960年1月28日，中缅双方签订了边界协定，图为《人民日报》1960年1月29日第一版报道。缔约双方同意立即成立由双方同等人数的代表所组成的联合委员会，并且责成该委员会根据本协定的规定，商谈解决有关中缅边界的各项具体问题，进行勘察边界和树立界桩的工作，起草中缅边界条约。

1960年1月23日，奈温总理率团访华。1月28日，中缅双方签订了边界协定，议定"把班洪部落和班老部落在一九四一年六月十八日中英两国政府换文划定的、从南定河和南帕河汇合处到南段已定界第一号界桩为止的边界线以西的辖区划归中国，成为中国领土的一部分。至于划归中国的这些地区的面积，中国政府和缅甸政府分别在一九五七年七月二十六日和一九五九年六月四日提出了用地图标明的建议。两国政府的建议中互相一致的地区，肯定划归中国。两国政府的建议中关于班洪部落的辖区有出入的地区，由联合委员会派出双方同等人数的人员组成的小组实地查明该地区是否属于班洪部落管辖，以便确定该地区是否移交中国。划归中国的班洪部落和班老部落辖区的面积这样确定以后，联合委员会将

　　1960年8月18日下午3时半，中缅边界联合委员会缅方顾问及勘察队成员抵达中方第二队队部。　　　　　　　　　　（沧源自治县档案馆　供图）

沧源县肖哥长副县长与中缅边界联合勘察队缅方成员握手情景

（沧源自治县档案馆　供图）

中方勘界人员合影　（云南省外事办　供图）

中缅边界联合勘察队二队中方一组使用的臂章（耿马自治县外事办　供图）

中缅边界联合勘察二队会议场景

（耿马自治县外事办　供图）

派出由双方同等人数的人员组成的联合勘察队，实地勘察这一段边界线的具体位置，并且树立界桩"，"从南定河和南帕河汇合处到南段已定界第一号界桩为止的一段边界，除本条第三款所规定的调整以外，按照一九四一年六月十八日中英两国政府的换文定界。联合委员会将派出由双方同等人数的人员组成的联合勘察队，沿着这一段边界线进行定界、标界和树立界桩的工作"，"缔约双方同意立即成立由双方同等人数的代表所组成的联合委员会"，"缔约双方同意，联合委员会在解决本协定第二条中所列的有关中缅边界的现存问题以后，将负责起草中缅边界条约，其中不仅将包括本协定第二条所提到的各段边界，而且将包括过去已经划定、无需加以更改的各段边界。新的边界条约经两国政府签订和生效后，将代替一切旧的有关两国边界的条约和换文"。中缅关于两国边界问题的协定，就各项具体问题达成了原则性的协议，为全面解决中缅边界问题铺平了道路。

1960年5月15日中缅双方在仰光互换了"中华人民共和国和缅甸联邦之间的友好和互不侵犯条约"和"中华人民共和国政府和缅甸联邦政府关于两国边界问题的协定"的批准书。

1960年6月27日中缅边界联合委员会成立仪式在仰光举行。

1960年10月1日下午五时半，中缅边界条约签字仪式在人民大会堂举行，除中缅两国有关政要外，时任云南省临沧专区副专员胡忠华，时任云南省政协委员会常务委员胡玉堂也参加了签字仪式。10月2日，首都各界人民十万人在首都体育场隆重集会庆祝中缅边界条约签订。居住在中缅边境上的云南人民沉浸在节日的欢乐中，德宏傣族景颇族自治州的瑞丽县、陇川县章凤区、耿马傣族佤族自治县孟定区、沧源佤族自治县、孟连傣族拉祜族佤族自治县等地纷纷举行集会和各种庆祝活动，庆祝新中国成立十一周年和中缅边界条约的签订。缅甸各界人民在仰光市政厅举行群众大会，缅甸各地也举行了盛大的群众集会，热烈庆祝成功地签订中缅边界条约。正如周恩来总理所说："中缅边界条约的签订，全面地彻底地解决了几十年来中缅两国人民一直渴望解决的复杂问题，使长达两千多公里的中缅边界，成为和平友好的边界。这不仅使中缅边境的居民能够得到安宁和幸福，而且有利于中缅两国人民的和平建设和友好合作。中缅边界条约是中缅两国友好关系进一步发展的里程碑，是亚洲各国人民友好相处的光辉榜样，是亚洲各国之间解决边界问题和其他争端的良好范例"。[1] "中缅边界条约的签订，

① 在首都各界人民庆祝中缅边界条约签订大会上周恩来总理的讲话，《人民日报》1960年10月3日第2版。

人民日报

RENMIN RIBAO

1948年6月15日创刊
第4469号

热烈祝贺中缅友好年的大喜事　热烈祝贺中缅人民友谊新的高潮

首都十万人盛会庆祝中缅边界条约签订

周总理说，中缅边界条约是亚洲各国人民友好相处的榜样，是亚洲国家解决边界问题和其他争端的范例

吴努总理说，中缅边界条约是两国执行和平共处五项原则的结果，两国建立起来的友谊大厦将永保光辉

在我国大会堂席上，宾朋左起：吴努女儿、陈毅、万里、黄炎、吴垒、贺龙、帕墨夫人。

1960年10月1日，中缅边界条约签字仪式在人民大会堂举行。中缅边界条约的签订，在中缅友好关系史上开始了新的一章，为亚洲国家在五项原则的基础上和平共处作出了良好的榜样，也为世界各国和平解决国际争端树立了光辉的范例。图为《人民日报》1960年10月2日第一版对首都十万人在首都体育场隆重集会庆祝中缅边界条约签订的报道。

1960年10月1日，中缅边界条约签字仪式在人民大会堂举行。图为《人民日报》1960年10月2日第一版对首都十万人在首都体育场隆重集会庆祝中缅边界条约签订的报道截图。

1960年10月1日，中缅边民联欢大会合影。

（沧源自治县档案馆　供图）

1960年10月1日，在耿马自治县孟定镇举行中缅边民联欢大会。

（耿马自治县外事办　供图）

在中缅友好关系史上开始了新的一章，为亚洲国家在五项原则的基础上和平共处作出了良好的榜样，也为世界各国和平解决国际争端树立了光辉的范例。这个条约的缔结，对中缅两国人民和世界人民来说，都是一件大喜事"。[①]

1961年6月5日，中缅两国政府发布《关于交接边界领土新闻公报》[②]，"根据中华人民共和国和缅甸联邦边界条约的规定，中华人民共和国政府和缅甸联邦政府已分别委派各自的地方官员于1961年6月4日在指定的地点完成了下列领土的交接手续"，"根据上述边界条约第二条的规定，班洪、班老部落辖区移交中国"，自此班洪、班老终于回归祖国。

自中缅签订边界条约后，在双

---

① 在中缅边界条约签字仪式上周恩来总理的讲话，《人民日报》1960年10月2日第2版。

② 《中华人民共和国政府和缅甸联邦政府关于交接片马、古浪、岗房地区，班洪、班老部落辖区，猛卯三角地和骑线村寨调整地区的联合新闻公报》，《人民日报》1961年6月6日第1版。

1961年12月9日，中国驻缅甸大使李一氓代表中国政府把中缅边界联合勘察纪念章和中缅友谊纪念章赠送给参加勘察和划界工作的缅甸朋友们。图为中缅勘界纪念章。

位于沧源自治县班老乡下班老村的班老回归纪念碑
（沧源自治县政协文史教科文卫体委　供图）

方共同努力下，在短短的一年时间内，全部边界勘察完毕，并且树立了界桩，标定了界线，测绘和制成了详细的地图。1961年10月12日中缅边界联合委员会在北京举行了最后一次会议，审查并通过了议定书小组协议的中缅边界议定书草案和地图小组绘制的中缅边界详图，并决定提交两国总理签字。

1961年10月13日，《中华人民共和国政府和缅甸联邦政府关于两国边界的议定书》签字仪式在北京隆重举行。中缅边界条约，是中华人民共和国同邻国缔结的第一个边界条约。它是亚洲国家之间根据和平共处五项原则解决历史上遗留下来的复杂问题的一个光辉范例。

▼ 回 归 之 路 ▲

中国援建缅甸的滚弄钢索吊桥1965年建成通行，成为象征中缅两国人民之间友好合作的"友谊桥"（图片来源：中国对外援助70周年线上图片展。）

耿马自治县外事干部踏勘中缅边界并为界碑描红

（耿马自治县外事办　供图）

　　2019年11月20日至24日，由临沧与缅方共同举办的首届缅甸（腊戌）中国（临沧）边境经济贸易交易会在缅甸联邦共和国掸邦腊戌市成功举办。图为开幕式现场。

（耿马自治县外事办　供图）

　　2019年11月20至24日，由临沧与缅方共同举办的首届缅甸（腊戍）中国（临沧）边境经济贸易交易会在缅甸联邦共和国掸邦腊戍市成功举办。图为双方进行座谈。　　　　　　　　　　　　　　　　　　　（耿马自治县外事办　供图）

　　2019年11月20至24日，首届（缅甸腊戍）中国临沧边境经济贸易交易会期间举行的中国（临沧）阿数瑟文化展演。　　　　　　　（临沧市文化旅游局　供图）

　　2020年9月30日，临沧市人民政府与缅甸联邦共和国商务部缅甸贸易促进局签订了《中华人民共和国云南省临沧市人民政府与缅甸联邦共和国商务部缅甸贸易促进局联合举办边境经济贸易交易会意向书》，从2020年开始，双方轮流举办中缅边交会。
　　　　　　　　　　　　　　　　　　　　　　　　　　　（临沧市商务局　供图）

　　2020年2月12日，中缅双方携手，开展新冠疫情联防联控。

2023年4月12日，中国援助缅甸滚弄大桥合龙仪式在缅甸掸邦滚弄镇举行。

（临沧市商务局　供图）

回归之路

孟定清水河口岸新国门

（临沧市商务局　供图）

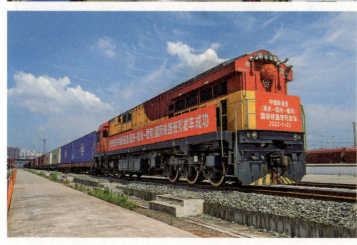

2022年5月23日，中缅新通道（重庆—临沧—缅甸）国际铁路班列正式开通。

中缅山水相连，世代比邻而居。在缅语中，"胞波"意为一母同胞的兄弟。两国人民自古相亲相融，"胞波"情谊源远流长。早在公元前4世纪，我们的祖先就打通了贯穿川滇缅印的"金银大道"往来通商。中国盛唐时期，缅甸骠国王子率领舞乐队不远千里访问长安，著名诗人白居易挥毫写下千古绝唱《骠国乐》。缅甸在不同社会制度国家中第一个承认新中国。两国老一辈领导人身体力行，为中缅关系发展倾注了大量心血。周恩来总理9次访问缅甸，他身穿缅甸民族服装同缅甸民众一道庆祝泼水节的情景，至今传为佳话。

建交70年来，中缅倡导并践行和平共处五项原则，始终相互信任，相互尊重，相互支持，树立了大小国家平等相待、互利共赢、共同发展的典范，给两国人民带来了实实在在的利益。

——选自：2019年1月16日，在对缅甸联邦共和国进行国事访问前夕，国家主席习近平在缅甸《缅甸之光》《镜报》《缅甸环球新光报》同时发表题为《续写千年胞波情谊的崭新篇章》的署名文章。

幸福之歌

幸福之歌

佤山巨变

六十年沧桑巨变
临沧社会经济展新颜

新中国成立60年，特别是改革开放30年来，在市委、市政府的领导下，全市各族人民艰苦奋斗，奋发图强，经济社会发生了翻天覆地的变化，各项事业蒸蒸日上，国民经济由新中国成立初期的一穷二白到繁荣昌盛、社会稳定、人民安居乐业，人民生活由新中国成立前的吃不饱、穿不暖向全面小康迈进。60年的艰苦奋斗使临沧经济总量不断壮大，综合经济实力明显增强，人民生活水平得到了极大提高，全市国民经济和社会事业取得了令人瞩目的辉煌成就。

一、国民经济持续快速健康发展，综合实力显著增强

60年来，虽然历经曲折，但经各民族人民的共同努力，全市经济总量稳步增加，产业结构得到有效调整和优化，更加适应市场经济发展需要。2009年，全市实现生产总值181.3亿元，创历史新高，比1949年的0.71亿元增长254.4倍，扣除价格上涨因素，按可比价计算，年均递增速度达8.6%。其中：第一产业增加值63.4亿元，比1949年的0.55亿元增长114.3倍，年均增长7.0%；第二产业增

加值58.6亿元，比1949年的0.03亿元增长1952倍，年均增长12.4%；第三产业增加值59.5亿元，比1949年的0.14亿元增长424倍，年均增长9.8%。人均生产总值由1949年的81元提高到2009年的7590元，增长92.7倍，年均增长6.8%。

解放初期的临沧，自然经济和原始经济特点十分突出，落后的农业占绝对份额，工业一片空白，商业极其原始。60年来，随着人们对社会主义经济发展规律的逐步认识和深入探索，全市工业化进程的推进、服务业的发展，经济结构实现了不协调到有效调整和优化的不断演进，全市三次产业结构由1949年的79.8：3.3：16.9发展到1978年的49.7：15.9：34.4，呈现一、三、二的格局，第一产业比重仍然很大。改革开放以来，全市将发展第二产业和第三产业作为调整经济结构的重要内容，在税收、金融方面给予扶持，第二产业日益壮大，第三产业继续发展。到2009年，全市三次产业结构调整变化为34.9：32.3：32.8。60年间，第一产业下降了47.9个百分点，第二产业上升了29个百分点，第三产业提高了15.9个百分点，工业化进程明显加快，工业对国民经济增长的贡献率达到27.5%，由传统农业大市转向工业强市的步伐加快。经济发展的稳定性和持续性增强，生产总值的增长从过去主要由单一产业带动，进入由第二、第三产业共同拉动的时代。经济发展由主要依靠第一产业推动转变为主要依靠第二、三产业共同推动，经济结构进一步向合理化方向演变，为全面提升临沧经济的整体质量和素质，提高城乡居民的生活水平打下了较为坚实的产业基础。

二、农业经济实现了由极端脆弱到全面发展的历史跨越

解放初期的临沧，农业基础十分薄弱，农业生产力极为低下，自然灾害频繁，广种薄收，粗放经营，许多地方还停留在刀耕火种的原始状态，农村经济非常脆弱，农民生活十分贫困。1949年到1978年，经过土地改革和农村合作化运动，彻底革除了封建土地制度，解放了生产力，农民生活日益改善，到1978年全市粮食总产量已达到51.27万吨，完成农业总产值2.24亿元。改革开放后，随着家庭联产承包责任制的发展完善，极大地调动了农民的生产积极性，临沧市农业科技推广力度加大，各级财政投入增加，各种基地建设、新兴生物资源等项目开发初见成效，建立了解决"三农"问题的全新政策体系，社会主义新农村建设稳步推进，农业产业化进程进一步加快，产业结构进一步优化，农业生产呈现

出稳步增长的态势。2009年全市完成农业增加值62.2亿元，比1952年的0.66亿元增长93倍，年均递增速度为6.7%。在稳定粮食生产调整产业结构的方针指导下，粮食作物稳定发展，经济作物发展加快。2009年全市粮食产量77.1万吨、油菜1.61万吨、茶叶4.79万吨、甘蔗534.4万吨，分别比1952年的23.59万吨、0.05万吨、0.18万吨和0.85万吨增长2.3倍、28.7倍、25.5倍和624.5倍，年均增长速度分别为2.1%、6.1%、5.9%、12.0%，并且甘蔗和茶叶名列全省第一位和第二位。咖啡、澳洲坚果、蚕桑等其他新兴产业已形成一定规模。2009年橡胶64.9万亩，比1962年的1.2万亩增长53倍，产量1.94万吨，比1978年的0.36万吨增长4.4倍，年均增长5.6%；核桃621万亩，产量3.28万吨，比1962年的27吨增长1214.9倍，年均增长16.3%；烤烟2.42万吨，比1955年的54吨增长448倍，年均增长12%。畜牧业生产稳步增长，2009年全市生猪存栏258.4万口，比1949年的23.3万口增加235.1万口；大牲畜存栏77.2万头，比1949年的18万头增加59.2万头；肉类总产量16.2万吨，比1949年的0.2万吨增加16万吨，年均增长7.6%。乡镇企业迅速发展。2009年全市乡镇企业营业收入90.9亿元，比1978年的0.15亿元增长605倍，年均增长23.8%。农业产业化进程进一步加快。到2009年底，52户企业被认定为市级重点农业产业化龙头企业，10户被认定为省级以上重点农业产业化龙头企业，"公司＋基地＋农户"的产业化发展方式进一步完善。社会主义新农村建设扎实推进。按照"生产发展、生活富裕、乡风文明、村容整洁、管理民主"的要求，制定了"十四个一"目标，建立实施了500个新农村建设示范点。农村公共事业投入不断加大，教育、卫生、文化等设施得到改善。农村经济全面发展，社会供给增加，促进了第二、三产业的发展，为整个国民经济持续、健康发展发挥了重要作用。

三、工业强市战略意识增强，工业化进程明显加快

解放初期的临沧，仅有少数的糖茶加工和土陶制作等小手工作坊，操作原始粗放，极端落后。无工业技术可言，无工业基础可言，工业经济几乎一片空白，满目疮痍，百废待兴。1949年到1978年，经过五个五年计划和三年经济调整，全市工业开始逐步发展，但依然停留在糖茶的加工上，结构单一，技术落后，效益低下，一直未能形成大气候。1978年全市工业增加值仅为0.49亿元，只有

2009年的1.2%。改革开放后，经过推行企业承包责任制，推进以产权为核心的国有企业改制、建立现代企业制度等一系列的重大改革，初步确立现代工业体系，以经济效益为中心，以资源优势为依托，积极转变经营机制，积极推进产业结构优化升级，以一批重点项目为主，大力推进工业化进程，加快培育特色工业和优势产业，工业基础建设在改革开放中得到蓬勃发展，使全市的工业有一个质的飞跃，在整个国民经济中的地位提高，实力增强，主导地位日益突出，成为临沧经济社会发展的主要支撑力量。2009年，全市实现工业增加值41亿元，比1978年的0.49亿元增长82.7倍，占GDP的比重达到22.6%，比1978年提高9个百分点。规模在500万元以上工业企业达到79户，其中华能漫湾水电厂、临沧供电局、澜沧江啤酒企业集团有限公司、临沧鑫圆锗业股份有限公司、滇红集团股份有限公司等20户企业已发展成为国家中型企业，已形成以"糖、茶、水电、建材、矿业、酒业"为骨干的工业经济。工业生产实力规模不断扩大，产品质量提高，产品产量成倍增长。2009年全市的主要工业产品中，发电量68.3亿千瓦小时、原煤15.1万吨、食糖69万吨、酒精5.6万千升、饮料酒4.5万千升、精制茶叶2.6万吨、水泥53.7万吨，分别比1978年增长125.5倍、71.6倍、79.2倍、244.6倍、44.7倍、4.2倍和28.4倍，递增速度分别为16.9%、1.8%、15.2%、19.4%、13.1%、5.5%和11.5%。发电量、成品糖两个产品产量跃居全省第一位。工业园区建设成效显著，截至2009年底，入园企业总数59户，注册资金达到10亿元。

四、固定资产投资力度加大，基础设施建设步伐加快

解放初期的临沧，投资十分有限，基础产业几乎为零。交通落后，城市建设只有一些原始集镇。水利、能源和邮电通信建设一片空白。1949年以后，临沧市各族人民在国家的大力扶持下，团结奋斗，艰苦创业，基础产业逐步发展壮大，基础设施不断改善。特别是改革开放以后，随着投资体制改革的不断深化和"招商引资是发展的第一要务"方略的实施，投资渠道增加，全市突出重点，调动有限的人、财、物力，主攻以交通、城建、水利为重点的基础设施建设，小城镇建设步伐加快，各产业生产经营条件有了较大改善，国民经济发展速度加快。31年间，全市共增加投资578.61亿元，其中城镇固定资产投资完成439亿元。2009年全市完成全社会固定资产投资114.5亿元，比1989年的1.77亿元增长63.7

倍，递增速度为23.2%。先后建成水库222座，水利工程供水量达到97267万立方米，机电灌溉面积达4.55万亩；全市通公路里程1.38万公里，比1957年的440公里增长30.4倍，其中928个村（含社区）全部通公路，实现了市到县油路化、县到乡弹石路化和村村通公路的基本目标，全长252公里、历经6年艰苦努力的祥临公路已全线贯通，二级以上高等级公路通车里程增加了436公里，投资3.9亿元的临沧机场顺利通航。全市工业企业的主要产品生产能力有了较大提高，发电设备装机容量达到745万千瓦时（含漫湾、大朝山电站以及小湾电站705万千瓦时）；日处理甘蔗能力达3.96万吨；水泥年生产能力达71万吨；原煤年生产能力17万吨。农村固定资产投资步伐加快，2009年完成投资20.1亿元，比1990年的0.24亿元增长82.8倍，年均递增速度为26.2%。农村私人建房稳步推进，2009年完成投资7.6亿元，比1990年的0.51亿元增长13.9倍，年均递增速度为15.3%。房地产业从无到有，并且逐步壮大。2009年完成投资14.2亿元，比1990年的93万元增长1530.6倍，年均增长47.1%。建成了临沧华旭小区、旗山小区、高效小区、扎路营小区、各县城区小区等经济适用住房，房地产开发已形成一定规模。各类投资力度加大，第三产业服务设施有了较大改善，服务网点大幅度增加，有效地促进了第三产业发展。城镇化进程不断加快，城镇化率达29%，比1978年的5.3%提高了23.7个百分点，城镇基础设施和服务功能不断完善，城镇对经济的带动和辐射作用明显增强。

五、交通运输、邮电通信业步入发展的黄金时期

解放初期，临沧交通运输和邮电通信业的基础十分薄弱，装备落后，运输结构不尽合理。改革开放特别是党的十三届四中全会以来，我市的交通运输和邮电通信事业发生了历史性的巨变。交通运输和邮电通信对国民经济的"瓶颈"制约状况明显缓解，交通运输和邮电通信业步入了发展的黄金时期。到2009年底，全市拥有机动车辆264960辆，比1970年的956辆增长276.2倍，年均递增15.5%，其中民用车辆达到39960辆，比1978年的1556辆增长24.6倍，年均增长11.2%；拖拉机37847辆，比1978年的3771辆增长9倍，年均增长7.7%，摩托车187140辆，比1978年的94辆增长1989.9倍，年均增长27.8%。全社会完成货运量1460万吨，比1988年的189万吨增长6.7倍，递增速度达10.2%；货物周转量119691

万吨公里，比1988年的21853万吨公里增长4.5倍，年均增长8.4%；客运量650万人次，比1988年的231万人次增长1.8倍，年均增长5%；旅客周转量82876万人公里，比1988年的9377万人公里增长7.8倍，年均增长10.9%。航空客运量达到11.45万人次，比2001年的2.2万人次增长4.2倍，年均增长22.9%。

邮电通信行业步入快车道。2009年全市完成业务收入6.76亿元，比1952年的10万元增长6758.5倍，年均增长16.7%。长途电话交换机容量5400路端，固定电话交换机容量35万门，全市固定电话发展到22.9万部（含小灵通），比1952年的0.04万部增长571.5倍，年均增长11.8%；移动电话发展到85.5万部，比1998年的0.72万部增长117.8倍，年均增长54.4%，固定电话普及率9.6部/百人，移动电话普及率35.7部/百人，互联网入户数5.17万户。随着经济的发展，城市的变化，人民生活水平提高，通信行业突飞猛进，步入了较快发展时期，通信能力大大增强，电信网络已成为临沧市信息产业的主要支撑力量，有力地推动了全市第三产业整体水平的提升，优化了产业结构，加快了临沧经济的发展。

六、消费市场体系不断完善，消费水平明显提高，对外贸易持续发展

解放初期的临沧，产品和商业网点奇缺，基本停留在原始的集市交易，以物物交易现象普遍，市场萧条，商业经济极其落后。1949年社会消费品零售总额只有0.07亿元，仅为2008年的0.15%。经过30年的计划经济实践，商业经济得到一定发展，到1978年社会消费品零售总额达1.08亿元，比1949年增长14.43倍。改革开放之后，以商品流通体制和商业管理体制为主的流通体制改革步伐加快，打破了国营、合作社商业体制分割、自我封闭的状态，改变了流通结构单一和按行政层次分配商品的旧模式，逐步形成了开放活跃和繁荣的城乡消费品市场，多元化、开放式、竞争型的市场体系不断完善，流通规模持续扩大，消费结构明显升级，新型流通方式快速发展，城乡消费市场呈现持续、稳定、快速增长的态势，保持着繁荣活跃的景象。2009年全市拥有集贸市场196个，社会消费品零售总额59.4亿元，比1949年0.07亿元增长803.9倍，年均增长11.8%。在市场供应充足、消费环境改善、城乡居民收入增加、社会保障逐步健全完善等积极因素的强力推动下，消费需求进入加速升级阶段，消费水平明显提高。以汽车、住房、

新型家电、数码、装饰、建材、化妆品、衣着、通信产品以及文教娱乐、旅游、家政等"新兴消费品"为特征的娱乐型、享受型消费，推动了消费结构的快速升级，消费量级由一万级逐步向十万级、百万级跃升。消费热点面扩量增，无论是粮油类、肉禽蛋类消费，还是汽车类、纺织服装类、金银珠宝类、家具类、机电产品及设备类消费，都呈现快速增长态势。与此同时，消费市场实现了四个转变：一是单一经济成分转变为多种经济成分；二是由卖方市场转变为买方市场；三是经营方式从百货商店、集贸市场转变为以连锁经营和各类专业市场为主的格局；四是市场规模扩张。

临沧边民互市源远流长，虽然边境进出口贸易起步晚，但发展快。新中国成立初期至改革开放之前，在计划经济条件下高度集中的外贸经营管理体制，外贸经营实行严格的国家外贸统制原则，实行严格的指令性计划管理，极大地束缚了对外经贸的发展。改革开放以来，临沧发挥内地通往缅甸和东南亚地区的重要门户的地理优势，对外经贸领域迅速拓展，开放型经济的水平与质量不断提高，临沧对外贸易取得了长足发展。2009年全市边贸进出口总额达到8.3亿元，创历史最高水平，比1980年0.01亿元增长591.9倍，年均增长24.6%。

七、财政、金融、保险行业实现了从一穷二白到收入快速增长的显著变化

解放初期的临沧，财政收入非常有限，财政极端困难，现代意义上金融和保险行业并不存在。据可查的资料显示，到1957年全市财政收入只有0.07亿元，城乡储蓄存款余额0.03亿元。到1978年全市财政收入达到0.25亿元，城乡储蓄存款余额0.12亿元。改革开放以来，临沧市不断深化财税体制、金融体制改革，财政金融健康运行。财政体制突破了统收统支的计划经济管理模式，建立了"分税制"的财政体制，增强了财政的宏观调控能力。全市财政总收入由1978年的0.25亿元增加到2009年的16.83亿元，年均增长15.1%。随着财力的增长，政府的宏观调控能力明显增强。全市财政一般预算支出由1978年的0.51亿元增加到2009年的69.32亿元，农业、教育、卫生、社会保障等支出得到了加强。金融体制发生深刻变化，形成了以多种金融机构分工协作的金融组织体系，有力地支持和促进了临沧经济的发展。全市各类金融机构人民币存款余额由1978年的1.25亿元增

加到2009年的195.25亿元，年均增长17.7%；金融机构人民币贷款余额由1978年的1.49亿元增加到2009年的141.23亿元，年均增长15.8%。保险行业发展较快。2009年全市各种保险收入2.81亿元，比1982年的24万元增长1169.5倍，年均增长29.9%；支付赔偿费0.73亿元，比1983年的17万元增长425.8倍，年均增长26.2%。

八、非公经济快速发展，招商引资取得重大突破，旅游事业健康发展

改革开放以后，临沧市非公经济逐步发展起来，在全市社会各界的积极支持下，规模不断扩大，产品质量和企业效益逐步提高，成为全市经济发展增长点的重要内容之一，在国民经济中的作用日益增强，社会贡献率逐步提高。2009年，全市非公经济达到3.75万户，从业人员10.5万人，分别比1981年的0.06万户和0.07万人增长59.2倍和148.8倍，全年上缴税收4.23亿元，占全市财政收入的25.1%，实现增加值64.7亿元，占全市生产总值的35.7%。

1984年以来，全市加强了实施横向经济技术协作，特别在2004年市委、市政府把"招商引资作为临沧发展的第一要务"以来，全市招商意识进一步强化，招商理念进一步创新，招商领域不断扩大，招商引资取得重大突破。1984—2009年共实施国内合作项目2539个，协议总投资941.37亿元。到2009年底工商部门登记注册三资企业38户，2002—2009年，实际利用外资6030万美元。旅游产业快速健康发展。2009年全市接待国内外游客257.9万人，比1998年的35.4万人增长6.3倍，年均增长19.8%；旅游业总收入10.99亿元，比1998年的1.03亿元增长9.7倍，年均增长24%。横向经济技术协作的开展，招商引资和旅游业有效地提高了全市的经济发展水平。

九、经济社会统筹发展，社会事业全面进步

经济实力的不断加强，为各项社会事业的发展奠定了良好基础、创造了有利的条件，教育、卫生、文化、科技、民政、保障等社会事业稳步发展，经济与社会发展渐趋协调。

教育事业全面发展。全市拥有各类学校2425所，其中高等学校1所，中等

职业教育学校22所，普通中学121所，小学2220所（含教学点），特殊学校1所，幼儿园60所。在校学生人数40.11万人，比1978年的28.32万人增加10.84万人；专任教师2.18万人，比1978年的0.94万人增加1.24万人；学龄儿童入学率达99.42%，比1978年的84.9%提高14.52个百分点。全市实现"两基"目标，"两免一补"全面实施，成立了临沧师范高等专科学校，农村教育综合改革进一步深化，职业教育体系建设稳步发展，教育综合改革成效明显，全市教育教学质量取得较大提高，高考成绩取得历史性飞跃，青壮年文盲控制在5%以下，人均受教育年限提高到6.32年。

文化事业取得长足发展。60年来，全市积极推进文化体制改革，临沧把文化事业建设纳入与经济建设同步发展的轨道，在市、县、乡、村建立健全相适应的文化事业机构，积极推动文艺创作，文化基础设施得到加强，各项文化事业得到全面发展，群众文化活动丰富多彩，艺术事业呈现出蓬勃发展的局面。为满足各族人民日益增长的物质文化需求，为实现边疆民族地区的稳定、繁荣和发展发挥着不可替代的作用。到2009年底，全市拥有群众艺术馆9个，图书馆9个，藏书57.95万册，文化馆9个，文化站77个，艺术表演团队9个，电影队44个。举办了沧源佤族司岗里狂欢节、临沧茶叶文化博览会等多种大型广场文化活动，提升了佤文化品牌，茶叶产业"文化提升价值"成效显著。佤族的木鼓舞、傣族构皮手工造纸技艺等已被列入国家第一批非物质文化遗产保护名录，不断推进以"秘境临沧"立意、佤文化为主的民族文化、茶文化共同发展。改革开放以来，创作了《阿佤人》《澜沧江壮歌》《加铃赛》《木鼓舞》《新歌》《凤舞佤山》和《山魂鼓魄》等大批群众喜闻乐见、健康向上的文艺作品，成功拍摄了20集电视连续剧《云南往事》，《临沧文艺》以及各学术团体的刊物也相继创刊发行，临沧市文化事业呈现了百家争鸣、百花齐放的良好氛围。

广播电视事业发展加快。2009年全市拥有电视发射及转播台10座，卫星收转站157905座，比1997年的1026座增加156879座，电视覆盖率达95.28%，比1997年的84.72%提高10.56个百分点；广播覆盖率达95.03%，比1997年的73.39%提高21.64个百分点；广播电视"村村通"工程直播卫星第一期建设任务圆满完成，有线数字电视整体转换工程及移动多媒体广播电视有序推进。基本形成了卫星、无线、有线等多种传输方式并存，卫星接收、无线传播、有线接入等多种接收方式并用、相互补充的广播电视覆盖网络。到2009年末全市有线电视用户率达到了21%。

体育事业不断进步。60年以来，体育设施条件逐步改善，全民健身运动蓬勃发展，越来越多的人投入健身强体的体育运动和锻炼当中，体质得到加强，竞技体育和群众体育创佳绩，为全市体育事业的持续发展奠定了基础。全民健身路径建设从城镇到乡村。2009年底，已有15个乡镇通过云南省体育特色先进乡镇检查验收，经常参加体育锻炼的人数达到85万人。改革开放31年，参加省级以上竞技体育和群众体育比赛，共获得228枚金牌、241.5枚银牌、260枚铜牌，体育成绩实现了历史性的突破。

卫生事业得到明显加强。60年来，全市以建设疾病预防控制体系和突发公共卫生事业医疗救治体系为重点，加快公共卫生体系建设，取得明显成效，群众"看病难、看病贵"的问题逐步得到解决。2009年全市医疗卫生机构达到370个，比1952年的9个增加361个，拥有病床数4562张，比1952年90张增加4472张，专业卫生技术人员4369人，比1952年的88人增加4281人；新型农村合作医疗参合农民达181.1万人，参合率达到91.66%。基本形成了覆盖县（区）、乡镇、村，集保健、预防、医疗、康复、健康教育为一体的农村服务网络，各类传染病得到有效控制，城乡居民的健康意识和健康水平不断提高。全面推行新型农村合作医疗制度，突出技术服务，推行非营利性医疗，卫生服务体系逐步健全，疾病预防控制体系和医疗救治体系建设全面实施。

就业人员持续增加。60年来，市委、市政府坚持把扩大就业摆在经济社会发展更加突出的位置，实施有利于促进就业的财税和金融政策，就业人员持续不断增加。2009年全市就业人员达到138.2万人，比1952年的37.52万人增加100.68万人，年平均增长2.3%。在面对就业高峰仍比较大的形势下，城镇登记失业率仍保持了比较平稳的态势，1999—2009年城镇登记失业率保持在3.6%～4.03%之间。

城乡居民享受到了更多的社会保障和救助制度的实惠。城镇居民养老、医疗、失业、工伤、生育保险在内的社会保障体系框架基本形成，而且覆盖面不断扩大；农村社会养老保险制度有序开展，新型农村医疗改革试点加快推进。2009年，共发放城乡最低生活保障金2.85亿元，发放养老、医疗、失业、工伤、生育等各类保险资金2.87亿元，城镇基本医疗保险参保人数达7.4万人，参保率达62%。社会保障和救助制度的不断建立和完善，城乡居民获得了更多改革和发展的实惠。

十、生态文明建设成绩显著

改革开放以来，环境保护作为实施可持续发展战略的重要内容，受到市委、市政府的高度重视，加大环保投入，积极倡导发展循环经济，强化环境监管能力建设。努力抓好天然林保护、退耕还林还草、水土流失、清洁生产、污染减排、人居环境、农村生态等重点生态工程，同时把集体林权制度改革和核桃、茶叶、橡胶、蚕桑等产业有机结合，找到了生态建设产业化、产业发展生态化的结合点。开工建设了垃圾处理场等一批污染治理项目，国家、省级重点监控的企业全面实现达标排放。全市环境状况总体保持稳定，污染物排放总量基本得到控制，城市和部分区域环境质量有所改善，生态环境保持良好水平，污染减排工作进展顺利，农村清洁能源建设得到加强。改革开放31年累计造林1122.27万亩，其中2009年全市造林56.67万亩，比1978年增长13.4倍，有森林面积2146.05万亩，森林覆盖率达到60.56%，建立了6个自然保护区，总面积达到384.9万亩；工业废水排放达标率提高到94.41%，城镇垃圾处理率提高到25%；全市累计建成农沼气化村115个，建成沼气池13.81万口，全市28.5%的农户用上了沼气，有力改善了广大农村的生产、生活环境。

十一、居民收入稳定增加，生活水平持续提高

新中国成立60年以来，国民经济迅猛发展，社会财富日趋丰富，为满足人们日益增长的物质文化需求奠定了坚实的基础，全市城乡居民生活逐步由贫困、温饱走向富裕的小康。全市城镇居民人均可支配收入由1996年的3589元增加到2009年的11360元，年均增长9.3%。农民人均纯收入由1960年的50元增加到2009年的2730元，年均增长8.5%。城乡居民人均储蓄存款由1957年的3元增加到3931元，增长1309倍，年均增长14.8%。

随着收入水平的提高，居民消费结构加快转型升级，住房、家用轿车、旅游、教育文化娱乐、医疗保健、交通通信等消费热点持续升温，生活质量逐步

提升。居民生活条件和居住环境不断改善。2009年城市居民人均住房使用面积27.95平方米，比1997年的18.98平方米增加8.97平方米，农村居民人均住房面积18平方米，比1985年的9.4平方米增加8.6平方米；城乡居民家庭拥有的现代化耐用消费品不断增多，电脑、小汽车等进入家庭。2009年城镇居民每百户拥有彩电118.25台、小汽车7.75辆、家用电脑29台、移动电话188.25部；农村居民每百户拥有摩托车29.5辆、彩电89台、移动电话76部。

十二、政治文明步伐进一步加快

解放60年来，临沧抓经济工作的同时，强化政治文明建设，使政治文明建设稳步推进，党组织不断发展壮大，群众基础日益广泛，人民当家做主人。至2009年，全市共有基层党组织4453个，其中党（工）委133个，党总支463个，党支部3857个；有党员95788名，其中女党员19155名，占20%；少数民族党员36289名，占37.9%；农村党员67117名，占70.1%；有县级以上人大代表1815人；有县级以上政协委员1773人。在不同时期的改革和建设中，党的基层组织和广大党员都充分发挥着战斗堡垒作用和先锋模范作用，一大批基层党组织和党员受到了省市表彰。同时，相继建立了工会、共青团、妇女、科协、工商联等群众组织。组织、协调服务和广泛联系不同群体、不同阶层，巩固和扩大了党的群众基础。至2009年底，全市有工会组织1093个，会员11.24万人；有共青团基层团委143个、团总支570个、团支部3580个、团员108903名；全市有基层妇联组织1632个，77个乡镇设立了妇联组织，全市有125个专职妇女干部，928个村（社区）设立了妇代会，有79个市直机关、企事业单位设立了妇委会；全市有县级科技协（学）会137个，有农村各类协会829个；工商联合会有会员1975名；各群众团体很好地起到了党和政府联系群众的桥梁和纽带作用，团结带领不同群体为边疆繁荣添砖加瓦，造就了一批劳动模范、先进工作者、优秀企业家、科技带头人、优秀团员、巧女子、致富能手等先进典型。

经过新中国成立60年的发展，临沧经济实力显著增强，城乡面貌发生巨大变化，社会事业全面向前推进，人民生活水平明显提高，在全面建设小康社会和和谐社会的道路上迈出了坚实步伐，呈现出民族团结、边疆稳定、经济繁荣、社会进步的良好局面，全市经济社会发展步入新的历史时期，处于全面实施

"十一五"规划，全面建设小康社会和社会主义和谐社会的重要阶段。全市人民以昂扬的姿态和坚韧拼搏的精神高举中国特色社会主义伟大旗帜，在市委、市政府的领导下，深入贯彻落实科学发展观，进一步解放思想，实事求是，着力调整经济结构和转变发展方式，着力加强资源节约和环境保护，着力推进改革开放和自主创新，着力促进社会发展和解决民生问题，全面推进社会主义经济建设、政治建设、文化建设、社会建设和党的建设，为加快推进经济文化强市建设、实现富民强市新跨越而努力奋斗！

（选自《临沧奋进六十年》）

幸福之歌

幸福之歌

佤山幸福工程

佤山幸福工程

　　云南省临沧市沧源佤族自治县地处中缅边界中段，是祖国西南边陲的一颗璀璨明珠，这里山川秀丽，景色优美，物产丰富。全县总人口18万人，其中佤族人口达80%，占全国佤族总人口的40%左右，是全国最大的佤族聚居县，当地俗称"阿佤山"。在历史发展进程中阿佤人民直接从原始社会过渡到社会主义社会。改革开放以来，阿佤人民在党的民族政策的光辉照耀下，辛勤劳作，发愤图强，"阿佤山"发生了翻天覆地的变化，阿佤人民生活水平得到了较大提高，《阿佤人民唱新歌》唱出了佤族人民的心声，也体现了佤族人民对党的衷心感激之情。

　　2003年，在党中央、国务院和省委、省政府的关心下，沧源自治县实施了茅草房、杈杈房改造，使近9万佤族群众告别了低矮阴暗潮湿的茅草房、杈杈房。但由于受自然、历史、经济、社会等因素的影响和制约，阿佤山部分群众仍然处于较为贫困落后的状态。沧源佤族自治县作为云南省重点扶贫开发县之一，至2011年底，仍有3万多人口居住着茅草房和杈杈房。

　　2012年3月5日至14日，第十一届全国人大五次会议在北京召开。2012年3月7日，时任中共中央总书记、国家主席胡锦涛同志参加云南代表团审议。全国人大代表、沧源佤族自治县委副书记、县长徐向东汇报了佤山的发展成绩，重点之一汇报了民居房的改善情况。胡锦涛总书记高度重视边疆全体人民的福祉，得知边境一线还有佤族同胞住着危房，当即对改善佤族群众的居住条件作出了重要指示。国家发改委、住建部随即作了安排部署。

2012年8月13日，临沧市委、市政府召开专题会议，作出一年内完成8000户农村危房改造工作的决定。8月20日，李纪恒省长到沧源专题调研，并召开专题会议研究安排，作出了省委、省政府给予资金项目支持的决定，要求沧源县当年全面启动8000户农村危房改造，并于2013年春节前基本完工入住。9月3日，市委常委会议专题安排部署沧源县8000户农村危房改造工作，并命名为"沧源佤族自治县8000户农村危房改造佤山幸福工程"。规划建设总任务为8122户，共涉及10个乡（镇）、93个村、269个自然村，其中集中改造4000户、分散改造4122户。集中改造4000户重点布局在耿沧二级公路沿线、崖画谷景区沿线、翁丁景区沿线、以县城为中心的"三线一中心"，共涉及勐省镇、勐董镇、糯良乡、勐角乡、勐来乡5个乡镇17个行政村，共20个集中建设点。

2012年9月12日，沧源迎来了一件永载史册的大喜事——凝聚着党中央、国务院对边疆少数民族群众的深情厚谊，在省委、省政府和临沧市委、市政府以及全市各族干部群众的倾力相助下，总投入12.1亿元，关系着沧源3万多名群

佤山幸福工程纪念碑

众的"佤山幸福工程"攻坚战正式打响。省委主要领导作了"沧源农村危房改造工作全面启动，令人欣喜。希望市、县两级在省级有关部门的指导下，规范运作，严格监管，创新机制，全力推进，高标准、高质量地建好这项惠及佤山群众的幸福工程，确保明年春节前让农户迁入新居"的重要指示。

　　为保证工程的顺利进行，临沧市委、市政府出台了《中共临沧市委　临沧市人民政府关于切实推进沧源佤族自治县农村危房改造佤山幸福工程建设的通知》，明确工作思路、每户补助4万元标准、建设原则、建设方式等。工程由时任市委副书记、市长锁飞任总指挥，成立集中改造和分散改造两个工程建设指挥部。集中改造工程由市委张副书记任指挥长，沧源自治县委副书记、县长徐向东任副指挥长，市、县有关部门为成员。所属20个集中建设点分别由1名市级领导和1名县级领导挂钩负责，每个建设点都有3个市直挂钩部门驻点建设，县直1个部门参与挂钩；分散改造工程以沧源自治县委、县政府为主，由沧源自治县委书记祁腾武任指挥长，县级有关部门为成员。全县10个乡镇分别由1名县级领导包乡负责，并相应成立项目工程领导小组，由乡镇主要领导担任组长，组织干部职工深入村组开展调查和动员工作，并定人定点驻村蹲守，组织项目建设。在实施中，建立市、县、乡、村四级联动挂钩帮扶机制，层层签订责任状，19名市级领导挂钩20个集中建设点，56个市直部门、104个县直部门组成工作组驻扎建设点，135名县处级干部、400多名乡科级干部挂钩联户，从规划开始，抓实抓细每一个环节，确保工程顺利推进。

　　市委、市政府制定了沧源佤族自治县农村危房改造工程《市县领导部门挂钩方案》《督查工作方案》《资金管理办法》《廉洁自律规定》《验收办法》等11个配套方案及办法，建立了资金封闭运行机制和监督、监察、审计的阳光操作机制，抽调纪检监察、审计部门的人员驻扎在指挥部，保证佤山幸福工程阳光操作，成为廉洁工程。农村危房集中改造指挥部从全市8县区质监部门抽调11名工程技术人员驻扎在建设点，负责工程质量监理。同时为解决技术人员不足的问题，指挥部对400多名佤山幸福工程驻点工作人员和当地建房农户进行专项培训。

　　结合"美丽乡村"建设，佤山幸福工程按照规划科学、布局合理、环境优美和"青山、翠竹、红顶、灰墙"的风格要求，编制了20个集中改造建设点村庄规划四图一书（现状图、规划图、户型图、效果图，说明书）。突出民族风格、地域元素，设计有60至138平方米等9种具有佤族、傣族、彝族民族风格特色的建筑户型供农户选择。按照"规划集权、项目集聚、资源集合、产业集群、资金集中、规模集成、实施集力"的原则，整合农村危房改造、扶贫安居、国土整治、发改易地搬迁等项目资金24183万元、市级补助4000万元、县级财政补助4305万元，共32488万元，用于民居房建设每户4万元补助；整合水务人饮、农办省级重点村、财政"一事一议"、交通"村村通"、电力农网改造、扶贫等项目资金9659万元，市级领导、市直部门筹措的资金共1亿元，用于扶持农村公共基础设施建设。整合相关部门资金1000多万元，购买家用电器，扶持建房农户；创新融通机制。财政以7000万元质押，农户以林权证抵押，向农行贷款1亿元，市、县财政给予三年贴息，解决了4000户农户贷款难题，缓解了建房急需资金；成立了农村危房改造物资供应公司，采用竞争性谈判方式，对水泥、钢材、门窗、烧结瓦、标准砖五大建材进行统一采购、统一供应。

市、县、乡、村和各级党政部门挂钩包乡、包村、联户，军警民联动、群策群力、日夜奋战、奋力推进，经过半年时间，完成了工作目标任务。沧源自治县实际启动建设户数8122户，其中二层2764户，共计66.65万平方米，占中央、

临沧市实施沧源佤族自治县8000户农村危房改造佤山幸福工程动员大会

省、市下达任务8000户的100.8%，共投入建设资金12.1亿元，其中政府投资5.3亿元，拉动群众投入6.8亿元。配套建成进村入户硬板路36.06公里，进村砂石路3.93公里；架设饮水主管道61.47公里，一户一表1367户；通电线路29.36公里，一户一表1008户；建成2个老年人日间照料中心共960平方米；改造村委会2个，修缮学校2所；安装太阳能路灯299盏，闭路电视2000户；建成活动室11幢，活动场所15块、篮球场3块、卫生室2个、厕所41个，垃圾池17个、养牛小区4480平方米、治理河道沟渠12.31公里以及其他相关配套设施。

新米节时的葫芦小镇

　　2013年3月，沧源佤族自治县农村危房改造佤山幸福工程胜利完工。8122户群众告别了低矮、潮湿、简陋的茅草房、杈杈房，住进了宽敞、明亮、舒适、卫生、安全的新民居，居住质量极大改善，生活水平显著提高，一幢幢红顶灰墙的特色民居形成了一道道亮丽的风景线。佤山幸福工程成了经得起历史和群众检验的"雪中送炭工程、惠民工程、德政工程、民心工程"，向党中央、国务院和胡锦涛总书记，向省委、省政府和佤山各族群众交上了一份满意答卷，以优异成绩献礼党的十八大！

（何　松）

幸福之歌

一步千年

临沧市2015—2019年脱贫攻坚综述

　　临沧市8县（区）均属集中连片特困地区滇西边境片区县，占61个滇西边境片区县的13.1%；8县（区）中除耿马自治县外，其他7个县（区）均属国家扶贫开发工作重点县，占云南省73个国家扶贫开发工作重点县的9.6%。2014年建档立卡以来，全市有贫困乡（镇）28个、贫困村562个（其中深度贫困村170个）、贫困人口94838户364328人，是云南省脱贫攻坚的主战场之一。

　　党的十八大特别是全面打响精准脱贫攻坚战以来，临沧市委、市政府认真学习贯彻习近平总书记关于扶贫工作的重要论述和中央脱贫攻坚方针政策，坚持精准扶贫、精准脱贫方略，坚决贯彻落实省委、省政府脱贫攻坚重大决策部署，以前所未有的力度推动脱贫攻坚责任落实、政策落实、工作落实，在物质和精神方面都取得了一系列丰硕成果，创造了临沧减贫史上的最好成绩。从数量上看，全市94357户、368942人建档立卡贫困人口已全部脱贫，562个贫困村、28个贫困乡镇已全部退出，临翔、云县、凤庆、镇康、耿马、沧源、双江7县（区）已顺利摘帽，永德县正在接受省级专项评估检查，待永德县脱贫摘帽后，临沧将历史性地告别绝对贫困。从成色上看，2018年9月，云县开了先河，成为全省首批、临沧首个脱贫摘帽县，为全市的脱贫攻坚闯出了路子、积累了经验、提振了信心；2019年7月，耿马自治县作为全省首批国家抽查的7个县之一，接受了国家抽查，从反馈的情况来看退出质量高，经受住了检验；2019年10月，凤庆县作为全省首批普查试点的3个县之一，顺利接受了脱贫攻坚普查试点，为脱贫攻坚普查提供了有益借鉴。从工作上看，在脱贫攻坚的具体实践中，我们探索的一些工作经验得到了省委、省政府肯定，在全省推广。如采取市级领导、市级部门、市级监督力量"三下沉"的工作联动机制，将责任落实到一线、问题解决在基层、回应传递到群众；以"村"为基本单元，自下而上对精准识别工作过程和结果签字画押、承诺认账，扣好精准的第一粒纽扣；在全省率先派出8个由厅级领导任组长的驻县（区）脱贫攻坚督查巡查组，对脱贫攻坚工作全过程进行常态化督查巡查；坚持脱贫攻坚与乡村振兴无缝对接、"五带动五破解"做实产业扶贫、"企业+合作社+农户"联动发展、开展"党的光辉照边疆、边疆人民心向党"实践活动、建设村史室激发群众内生动力等一系列工作经验在全省推广。

在推进脱贫攻坚的征程中，临沧立足市情、县情、乡情和村情、贫情，因地制宜，因村因户施策，着力做实"五篇文章"。

一、瞄准"扶持谁"，做实"源头精准"的文章

动态管理"户户摸清"。在年度正常动态管理的基础上，2017年6月至8

沧源自治县永和佤族群众喜迁新家园

月，开展了新一轮贫困对象动态管理。全市上下严格执行全省统一的标准和程序，通过群众自己提、自己评、自己定，从贫情分析开始，从村民小组长、村支部书记和主任开始，实行逐层"签字画押"认账，层层签订承诺书1.5万份，确保扶贫对象的精准识别。全市新识别纳入贫困人口6714户22953人，返贫627户2410人，剔除不精准户2711户10463人，做到不符合条件的坚决剔除，脱贫的及时退出，返贫的及时纳入，实现扶贫对象精准化、动态化管理。

挂图作战"环环相扣"。在贫困对象建档立卡的基础上，根据贫困人口规模、分布以及居住条件、就业渠道、收入来源、致贫原因，一户一户制定帮扶措施，发放帮扶手册和明白卡，自下而上建成脱贫攻坚村级"施工图"905个、乡级"路线图"77个、县级"项目库"8个，入库项目4280个，涉及资金151亿元。扎实开展脱贫措施"户户清"行动，按照时间节点，吹箫对眼，乡不漏村、村不漏户、户不漏人，一户一户走访，一村一村排查，一个问题一个问题解决。

建设平台"层层监测"。率先在全省建立脱贫摘帽统计监测体系，建立880个乡村脱贫统计监测调查点，为脱贫攻坚提供统计调查数据和信息支撑。建立市、县、乡、村"四级"扶贫信息管理平台，完善相关系统功能，实现与全国、全省同步，与有关行业扶贫部门数据共享。

镇康县南伞镇哈里村德昂群众的幸福生活

二、落实"谁来扶"，做实"责任精准"的文章

硬化责任"传压力"。市级和8县（区）成立扶贫开发领导小组，党政"一把手"担任双组长，对脱贫攻坚工作负总责。市、县、乡、村四级书记亲自挂帅、亲自出征、亲自督战。8县（区）党委、政府签订《年度脱贫攻坚责任书》。以市级领导带队督导、驻县（区）督查巡查、市委市政府督查、纪委专项纪律检查、扶贫资金审计和第三方预评估等方式传递压力，倒逼县（区）落实脱贫攻坚主体责任。压紧压实市级部门工作责任，对市级重点行业扶贫部门进行责任分工，将市直部门脱贫攻坚工作成效占年度综合考核的权重提高至29%，严格考核。

下沉一线"定点帮"。市厅级领导全部联到县、挂到乡、包到村、帮到户，一级带一级，层层抓落实。调剂增加50个编制，充实了市、县两级扶贫工作机构，在77个乡（镇）设立扶贫办、配备2名以上扶贫专干。整合各级各部门力量，分别向562个贫困村下派了3名以上队员的工作队开展驻村帮扶。组织968个部门（单位）定点帮扶890个行政村。按照"脱贫不脱帮"的要求，组织34165名干部对2014年以来建档立卡的94838户贫困户进行结对帮扶，做到不漏一户、

耿马自治县佤族群众安居乐业

不落一人。

党建扶贫"双推进"。坚持"党建带扶贫、扶贫促党建",加强贫困村特别是深度贫困村领导班子和基层组织建设,大力推广"六个共同"经验,培养致富带头人,培育壮大村集体经济,提高基层组织发展集体经济、带领群众的能力。分级负责对县(区)、乡(镇)干部和村第一书记、驻村扶贫工作队、创业致富带头人进行全面轮训,着力打造懂扶贫、会帮扶、作风硬的"沧江扶贫铁军"。组织开展"自强、诚信、感恩"和"党的光辉照边疆,边疆人民心向党"主题实践活动,激发广大贫困群众内生动力,凝聚了各族群众听党话、跟党走、心向党的思想共识和行动自觉。

携手共进"聚合力"。主动对接定点帮扶临沧的6家中央、21家省级定点帮扶单位,把扶贫需求与帮扶资源精准配对,推动双方同向发力。争取到华能澜沧江水电股份有限公司帮扶资金6.5亿元,共同制订并启动实施"直过民族"脱贫攻坚行动计划。与上海市崇明区正式建立扶贫协作关系,争取到帮扶资金1.7亿元,扶贫协作项目建设全面启动。创新制作推广"10·17牵手号"扶贫爱心茶25.22万饼,筹集扶贫慈善资金400多万元。推进"万企帮万村"精准扶贫行动,全市共有160个民营企业、16个商(协)会与168个建档立卡贫困村签订了

沧源自治县佤族群众过上康乐生活

帮扶协议。精心组织开展"扶贫日"系列活动，广泛动员社会组织、公民个人积极参与脱贫攻坚。

三、破解"怎么扶"，做实"过程精准"的文章

强化政策保障。制定出台《关于实施"27241"工程坚决打赢脱贫攻坚战的决定》《关于决胜脱贫攻坚实现全市高质量脱贫的意见》，配套出台农村危房改造、易地扶贫搬迁、产业培育、贫困退出后续帮扶等17项综合性政策和教育、卫生、社会保障、劳动力转移就业等24项精准扶贫专项行动计划，形成了一套完整的脱贫攻坚政策体系。把脱贫攻坚政策纳入市委理论中心组学习、领导干部培训的重要内容，抓好脱贫攻坚政策培训，强化政策落实落地。

强化资金保障。把脱贫攻坚作为市级财政优先保障重点，从2016年开始，每年压缩市级部门公用经费11%、出国（境）经费50%，市级财政专项安排1亿元扶贫资金支持8县（区）脱贫攻坚。统筹抓好财政涉农资金整合，2016—2017年共整合52.17亿元用于脱贫攻坚。加大金融扶贫，争取到位农发行易地扶贫搬迁贷款30.9亿元、国开行贫困村基础设施项目资金40.1亿元。加强资金监管，出台《市级财政专项扶贫资金管理办法》等文件，实行扶贫资金全程审计，狠抓审

临翔区圈内乡百家园易地扶贫安置点

计查出问题和省委巡视组反馈的扶贫资金管理使用方面问题的整改，全面纠正和处理违纪违规使用扶贫资金问题。

强化工作重点。聚焦"两不愁、三保障"精准补短、全面提升。实现贫困户人均有5亩以上产业基地，全市50万户农户全部住上了安全稳固住房，8县（区）县域义务教育发展基本均衡均通过国家认定，义务教育阶段建档立卡贫困家庭学生无辍学情况，贫困人口基本医疗保险和大病保险参保率均达100%，农村饮水达到要求标准，饮水安全得到全面保障，贫困群众衣、食、住、行、医、学等条件极大改善，贫困乡村生产、生活条件发生了前所未有的变化。一是突出稳定增收。全市累计建成高原特色农业产业化基地2155万亩，实现贫困村村村有1个以上产业增收项目，贫困户人均有5亩以上产业基地，确保贫困人口有稳定收入来源。2016—2019年共实施贫困村新一轮退耕还林还草工程45万亩，选聘建档立卡贫困人口担任生态护林员2492名，年人均发放管护费8791元，带动2492户、12460人建档立卡贫困人口脱贫。累计培训贫困劳动力15.2万人次，实现人均务工增收5000元以上。二是突出住房保障。对"一方水土养不起一方人"六类地区的21201人建档立卡贫困人口实施易地扶贫搬迁，实现搬得出、稳得住、逐步能致富目标。聚焦"4类重点对象"，实施农村危房和抗震安

凤庆县新华乡沙帽村漾江码头易地扶贫安置点

居工程建设大会战，全市50万户农户全部住上了安全稳固住房。三是突出教育保障。实施义务教育学校"全面改薄"工程，全市1127所义务教育薄弱学校基本办学条件"20条底线"全部达标。严格落实教育扶贫措施，精准资助贫困家庭学生47922人，实现建档立卡贫困家庭学生义务教育阶段无辍学，初中、高中毕业后无因贫无法就学的现象发生。抓好县域义务教育发展基本均衡，8（县）区义务教育发展基本均衡通过国家认定。四是突出基本医疗保障。全市28个贫困乡（镇）卫生院配备全科医生55名，936个行政村（社区）建成标准化村卫生室901个。贫困人口家庭医生签约服务率100%。贫困人口基本医疗保险和大病保险参保率均达100%，符合条件的贫困人口100%参加基本养老保险，因病致贫、因病返贫问题得到有效解决。五是突出特困群体帮扶。在3个边境县、10个沿边乡（镇）、44个沿边行政村（社区）、317个自然村中，深入实施兴边富民工程改善沿边群众生产、生活条件三年行动计划，9万多名沿边群众直接受益。实施扶持彝族支系俐侎人发展专项行动，覆盖永德、凤庆、云县3县俐侎人聚居的75个自然村，累计受益2.05万人。落实困难残疾人生活补贴和重度残疾人护理补贴制度，有3.86万名残疾人领取补贴。加强特困人员医疗救助、临时救助、兜底保障工作，全市累计支出救助资金8.25亿元。加强低保对象与建档立卡贫困

永德县亚练乡云岭村

人口精准衔接，全市69178名符合条件的建档立卡贫困人口全部纳入农村低保对象，8县（区）农村低保标准每人每年3300元，达到国家扶贫标准。六是突出基础设施配套。全市所有行政村水、电、路、网"四通"基本达标，学校、卫生室、活动场所等公共服务设施基本配套到位，群众"出行难""饮水难""用电难""通网难"等问题得到有效解决。

强化监督问效。建立脱贫攻坚工作定期报告制度，把脱贫攻坚纳入市人大、市政协重点视察调研内容，推动各项目标任务有效落实。2016年，市委选派27名副处级干部，蹲点督导贫困乡（镇）脱贫攻坚工作，一干三年，不脱贫不脱钩。从2017年4月开始，成立8个由厅级领导任组长的督查巡查组，在全省率先开展驻县（区）脱贫攻坚常态化督查巡查工作，促进脱贫攻坚责任、政策、工作落实和一线干部作风转变。2020年2月，驻县（区）督查巡查组就地转为脱贫攻坚督战队，54名督战队尽锐出战，聚焦"三落实""三精准""三保障""四不摘"，重点督、督重点，以"督"促"战"，推动全市脱贫攻坚收官战各项工作落地落实，不获全胜决不收兵。建立扶贫领域监督执纪问责五项工作机制，强化扶贫领域腐败和作风问题专项治理。于2016年11月率先派出纪委专项检查组，在扶贫领域有可能出问题的环节，一个环节抓两到三个人出来，狠狠处理，杀鸡儆猴。及时启动第二轮扶贫领域监督执纪问责"廉洁扶贫"专项行动，重点查处和纠正贯彻中央、省委、市委脱贫攻坚决策部署不坚决、不到位、弄虚作假等问题，对胆敢向扶贫民生救灾救济款物伸手的决不手软，对吃拿卡要、盘剥克扣、优亲厚友的坚决查处。全市共排查"不负责、不精准、不落实"以及纪律作风方面的问题线索9905件，查处扶贫领域违纪问题98件198人，通报曝光典型问题64批108起248人次。

四、紧扣"如何退"，做实"结果精准"的文章

严格执行贫困退出标准和程序。认真落实中央、省要求，围绕贫困退出标准，严格按照贫困退出程序，从严从稳开展脱贫退出工作。从2016年开始，市级每年派出考核组，对各县（区）报备的脱贫户、脱贫出列村进行实地"对标"核查，同时进行群众满意度测评，做到贫困户不达标不脱贫，贫困村不达标不退出，贫困县不达标不上报。对脱贫质量不高的，坚决进行回退处理。

确保贫困退出结果真实。通过近几年的不懈努力，2019年底，全市94357户、368942人建档立卡贫困人口已全部脱贫，562个贫困村、28个贫困乡镇已全部退出，临翔、云县、凤庆、镇康、耿马、沧源、双江7县（区）已顺利摘帽，永德县正在接受省级专项评估检查，待永德县脱贫摘帽后，临沧市贫困人口、贫困村、贫困县将全部退出，实现整市脱贫目标。

五、落实"四不摘"，做实"巩固成果"的文章

严格落实摘帽"不摘责任、不摘政策、不摘帮扶、不摘监管"的要求。坚持把提高脱贫质量放在首位，把防止返贫摆在重要位置，摘帽"不摘责任、不摘政策、不摘帮扶、不摘监管"的要求，建立健全稳定脱贫长效机制。明确贫困村、贫困人口脱贫退出后，继续保持扶贫政策和帮扶措施不变，继续享受产业扶贫、就业扶贫、扶贫小额信贷、健康扶贫、教育扶贫等到户扶贫政策不变，继续安排驻村帮扶和结对帮扶不变。继续强化饮水安全、住房安全、义务教育、基本医疗4个方面保障，全面提升产业扶贫、就业扶贫、易地扶贫搬迁质量，不断提高社会保障服务、农村基础设施和公共服务水平，持续改善农村人居环境质量，提升扶贫资金使用效益，推动全市高质量、高水平、可持续脱贫。

坚持以乡村振兴提升脱贫质量、巩固和扩大脱贫成果。党的十九大作出实施乡村振兴战略的重大部署后，我们不等待、不观望，主动作为，率先开启乡村振兴的"临沧实践"。出台《关于贯彻乡村振兴战略的实施方案》，立足"以下为主，坚持乡村自我振兴"两个基点，提出了自然村15项、建制村17项、乡镇8项目标体系，以抓实人的资源、物的资源、问题清单、项目清单"四张清单"破局开篇，开展了"万名干部规划家乡行动"，在此基础上，深入实施"百村示范、千村整治"工程，选择100个乡镇驻地示范村、100个公路沿线示范村、100个产业示范村、100个旅游示范村、100个特色示范村等500个自然村开展政策示范、机制示范，在全市937个建制村、7574个自然村（组）深入开展垃圾、污水、厕所、绿化以及不良风气"五个整治"，大力发展乡村旅游，率先把沿边44个行政村建设成为小康村，有效提升、巩固好全市脱贫攻坚成果。

临沧市脱贫攻坚工作情况

各位嘉宾，各位媒体朋友：

　　大家上午好！

　　非常高兴在这里跟大家见面，报告临沧脱贫攻坚的伟大成就。首先，我代表中共临沧市委、临沧市人民政府和全市260万各族干部群众，向大家长期以来对临沧的关心支持表示衷心感谢！

　　临沧市地处云南省西南边陲，所辖8县（区）均属集中连片特困地区滇西边境片区县，是云南省市辖全部县（区）均属贫困县的4个州（市）之一。脱贫攻坚战全面打响以来，我们认真学习贯彻习近平新时代中国特色社会主义思想，认真学习贯彻总书记关于扶贫工作的重要论述和考察云南重要讲话精神，把伟大理论和边疆实际结合起来，用总书记的光辉思想认识临沧、解读临沧、解决临沧问题，干出了脱贫攻坚的"临沧精彩"。2019年底，全市94357户368942名建档立卡贫困人口全部脱贫，562个贫困村、28个贫困乡（镇）全部退出，临沧提前一年实现贫困人口和贫困村"清零"的目标。继云县、临翔、凤庆、镇康、耿马、沧源、双江7个县（区）脱贫摘帽后，2020年5月，省政府批准我市永德县退出贫困县，这标志着临沧成为全省率先实现整市脱贫的州市之一，千百年来，困扰边疆人民的区域性整体贫困和绝对贫困问题得到了历史性解决。

党的光辉照边疆，边疆人民心向党。回顾临沧波澜壮阔的脱贫攻坚历程，我们十分感慨。在习近平总书记的亲自部署、亲自指挥、亲自挂帅、亲自督战下，边疆广大党员干部不忘初心、牢记使命，披荆斩棘、攻坚克难，合力脱贫攻坚，决不让一个兄弟民族掉队。人民的领袖人民爱，人民的领袖爱人民。边疆儿女由衷地感谢共产党、感谢党中央、感谢总书记，形成了北京边疆紧相连、领袖人民心连心的生动局面。

这种生动局面可以用"六句话"来概括：

第一句话，党的光辉普照边疆。我们把深入开展"党的光辉照边疆，边疆人民心向党"实践活动作为打好脱贫攻坚战的重要载体和抓手，使每一位党员干部成为"党的光辉照边疆"的使者、责任人和实践者，每一级党组织成为"党的光辉照边疆"的平台，每一个项目成为"党的光辉照边疆"的载体，把总书记的光辉思想落实到脱贫攻坚各项具体工作中，把党的路线方针政策落实到各行各业、村村寨寨、千家万户，把"党的光辉"一览无余地照在边疆各族人民的心坎上。

第二句话，边疆村村寨寨发生了翻天覆地的变化。五年的脱贫攻坚下来，群众的房子漂亮了、收入提高了，出行问题、吃水问题、用电问题、读书问题、看病问题等一系列民生问题全面改善，边疆的村村寨寨干干净净、漂漂亮亮，充满了活力、充满了欢笑。云县栗树乡的群众感慨地说："脱贫攻坚以来全乡所盖的砖混房，超过了解放以来所盖砖混房的总和。"沧源自治县芒黑村，通过易地扶贫搬迁，从一个人畜混居、脏乱拥挤，让人感觉透不过气的贫困村变成了"中国少数民族特色村寨"。永德县菖蒲塘村，过去"看见生人就躲起来"的俐侎人，通过电商扶贫，如今把自己的农产品卖到了全国各地。临翔区腾龙村，把脱贫攻坚与美丽村庄建设结合起来，从一个落后贫穷的拉祜族村寨变成了鲜花盛开的村庄，成了乡村旅游的"打卡"地。

第三句话，支撑可持续发展的"飞燕型"综合交通网络已经构建。近年来，临沧把交通基础设施建设摆在更加突出的位置，"砸锅卖铁"推进"飞燕型"综合交通网络。全市开工建设的11条（段）667公里高速公路中，机场高速已建成通车，临清高速孟定国门段和云凤高速两县城段建成试通车，玉临、临双、镇清、云凤4条高速公路年底将建成通车。大临铁路年底将通车并开行动车，各族群众的百年铁路梦想即将实现。不久的将来，更多的铁路、更多的高速即将呈现，边疆民族地区可持续发展的能力将更加强劲。临沧人民欣欣鼓舞，热切期盼脱贫之后更加美好幸福的生活。

第四句话，各族群众精神面貌焕然一新。通过产业扶贫、就业扶贫、政策保障，开展"自强诚信感恩"教育，农村的产业起来了、群众的信心起来了，唉声叹气的少了、牢骚满腹的少了、伸手要补助要东西的少了，边疆各族群众生活得更有尊严、更加幸福。耿马自治县光允村党总支书记李朝阳自豪地说："现在，村民问救济的少了，聚在一起喝酒聊天的少了，问发展项目的多了，相邀外出务工的多了。"双江自治县老黑山村的群众说："我们从老黑山搬到了县城旁边，住进了新房，过上了好日子。我们越想越激动，越想越欢喜。没有共产党、没有习额爸（拉祜语），我们就不会有这种幸福生活。"

第五句话，干部与群众拥抱得更加紧密。毫不夸张地说，现在的临沧绝对是广大党员、干部和人民群众拥抱得最紧密的时候。在这场艰苦卓绝的战斗中，中国远洋海运集团、中国东方航空集团、中国农业大学、华中科技大学、中山大学、华南理工大学等中央定点扶贫单位，教育部及中央电化教育馆等直属单位和直属院校，上海市崇明区，华能澜沧江水电股份有限公司，以及22家省级定点扶贫单位倾力支持临沧，和临沧广大干部一起头顶理想、脚踩泥巴、心中有民、手上有招，创新干、团结干、拼命干，涌现了"背着娃娃去扶贫"的毕起美、全国优秀公务员曾绍成等一大批先进典型，先后有市招商局干部刀华萍、镇康县检察院干部李敬、耿马自治县大兴乡原乡长罗宇鹏等16名干部在一线牺牲，他们用生命深刻地诠释了什么是用总书记的光辉思想武装起来的战士，什么是心系群众、甘洒热血的新时代干部。临沧边疆各族人民永远怀念他们、尊敬他们、铭记他们。

第六句话，形成了一系列乡村治理的好机制。这几年，临沧立足边疆实际，在实施"村干部学历提升计划"、"签字画押"确保精准识别、常态化全过程督查巡查、"五带动五破解"产业扶贫、安居房建设、城乡人居环境整治等工作上大胆探索，形成了有效机制，乡村现代治理体系不断完善、治理能力显著提升。

回顾过去，在脱贫攻坚的伟大实践中，临沧市坚决执行习近平总书记的指示要求，坚决落实党中央、国务院的决策部署，在省委、省政府的坚强领导下，始终以脱贫攻坚统揽全市经济社会发展全局，把脱贫攻坚作为头等大事和第一民生工程，尽锐出战、攻坚克难，走出了一条具有临沧特色的减贫之路。

主要体现在"五个坚持"上：

第一，坚持党的领导，强化组织保障。我们认真落实"五级书记抓扶贫""市县抓落实"等要求，成立由党政主要领导任"双组长"的扶贫开发领导小组，组建由8名厅级领导任组长的督查巡查组，驻县（区）开展常态化、全过程、全覆盖督查巡查。选派28名优秀年轻处级干部驻28个贫困乡（镇）开展蹲点督导工作。采取市级领导下沉一线抓责任落实、市级部门下沉一线抓政策落实、市级监督力量下沉一线抓工作落实的工作联动机制，实行厅级包县、处级包乡、科级包村、干部包户的"四包"责任制，选派562支扶贫工作队、6000余名队员驻村开展工作，实现了贫困村全覆盖；组织968个部门（单位）3.4万名干部开展"挂包帮"定点扶贫和结对帮扶，实现了贫困户全覆盖。

第二，坚持精准方略，提高脱贫实效。我们把"六个精准"要求贯穿脱贫攻坚全局，从精准识别贫困对象开始，自下而上"签字画押"确保精准识别，建立脱贫攻坚村级"施工图"、乡级"路线图"、县级"项目库"，倒排时间、倒排工期，逐村逐户精准解决"两不愁、三保障"问题。一是突出抓好农村危房改造。在2003年就开始集中力量大干农村住房的基础上，采取"易地搬迁新建一批、原址拆除重建一批、改造加固除危一批、保护修缮提升一批、进城定居一批、政府兜底一批"的方式，完成了23万户农村危房改造，率先在全省消除了农村危房，临沧的农村住房已经成为一道亮丽的风景线。二是突出抓好产业扶贫。临沧的产业有基础，全市已建成2200万亩高原特色农业产业基地，甘蔗、坚果、核桃、茶叶等种植面积均在全省前列，贫困户人均拥有产业基地5亩以上。但是，加工问题、市场和品牌的问题一直没有解决好，资源没有很好地转化为群众收入。针对这个问题，我们重点抓好蔗糖、核桃全产业链建设，重点抓好利益联结机制建设，重点抓好地理标志申报、检测实验室建设、产品标准制定、引进好的加工企业、电子商务进农村等工作，解决农产品下山难、销售难等问题。2019年，全市农村常住居民人均可支配收入达11907元，其中来自家庭经营性收入达6715元。三是突出抓好转移就业。不漏一人、不漏一户地开展贫困劳动力资源排查，全面摸清底数，做到家庭情况清、就业愿望清、培训目的清、就业状况清、技能状况清。围绕贫困户就业意愿、条件和务工需求，拓宽贫困户就业渠道，增加就业收入。全市11.93万农村贫困劳动力实现了转移就业，"临沧管家""佤山艺人"等务工品牌越来越响亮。四是抓好教育医疗保障。健全家庭经济困难学生资助制度，持续推进依法控辍保学，精准资助学生79.96万人次，实现建档立卡贫困家庭学生"应助尽助"。全市8县（区）实现县域义务教育发展基本均衡，1127所义务教育薄弱学校基本办学条件"20条底线"全部达标。扎实推进健康扶贫，贫困人口基本医疗保险、大病保险、医疗救助全覆盖，率先在全省实现国家紧密型县域医共体建设试点全覆盖。五是抓好农村基础设施和公共服务设施建设。坚持水利工程建设与构建长效管护机制并重，农村饮水集中供水率达91%，自来水普及率达90%，农村人口饮水全部达到安全保障标准。加快补齐交通设施短板，累计硬化农村公路1.6万公里，全市937个行政村（社区）全部通硬化路，通客车率和通邮率达100%。全市农村电网供电可靠率达99.8%，农村居民综合电压合格率达100%。全市广播电视覆盖率达99.4%，所有行政村宽带网络100%覆盖。

第三，坚持加强投入，提高资金使用效率。2014年以来，全市共投入扶贫资金近250亿元，在5年多的时间内对农村投入这么多的资金，其强度和规模前所未有，其影响和带来的变化前所未有。今年以来，我们结合全市脱贫攻坚由集中攻坚转向成果巩固的实际，以"户户清""项项清""账账清"为抓手，开展决战决胜脱贫攻坚"百日提升行动"，确保全市高质量脱贫，脱得干干净净、不拖泥带水，脱得生机勃勃、焕发出发展活力。以户为基本单元，对94357户已脱贫户开展"回头看"，全面摸清"底子清不清、收入增不增、政策硬不硬、帮扶实不实、群众认不认"等情况。组织8县（区）和市级行业扶贫部门对产业发展、基础设施建设、农村危房改造、易地扶贫搬迁等9492个项目情况进行全面梳理，厘清脱贫攻坚项目"安排准不准、推进快不快、保障足不足、管理精不精、衔接顺不顺"等情况，确保了扶贫项目精准落地见效。对纳入贫困县统筹整合使用范围财政涉农资金、东西部扶贫协作、集团帮扶、中央单位定点扶贫等扶贫资金进行全面梳理，理清政策落实、资金管理和效益发挥等情况，确保了扶贫资金规范安全、使用精准。

第四，坚持群众主体，激发内生动力。我们坚持扶贫和扶志扶智相结合，全面排查整顿软弱涣散贫困村党组织，把贫困村基层党组织建成带领群众脱贫攻

幸福之歌

坚的坚强战斗堡垒。大力推广"以表现换积分、以积分换物品"的"爱心驿站"等自助式帮扶做法，建立健全产业带贫、就业脱贫等"按劳取酬、优先优酬"的帮扶政策和机制，引导贫困群众树立起脱贫的志气。建设"活的、成长的、群众的、自己的"村史室，让1591个村史室成为村情村史的陈列室、特色农产品的展示室、凝聚人心的精神家园。

第五，坚持创新机制，启动乡村振兴。我们把脱贫攻坚中形成的有效办法与乡村振兴结合起来，率先出台乡村振兴战略的实施方案，立足"以下为主，坚持乡村自我振兴"这个基点，以物的清单、人的清单、问题清单、项目清单"四张清单"破局开篇，深入开展万名干部规划家乡行动，推动我的家乡我规划我实施。全面实施"百村示范、千村整治"工程，抓好100个乡镇驻地村、100个公路沿线村、100个特色村、100个旅游村、100个产业村的典型示范，全面整治全市所有村庄的垃圾、污水、厕所、绿化及不良风气，一个个"小而美、小而干净、小而宜居"的村庄如雨后春笋般萌芽。

各位朋友，临沧边疆各族群众能够告别千百年来的绝对贫困，这是习近平总书记光辉思想指引的结果，是党中央、国务院和省委、省政府坚强领导的结果，是各帮扶单位和社会各界倾力支持的结果，是广大干部群众艰苦奋斗、苦干实干的结果。5年的脱贫攻坚，临沧各族儿女不畏艰辛、砥砺前行，在战天斗地的攻坚一线，想尽了一切办法，穷尽了一切力量，谱写了新时代阿佤人民唱新歌的壮丽篇章。我们越来越深切地感到，没有中国共产党的英明领导，没有中国特色社会主义集中力量办大事的制度优势，没有习近平总书记"小康路上一个都不能掉队"的人民情怀，哪能有边疆的大好局面，哪能有人民的幸福生活！边疆各族干部群众发自内心地感恩党、感恩党中央、感恩总书记，表现出边疆各族儿女对总书记的衷心爱戴、对党中央坚决拥护的赤诚之心，表现出党的光辉照边疆、边疆人民心向党的深情厚谊。

各位朋友，澜沧江滚滚向前，阿佤山鼓声震天。我们深知，脱贫只是第一步，更好的日子还在后头。我们认为，进入新时代，临沧将有"两次跨越"。第一次就在今年，大部分交通基础设施基本完备、高速公路、铁路进临沧的时候；第二次是我们把对缅开放、通往印度洋主要经济贸易通道打通，基本实现"五通"的时候，那时临沧将真正成为"辐射中心"。我们将深入学习贯彻习近平新时代中国特色社会主义思想和总书记考察云南重要讲话精神，按照省委十届十次全会的决策部署，坚定不移贯彻新发展理念，统筹抓好疫情常态化防控和经济社会发展，扎实做好"六稳"工作，全面落实"六保"任务，确保如期全面建成小康社会。

一是坚决打赢脱贫攻坚收官之战。我们将认真落实"四不摘"的要求，保持定力，毫不松劲，持续抓好"户户清""项项清""账账清"工作，健全稳定脱贫长效机制，落实防止返贫监测和动态帮扶机制，不断扩大脱贫攻坚物质成果和精神成果，巩固提升脱贫质量和成色。建立解决相对贫困长效机制，推动减贫战略和工作体系平稳转型。依法依规开展脱贫攻坚普查，清清爽爽交出"报账单"，确保脱贫攻坚成效经得起历史和人民的检验。

二是接续推进脱贫攻坚与乡村振兴有机衔接。把脱贫攻坚与乡村振兴的"接力棒"交接好，做好政策统筹衔接、工作统筹衔接、群体统筹衔接、规划统筹衔接、力量统筹衔接，深入实施"百村示范、千村整治"工程，大力发展乡村旅游，持续推进沿边小康村建设，促进"农业现代化、农村城镇化、农民职业化"，推动城乡融合发展，建设各族群众安居乐业的美丽家园。

三是全面启动乡村旅游。今年底，高速公路、铁路将进入临沧，从昆明乘火车到临沧只需要三个半小时。临沧市委、市政府判断，高速公路、铁路进临沧后，临沧将迎来第一次旅游高峰。我们将大力发展乡村旅游，以开展寻找"最美丽的村庄"征集活动为引爆点、切入点，加快"吃、住、行、游、购、娱、网、厕"八大要素建设，吸引游客到我们美不胜收的美丽乡村，下决心把临沧打造成全省乡村旅游的亮丽名片，让到临沧旅游的人都说"到临沧旅游，值"。

四是加快推进临沧高质量跨越式发展。以国家可持续发展议程创新示范区建设为抓手，大干工业化、城镇化、现代化，毫不松懈推进以高速公路、铁路为主的综合交通基础设施建设，坚定不移以"四个先行"推动对缅开放"五通"，加大新型基础设施建设力度，加强生态环境保护，全力打造"三张牌"，着力构建"两型三化"现代产业体系。

五是增强边疆民族地区治理能力。从市域治理特点和边疆民族地区治理需要出发，改革创新、大胆探索，既不折不扣落实中央、省委的决策部署，又把临沧在边疆治理中探索出的一些好做法、好经验固化为长效机制，全面深入持久开展民族团结进步创建，实施好促进民族地区和"人口较少民族"发展、兴边富民等规划，提高社会治理系统化、科学化、法治化、智能化水平，把制度优势更好转化为治理效能，不断完善治理体系、提升边疆民族地区治理能力。

六是激发奋进新时代的力量。认真贯彻新时代党的建设总要求和新时代党的组织路线，把马克思主义特别是习近平新时代中国特色社会主义思想作为理论武装的主题主线，学好用好《习近平谈治国理政》一、二、三卷，落实好"不忘初心、牢记使命11条"，深入推进党风廉政建设和反腐败斗争，大力弘扬"跨越发展、争创一流；比学赶超、奋勇争先"精神和践行临沧作风，把各级党组织和党员干部打造成奋进新时代的"动车组"。

我们坚信，站在"两个一百年"奋斗目标的历史交汇期，只要我们继续不忘初心，牢记使命，逢山开路、遇水架桥，临沧的明天就会更加美好。

最后，诚挚邀请大家到临沧走一走、看一看，亲自感受边疆村寨的巨变，亲自感受边疆群众的快乐生活，亲自感受"党的光辉照边疆，边疆人民心向党"的浓厚氛围。

我就简要介绍这些，谢谢大家！

（本文系2020年7月29日，时任中共临沧市委书记杨浩东在"云南省决战决胜脱贫攻坚系列新闻发布会临沧专场"上的发布词）

附　录

青春闪耀脱贫路

　　青春是美好的，青春是宝贵的，青春也是短暂的！有一群人，他们把青春洒在扶贫路上，让青春之花开在乡村大地，香满千家万户。他们年轻、他们阳光，他们胸怀理想、拥有信念，他们把青春和汗水甚至把年轻的宝贵生命都献给了挚爱的扶贫事业……我，是他们中的一员。

　　2017年初，单位选派驻村干部，尚在哺乳期、与丈夫分居两地的我，决定主动请缨深入农村一线开展扶贫工作。

　　领导说："你要想清楚，你孩子那么小，我们挂钩村现在连车都难进去，脱贫的任务那么艰巨……"

　　"我是从农村走出来的，我了解农村，我已下定决心了……"

　　"妈，我要去农村扶贫，要去两年多，我想带着孩子去，您也跟我一起去好吗？"

　　妈妈愣了一下，显然被我的问题难住了，回过神，她说："孩啊，只要你认定要做的事情，妈都支持你，妈跟你去……"

　　就这样，3月15日，我开着车子带着母亲和刚满周岁的女儿，开启了一段未知的旅程——前往双江县忙糯乡邦界村驻村扶贫。那时的我不知道，这一段历程我将遇到怎样的困难和挑战，也不知道，带着孩子、老妈一起驻村意味着什么，更不知道，我"任性"的决定是否正确。只知道作为一名党员干部，助力家乡贫困群众脱贫是我义不容辞的责任；而作为母亲，在孩子成长路上不让母爱缺失也是我的应尽职责。

邦界村距离临沧市139公里，属于边疆"直过民族"聚居地，下辖6个自然村、10个村民小组，有农户605户2224人，贫困人口多，贫困程度深，共有建档立卡贫困户276户1046人，贫困发生率47.91%，近半人口生活在贫困线以下。从县城到邦界村有57公里，开车大约需要两小时，蜿蜒曲折的山路，让我第一次体验到自己驾车还会晕车，体验到交通和出行不便对发展的重大阻碍。看到贫困村民们那一双双布满老茧的双手和渴望脱贫致富的眼睛，再看看他们简陋而破烂不堪的住房，我深感脱贫任务之艰巨。

一

"青春要么出彩，要么出局。既然上了战场，就不能打退堂鼓，必须使出全力、想尽办法，破釜沉舟，杀出一条路，带领群众脱贫致富，坚决打赢这场硬战。"我暗暗下定决心。

不容多想，我便带上扶贫工作队员对全村建档立卡贫困户逐家逐户进行走访，全面了解他们的生产、生活情况，摸排致贫原因，搞清"瓶颈"和"短板"，思考谋划发展思路，为"对症下药"精准施策带领群众脱贫致富做实功课。

记得第一次走访贫困户申学忠户时，他妻子没在家，后来他妻子说："我老伴说，今天我家来了位新书记，人长得成行，又爱说话，一点不拿架，很贴心嘞……"（成行为临沧话，意为漂亮。不拿架为临沧话，意为没有架子。）这，应该是村民们对我的最初印象。在农村工作，只有走进田间地头，走进农户家中，和他们唠家常，跟他们打成一片，工作才好开展。

俗话说"要致富，先修路"。道路基础设施改善是脱贫的硬性条件，可在农村，修路没那么简单。邦界村丙别二组有位60多岁的老人名叫黄长友，在寨子修路施工的过程中，因挖到他家茶地，他便挡在挖机面前不让施工，差点引发群体性事件，组干部、村干部、县乡领导都到家里劝了几次，老人就是不肯，说要推路先把他给埋了……这可难倒了大家。

最后这个困难问题落在了我身上，之前大伙都跟我说他这不对那不对，老顽固思想不开窍。我心想，没有不对的群众，只有不会做事的干部。必须找到他不让修路的原因，对症下药。

我决定去做这位老人的工作。我买了一袋水果和一箱饮料，约上村支书，在晚上8点左右一起开车去这位"钉子户"家。

去到他家，他的妻儿明显有些戒备，对我们的到来没有平常人家的那种热情，老人更是装病睡在床上不肯见我们。

"大爹，我是邦界村新来的书记，听说您身体不舒服，我特意来看看您，您起来吃点水果好不好？"

老人不吭声。

"大爹，那您这样睡着也不是办法呀，要不我送您去医院？"

老人还是不吭声。

"大爹，我父亲和您一样年纪，平时生病住院我都没办法回去照顾他。今天呢，我知道您身体不好，特意来看看您，咱不谈别的，就起来聊聊天，认认亲戚好不好？"

老人还是不吭声。

正当我估摸着叫不起来了，只能改天再来的时候，老人家突然出现在我们跟前。

"你是毕书记啊？平时他们来家都是骂我一顿就走了，你今天也是来骂我的吧？"

"不是的，大爹，我真的是来看看您，还给您带了点礼物。听说您家茶叶口感不错，也想来品品。您舍不舍得给我喝呀？"

"好吧，那我这就给你泡。"老人家给我们泡了茶水，还问我们喝不喝酒，还给我们拿了瓜子、花生……

"这个茶叶口感真不错呢，平时你们卖多少钱一斤啊，收入多少啊？"聊着聊着，就越聊越投机了，距离感也没有了。

聊到晚上10点多，我开始言归正传。

"大爹，我看您人这么好，之前听说您不让大伙推路。那到底是为什么呀？"

"是他们改了路线，故意往我家地里走，故意来推我家茶地，我们农民，能依靠的就是这点土地，收入也全依靠这点土地，你说他们这么做，这不是成心跟我们家过不去吗？"

原来如此。我内心窃喜，终于找到老人家不让推路的真正原因了。

"大爹，这个问题不是您想的那样，这个路要怎么走，这是县交通局的人来实地勘测之后，发现一开始定的路线有地质灾害所以才改的，不是故意跟您家过不去……"我耐心地跟他解释道，老人家也似乎慢慢地把心结打开，聊到凌晨，老人家终于同意给推路了……

这事成了，路，可以推了。现如今，全村下辖6个自然村、10个村民小组全部通了硬板路，村民发展的关键"瓶颈"问题已解决。

二

妈妈，是这个世界上最温暖最美丽的称呼，是一个柔弱却又坚强不屈的名字。可在偏远落后的边疆贫困地区，有一些孩子，他们从来没见过自己的妈妈，或者已经记不得妈妈出走时的模样，感受不到妈妈的温暖和关爱。为了帮扶这些孩子，我策划开通"双江微邦界"微信公众号，打通落后贫困地区与外界的通道，组建了"爱心妈妈"群，组织社会爱心人士对这些孩子进行帮扶。

点滴之水变海洋，颗颗爱心变希望。两年多，先后为邦界完小、荒田完小、大忙赛小学等组织开展爱心捐赠活动13次，为脑膜炎患儿黄显森组织捐赠爱心善款34022元，为5名贫困大学生捐款9000元，动员社会力量帮助建成邦界完小图书室1间，组织捐赠书籍1600余册……截至目前，共组织捐赠资金139508元，捐赠现金、物资折价共计达40万余元，有效促成了社会资源力量向贫困山区汇聚。有一天我入户过程中，有位老人问我："你就是毕书记啊？"我答："是的。"老人跟我说："我家孙子小杰的妈妈早年跑出去改嫁了，他爸爸出去打工几年了也没有音信。他常常跟我提起你，刚刚看到你来，他跟我说：'奶奶，新妈妈来了、新妈妈来了。'在他心中啊，你就是他的新妈妈……"我笑着听着，看着小杰，摸摸他的小脸蛋，鼻子一阵酸，是辛酸是喜悦，五味杂陈。

德国哲学家雅思贝尔斯说："教育就是一棵树摇动另一棵树，一朵云推动另一朵云，一个灵魂召唤另一个灵魂。"教育，是最好的扶贫，给钱给物不是帮扶的意义本身，但这必当是教育帮扶孩子不可或缺的一部分，我所希望达到的，是对孩子生命的激发，是灵魂的觉醒，不仅带给他们温度，还有高度和宽度。

最好的帮助，是让孩子看到远方的树，为孩子种下幸福生活能力的种子，再用实际行动去唤醒这颗种子，让它生根发芽，枝繁叶茂。

冬去春来，周而复始，我带着母亲和女儿在村委会二楼不足25平方米的简易家里度过了850个日日夜夜，车子的里程数增加了63200公里……前不久，云南宣布双江脱贫了。听到消息，我和工作队员们激动得流下了眼泪。

最是情怀出本心。如今，在邦界村的每一条乡间小道上，都留下了我坚实的脚印，在每一户贫困户的家中，都留下了我深深的牵挂。我以自己从事检察职业养成的细心、耐心和真心换取了群众满意的笑容，以一位母亲特有的柔情和坚韧关爱祖国的花朵；用无悔的青春把中国共产党的党旗插进百姓的心坎，把中华民族伟大复兴的梦想播进少年的心田，把一个伟大时代的光荣使命谱写在沧江南北，镌刻在田野青山，用忠诚和行动诠释着一名共产党员的本色，书写着新时代扶贫第一书记的博大情怀。

一场无情的暴雨让脱贫攻坚的战友黄文秀永远地离开了我们，她的事迹感动了无数人。记得刚下派不久，在回市里培训的路上，和我一起到双江驻村的第一书记刀华萍也因车祸永远地离我们而去，她走进大山，却没有再离开……脱贫攻坚，是一场没有硝烟的硬战，战场上没有枪林弹雨，却有流血和牺牲，在风雨里、在烈日下、在夜幕中、在蜿蜒盘旋的山路上……在这场伟大消除贫困的战场上，每个人都是优秀的战士，都值得为自己骄傲。作为全国280万个扶贫工作队员之一，我想，只要能向这个社会传递一些光和热，能给这个社会带来哪怕一丝的正能量，那么，我的努力就值得。

"人生没有白走的路，每一步都算数。"倘若青春就是一颗灿烂流星，何不让它绽放出最美的光彩？

（毕起美）

永德香茗出海记

一、一杯清茶香两地

中远海运集团自2006年开始定点帮扶永德县，到2019年累计派遣了12批挂职干部35人，其中，任县级领导24人、驻村第一书记3人、支教老师8人。我们俩是第12批挂职干部，分别任县委副书记和副县长。

自结对帮扶以来，绿色生态、物美价廉的永德茶，被一届又一届的挂职干部带到集团的各个单位，分享推荐给亲朋好友；集团也把永德茶列入消费扶贫的重点采购产品清单，2017—2018年共购买"10·17牵手号"普洱茶10万余饼，总金额超过2000万元，提取扶贫善款超过250万元，是临沧市开展"10·17牵手号"普洱茶系列活动中组织购买扶贫产品最多的一家企业，可以毫不夸张地讲："集团家家户户都存有永德茶，永德茶拉近了集团员工与永德的情谊。"

2017年9月，还未到永德赴任之前，集团订购当年的"10·17牵手号"普洱茶就已经发到我们手中，临出发前泡了一泡，闻着忙肺茶香（产自永德县的云南名山头茶），回味着永德茶的甘甜，憧憬着美好的向往，我们来到永德县挂职。

二、路在何方

扶贫扶长远，长远看产业。习近平总书记深刻指出，"发展产业是实现脱贫的根本之策。要因地制宜，把培育产业作为推动脱贫攻坚的根本出路"。加强产业扶贫是中远海运集团对永德县帮扶的重要思路之一，挂职前谈话时，集团许立荣董事长要求我们"要充分挖掘当地优势资源，发挥集团作用，把帮扶工作做好"。有习近平总书记指向的产业扶贫之路和集团的帮扶思路，我们对永德之行充满了信心和期待。

一到永德，我们就马不停蹄、满怀激情地到茶山上、茶厂里、茶农家中调研，随着调研的深入，我们对永德茶产业的了解越来越多，但与之相反的，是对产业帮扶的信心日渐低落，问题和困难远比我们想象的要复杂和艰巨。永德长期作为云南省第五大茶叶原料基地，茶资源非常丰富，茶园面积24.19万亩，有近30座古茶山，忙肺、梅子箐等山头在市场上已小有名气，20世纪八九十年代起永德熟茶就已在南粤大地声名鹊起，但后来随着市场环境的变化以及对品牌打造的滞后，永德茶的光环有所暗淡，甚至被当作其他茶区的原料基地，有其实而无其名。调研发现，永德茶园面积大、产量高，但产业不强，缺乏龙头企业带动；茶叶品质很好，但制作工艺不精，产品缺乏竞争力；小茶企、初制所不少，但品牌不响，产品附加值低；毛茶产量很大，但工业附加值很少，对地方税收贡献有限；一些交通偏远的村庄，茶农们甚至还面临卖茶难的问题，不少茶农只好架起锅自己炒茶，由于工艺不精，很多村子的干毛茶只能卖一二十元钱一公斤，基本上无利可图。我们只能先在消费扶贫上想办法，通过争取集团支持，推荐同事朋友购买，尽自己所能帮助永德茶企扩大销路。

2018年8月，新到任的永德县委书记宋正垠嘱咐我们："要想办法借助中远海运集团的力量把永德茶产业搞上去。"宋书记的鼓励让我们重拾了信心，决定走出去，先看看别人怎么做。9月起，我们对云南省内重点茶区进行调研，利用带队去普洱市参加云南省茶博会的机会，调研了普洱、勐海、易武等地的重点茶区，回来后又到临沧市内的凤庆、云县、临翔、双江等产茶大县参观学习。通过调研我们发现，和这些重点茶区相比，永德无论是在制茶工艺、科技研发、品牌打造、园区建设方面都存在不少差距，仅仅靠帮扶企业的消费扶贫肯定托不起永德茶产业的明天，必须要找到扶贫的长效机制，才是可持续发展的关键。10月下旬，一次到临沧市里开会的偶然机会，认识了临翔区蚂蚁堆乡党委书记俸学锋，在他的带领下，我们现场参观了华中科技大学援建的蚂蚁堆茶厂，学习了他们"党支部+合作社（村集体）+企业+农户"的帮扶模式，这个模式把帮扶单位消费扶贫和科技研发的优势与本村丰富的茶叶资源优势充分结合起来，帮扶效果很好，给了我们很大的启发。

回到永德后，在永德县政协原副主席、茶文化学者鲁建旭和永德县委常委、县委宣传部部长、时任茶办主任尹玲琴的参谋和共同策划下，我们开始构思对永德县茶产业的帮扶思路，达成了共识：中远海运集团的最大帮扶优势在于消费扶贫，可以利用员工购买、各地网点推荐的方式把永德的茶叶推销到全国各地乃至世界各地，但传统的消费扶贫模式有很大的局限性，先有订单再组织生产这种接近于行政安排的采购模式，没有真正激发起企业的内生动力，而且订单的不确定性导致生产安排的不确定性，品质很难把控，且每次采购的茶品都不一致，很难在市场上留下良好口碑。只有把中远海运消费扶贫的力量，当作撬动产业扶贫的支点，开展全方位的扶贫，变"输血"为"造血"，才能达到产业扶贫的最佳效果。为此，需要建设实体工厂，由当地茶企来经营，实现从茶园到消费者的各个生产环节都严格把控，保证产品质量，中远海运集团再来组织下属单位购买茶厂的产品，通过消费扶贫帮助企业不断发展壮大，带动茶农增收致富。同时，引进"外脑"，以援建的茶厂为平台，邀请省内外的专家资源加强科技研发，改进制茶工艺，同时从种茶、管茶、采茶、制茶、茶艺、营销等全方位加强培训，帮助永德茶农提高职业技能。于是，"捐建茶厂+科技扶贫+消费扶贫"的茶产业立体帮扶思路逐步成型了。

我们将这个思路向宋正垠书记进行了汇报，他当即拍板支持。2018年11月，宋书记带领我们到集团汇报这个项目的帮扶计划，集团董事长许立荣认真听取了汇报后，对项目表示肯定，并要求集团工会扶贫办将此项目列入2019年的帮扶计划。

三、"过继"亲子

从集团回来后，我们开始奔赴各乡镇、各茶山考察建厂场地。按照当时的构想，结合永德打造"熟茶之乡"的发展定位，捐建的茶厂计划以生产普洱熟茶为主，兼顾生产普洱生茶和滇红茶。为了仓储、运输、管理的方便，需要在县城周边建一个初精制一体化茶厂，同期配建2个初制茶厂作为原料基地，即"1个初精制一体化茶厂+2个毛茶初制茶厂"的布局，尽可能扩大帮扶的覆盖面。

2018年12月初，我们到班卡乡调研时，得知要捐建茶厂，乡党委书记茶辕轲极力自荐，建议将厂建在放马场村。班卡乡自古以来就是盐茶古道，茶资源很丰富，但没有一家上规模的初制所，茶农每年都为卖茶而发愁。茶书记对产业抓得很紧，茶叶、红花、核桃、甘蔗、畜牧等产业都搞得有声有色，建茶厂的念头在他脑海里早已盘算多年，茶厂选址早就心中有数，他如数家珍地推荐了放马场村，该村茶园面积5678亩，距离村委会200米处的废弃烤烟房是建茶厂的最佳场所，可节约征地、平整土地的时间和经济成本，还可以辐射周边村寨的茶园。接下来确定的是小勐统镇垭口茶厂，垭口村茶园面积虽然只有1777亩，但茶叶品质很好，和勐板茶区的茶不相上下，此前该村没有一家茶叶初制所，驻村工作队员、县林业局李军的爱人本来想要在这里建一个茶叶初制所，流转的土地已经平整好，相关建材也准备就位，当得知我们要建茶厂时，他当即表示愿意无条件转让，"我让我爱人来这里建茶叶初制所，本来就是为了帮扶垭口村的，现在中远海运要来建茶厂，目的一样，效果更好"。德党镇忙见田茶厂的选址费了一番周折，因为紧挨着县城，需要综合考虑城建规划、土地性质、环评要求等因素，镇党委书记穆佑军和镇长鲁贵军反复对照地图，一处一处寻找建厂地址，最初选在户乃村新寨自然村，那里有一所弃用的教学点，是建厂的理想之所，但因靠近居民区，经过反复研究论证后放弃了。2019年3月，最终确定在忙见田村建厂，该村属于贫困村，有茶园1020亩，那里地处德党河下游，远离居民区，靠近高速公路与县城的连接线，交通便利，那一带也是后来规划的熟茶园区的最佳地点。

2019年春，三个茶厂陆续开工建设，由于各方高度重视、积极配合，工程进展非常顺利。县扶贫办、相关乡镇领导亲自到工地一线督促工程进度，县自然资源、林草、环保、农业农村等部门用最短时间办理好相关审批手续，涉及土地流转的，驻村乡镇领导、村干部挨家挨户做工作，如放马场村支书杨国伟向有顾虑的农户表态，如果资金未按时兑现，自己可以把自家的好地拿出来和农户进行置换，因此放马场茶厂工程进度最快，2019年2月开始动工，4月19日建成投产，历时仅两个多月；班卡乡党委书记茶辕轲对茶厂建设工程盯得很紧，隔三岔五就到现场查看进展，督促工程质量，还发动干部职工到茶厂开展义务植树活动，2019年5月中远海运集团原党组副书记孙家康到现场调研时，称赞该茶厂"创造了中远海运帮扶永德项目从立项到建成投产最快的纪录"。5—7月，垭口茶厂、忙见田茶厂也相继建成。三家茶厂共投入建设资金530万元，其中忙见田茶厂270万元，放马场茶厂140万元，垭口茶厂120万元。茶厂按照"机械化、自动化、规范化"的标准建造，在厂址选择、图纸设计、设备选用、工艺标准等方面，多次邀请云南省茶叶流通协会的徐亚和老师、陈可可老师到场指导，全部采用全自动或半自动的机械设备，保证茶叶进厂到出厂不落地，同时在生产车间安装摄像头，全过程监控，实现茶叶生产"清洁化、标准化、可追溯"。忙见田茶厂发酵出来的熟茶堆味轻，口感饱满，汤色油亮，经一些专家品鉴，给予了很高的评价。

　　茶厂建成后，如何经营是整个帮扶体系的核心，经营的好坏，决定了帮扶项目的成功与否，而经营得好不好，关键在于有没有一套多方共赢的利益分配机制。中远海运主业与茶无关，不可能亲自来经营这三个茶厂，只能把建成的茶厂捐赠给三个村的村集体，由村集体合作社进行管理，由于村集体合作社没有管理茶厂的经验，也没有相应的销售渠道，不具备经营能力，以放马场村为例，该村每年可以生产上百吨的干毛茶，没有一定的销售网络是很难卖出去的。为此，我们想出了"帮扶企业+经营茶厂+村党支部+合作社+农户"的运营模式，即中远海运集团负责捐建茶厂，后续通过消费扶贫采购支持茶厂发展，对接专家资源对茶农进行培训。茶厂运营的初期，消费扶贫是撬动这个帮扶模式的支点，没有消费扶贫的支持，茶厂很难发展，也很难找到合适的企业来经营，而经营的企业，不仅要有一定的规模和实力，而且要有成熟的销售网络，因为茶叶的销售不能全靠中远海运的消费扶贫，中远海运购买茶叶最多的2017年，也仅占三个茶厂产量的5%左右，更多的是要依靠社会销售，同时还需要有比较先进的经营理念，能够及时响应消费者需求开发出品质优良、包装时尚、功能齐备的产品。经过多方考察，我们决定选择中源茶业公司（原棠梨春茶业公司）来负责三个茶厂的生产经营。该公司是永德的本土企业，有一定的茶叶生产经营经验和实力，在忙肺山有自己的茶园基地，而且经营团队很年轻，善于学习和吸取先进的经营理念。村合作社与中源茶业公司签订委托经营协议，合同三年一签，实行两个5%分红，一是静态5%分红，经营茶企每年按固定资产的5%给予村集体合作社分红；二是动态5%分红，经营茶企每年将在三个村所收购茶叶年销售总收入的5%给予村集体合作社分红。村党支部负责组织茶农加强茶园科学管理，保证茶叶品质。村集体合作社负责组织茶农交售茶叶，组织分配分红资金，将所得分红按一定比例分别用于对完成交售任务的茶农进行奖励和帮扶村里的建档立卡贫困户，以及用于改造建设村里的基础设施。为了保障分红资金能够及时准确地发放给村集体，还成立了由挂职干部、乡镇领导、村干部、茶企代表组成的监事会，负责监督茶企运营、财务报表及分红资金发放。

2020年11月，已经结束挂职一年多的我们回县里开展"支部+支部"共建活动，到忙见田茶厂进行了回访，看到厂里各条生产线上的机器有序运转着，熟茶车间整整齐齐堆着正在发酵中的熟茶，工人们忙着压饼、包装，一片热闹的繁忙景象。茶企负责人彭金领告诉我们："自投产以来，茶厂的茶叶收购、加工、包装、销售一切正常，尤其是离地发酵的熟茶，很受市场认可，基本上还没出堆就已经被预订完了，中远海运的消费扶贫也给了我们很大的支持。去年底，村集体也拿到了分红，帮扶措施已产生了积极的效果。同时，茶厂还带动了当地的就业，茶厂的用工优先使用本村村民，尤其是优先使用建档立卡贫困户劳动力，三个茶厂创造了20个固定就业岗位，生产高峰期还雇用200个临时工。"

四、雪中送炭不如锦上添花

建设了茶厂，消费扶贫就有了对接的平台。一方面，茶厂作为中远海运消费扶贫产品定点采购点，帮助茶厂拓宽销售渠道，促进茶农增收致富，壮大村集体经济。另一方面，通过挂职干部的桥梁纽带作用，及时了解中远海运员工对茶品质量的反馈，同时引进茶叶专家等资源，帮助茶企改进工艺，让中远海运员工可以购买到品质更好的茶品，以及为中远海运下属企业订制招待茶、商务礼品茶等。但是，购买消费扶贫产品大多都是通过集团工会组织的，缺乏长效机制，该如何让消费扶贫变成员工自发的、可持续的呢？建厂伊始，我们便开始考虑这个事，不断厘清思路。

首先，茶厂不能有依赖心理。我们在新闻报道中看到不少这样的案例，帮扶企业帮助村里建起了产品加工厂，但产品销售全依赖帮扶企业兜底，一旦帮扶企业不再购买，加工厂就经营不下去了，并没有激发起当地企业的内生动力，没有真正形成"造血"功能。作为脱贫攻坚的重要手段，帮扶单位的产业扶贫，切实推动了贫困地区农产品的产业化发展，为当地农特产打开了销路，有效促进了当地农户的增收致富。但从长远来看，"雪中送炭"的照顾式扶贫难以持久，被帮扶地企业应该利用帮扶单位的消费扶贫，借助帮扶单位的宣传推介力量，提高当地农产品加工的标准化、集约化水平，提高产品品质，拓宽销售渠道，扩大市场影响，让"雪中送炭"变成"锦上添花"。为此，我们一再和经营企业强调，中远海运虽然捐建了茶厂，但不搞"包销"，要把中远海运当作茶厂的大客户，而不是"提款机"，中源茶业在这方面思想转变比较到位，在认真做好中远海运订购产品的同时，把主要精力放在市场营销上，与中远海运的合作，也帮助他们扩大了自身的品牌影响力，三个茶厂生产的茶叶，由于品质好、制作工艺精良，市场销路较好。

其次，要让产品自己说话。对永德茶来说，中远海运的消费扶贫，不仅体现在茶叶销售的经济效益上，更重要的是对永德茶叶是一个很好的宣传机会，一饼茶叶就是一张名片、一个小广告，好的产品就可以吸引中远海运员工回头购买、介绍身边的朋友购买。要让产品自己会说话，品质就非常重要，建好的三个厂，我们听取云南省茶叶流通协会专家老师的意见，采用自动化生产设备、标准化生产工艺，茶叶品控好。为保证茶品从茶园到茶杯的品质可靠，茶厂依靠村党支部和村集体合作社的力量，加强对茶农的培训，给茶农灌输正确的茶园管理知识，同时建立"黑名单"制度，对于使用杀虫剂、除草剂的茶农，纳入"黑名单"，三年不收其茶叶。在茶厂车间的每一道生产工序，均安装了摄像头，保证茶叶生产全过程可控、可溯源。

再次，为方便中远海运员工采购扶贫茶，经营茶企设计了"海德号"系列茶品，取意中国远洋海运的"海"字和永德的"德"字，包装设计上体现了企业特色，同时方便企业会议用茶、招待用茶、礼品用茶等不同功能的需求，制作了小袋包装、龙珠包装，很受中远海运下属企业和员工欢迎，不少企业通过工会发动员工订购后，被产品的品质和包装吸引，又回头购买了会议用茶、礼品用茶等。

最后是便于购买。以往的消费扶贫，大多是帮扶企业统一组织购买，员工如果觉得产品好，想自己买或介绍朋友买，非常不方便。为此，我们要求经营茶企建立了"海德号商城"微信网店，销售的每一款茶品都印上网店的二维码，消费者觉得好，可以扫二维码上网店购买，有效促进了茶品的销售，一年来，中远海运员工通过网店回购茶品的人数超过2000人次。

五、一席难求

永德虽说是产茶大县，但茶叶生产一直沿袭着传统原始的方式。我们调研时发现，很多茶农都不知道茶树修剪、除草等茶园管护措施，以致茶叶芽头瘦小、单产偏低，卖相不好、价格较低；在勐板、小勐统等茶区，茶农自建初制所的积极性很高，但大多都是自学成才，制茶工艺五花八门，人云亦云，产品质量不稳定；传统手工制茶工艺效率低、成本高，不同批次的产品口感相差较大，不利于产品的集约化、产业化。我们意识到，最扎实、最精准、最有效的帮扶，莫过于帮助老百姓用自己勤劳的双手，去实现美好生活，科技培训无疑是最直接、最普惠的帮扶手段。

2018年7月，我们通过永德县政协原副主席、茶文化学者鲁建旭和永德县委常委、县委宣传部部长、时任茶办主任尹玲琴引荐，邀请云南省原副省长、省政协原副主席、云南茶叶流通协会创会会长陈勋儒老领导到永德参加熟茶论坛。陈老是临沧人，当过临沧农校老师，是高级农艺师，担任过临沧地区农牧局局长、省农业厅副厅长，对农村农业工作非常熟悉，对临沧茶产业有着深厚的感情，听说我们要搞茶叶技能培训，当即就表示一定会调动云南省茶叶流通协会最好的专家资源，给予永德大力支持。此后的培训中，云南省茶叶流通协会派出了徐亚和、方可老师两个专业团队，先后多次支持永德县的茶叶技能培训。

2019年3月，中远海运帮扶永德茶业"千人培训"计划正式启动，在永德10个乡镇各培训100名茶农。1～4期培训班安排在勐板、小勐统、班卡、亚练4个乡镇进行，邀请了知名普洱茶专家、云南省茶叶流通协会驻会常务副会长徐亚和老师到场授课，培训结合永德茶产业发展状况，重点以茶叶生长习性、种植管理、病害防治、科学管理等几个方面进行授课，在培训中更加注重知识性、技术性、实用性，真正实现"理论+实操+实战体验"。培训受到了广大茶农的热烈欢迎，勐板乡第一天培训就来了180多人，现场座无虚席，过道上都坐满了人，很多茶农想参加培训，因为场地问题无法参加，为此，从第5期我们又调整了培训安排，将培训直接安排到村里，安排到田间地头，方便茶农参训。

与此同时，中远海运集团资助永德相继举办了茶艺师和评茶师培训班、茶叶营销特训班、茶文化与茶产业振兴专题培训班，还连续两年举办"永海"杯茶艺大赛、熟茶论坛、斗茶大赛等。到9月我们挂职结束时，永德茶业"千人培训"计划已累计举办20期，参训人员超过2000人，培训内容涵盖了从茶叶种植、茶园管理、茶叶采摘，到茶艺师、评茶师、茶叶营销、茶文化等，相当于贯通了茶产业链的各个环节，对永德茶产业发展起到了较好的促进作用。德党镇钻山洞村的村民李东和，家里有茶树20多亩，因家离县城不远，只要有机会他都来参加培训，先后参加了4次技能培训，经过培训，学习掌握了茶树种植、管理和初制加工技能，自己创办的茶叶初制所生产的干毛茶从10多块钱一斤卖到100多元一斤，年纯收入20多万元。

在写这篇文章时，我们向经营三个茶厂的中源茶业公司负责人了解情况，得知今年放马场的茶叶鲜叶收购价格比建厂前已经翻了一倍，茶厂经营各方面都很顺利，初步实现收支平衡，村集体拿到了分红，说明中远海运对永德茶产业的帮扶措施已经达到了预期效果，集团员工对购买的永德茶叶，也给予了广泛好评，回购率很高，尤其是模拟集装箱款的"海德号"小袋包装红茶和熟茶，包装时尚，方便冲泡，且能够对外展示企业形象，被很多下属公司采购作为会议和礼品用茶。

在永德挂职的两年，是我们人生中可圈可点的两年，能够为永德的脱贫攻坚事业和茶产业发展贡献一份自己的绵薄之力，我们倍感荣幸。永德香茗，正乘着中国远洋海运集团这艘巨轮，逐步走出大山、走向全国，飘向世界、名扬四海。

（莫韦嶙　兰　岳）

张双伟翻身记

一蹶不振

张双伟是我2017年3月至2019年8月驻忙丙乡乌木村担任第一书记开展脱贫攻坚帮扶工作的镇康县大山深处一个"四十不惑"的单身汉。张双伟家于2014年被识别为建档立卡贫困户，家里就有他和老父、老母3口人，张双伟是全家唯一的劳力。2017年3月25日我第一次去他家走访，看到的情景简直可以用"触目惊心""不忍卒睹"来形容。这一家三口住的是低矮破烂的竹子篱笆墙、竹瓦房，竹篱笆年久失修已经严重破旧，地上满是蛀虫灰粉，篱笆墙破洞大的地方，用脏兮兮的塑料编织袋子粘补着，路过他家房前屋后，一眼就看尽了他家里面的所有家当——其实也就是用了不知多少年头的锅碗瓢盆和几张破旧床铺；房檐下面篱笆墙上挂着两只旧竹篮子，那是他家的鸡窝窝，鸡窝窝底部的大破洞垫上了一些稻草，稻草下面斜插着几根竹竿，勉强支撑着鸡窝窝底部，仅能承载一只老母鸡和几个鸡蛋而已，如果再有一只鸡跳上来的话，鸡窝窝底部就有脱落掉下来的风险，那可就是"鸡飞蛋打"了。当时我看鸡窝窝里有两个鸡蛋，一个又脏又旧，一个洁白干净，我摸了摸干净的那一只，热乎乎的，应该是母鸡刚刚产下来的，这让我在这个破败不堪的居所里多少感到了一丝丝温暖。我详细向张双伟询问并帮他计算了他家的收入情况，他说鸡和鸡蛋都不外卖，母鸡是用来"传种接代"的，鸡蛋是备着家里来客人和应急做菜用的。当时我还真是非常乐观地想："哇，你们真幸福，可以放心地吃到纯土鸡蛋，这可是我们家在县城里的人平时不容易买到的。"

他家这座低矮黑暗的房子也就是30平方米左右，里面又用竹篱笆隔开成两小阁，一阁卧室，一阁厨房（厨房和客厅是同一阁），卧室有10多平方米，家里共有三张床，卧室两张、厨客房一张，床梁、床沿黑乎乎的，有一只床柱还短了一小节，床上垫着一张满是汗渍的蒲草席子；床宽70公分左右，长不到5尺，当时我问张双伟："大哥，你就睡这张小床吗？"他说："是的。"张双伟身高1.78米、体重80公斤左右，当时我想：此人那么好的身材，睡这张古董般可爱的小床，真是难为他了。每张床上乱放着个黑红毯子，毯子本色应该是鲜红的，因为好长时间没有洗了，颜色由红色变成了黑红色。我想检验一下床的牢固程度，试着在床边坐了一下，床就立即摇摇晃晃"吱吱呀呀"叫了起来，真让人"心惊胆战"。我用手摸一摸毯子，黏糊糊的，毯子又硬又沉，还发出浓浓的酸汗味。这一刻，我真的再也忍不住了，胃里的酸水马上翻到口腔上，我强咬住嘴巴，迅速打开自带的水杯喝了一大口，把胃酸强行压住，虽然从嘴角渗出一点点，但好在没有让张双伟察觉，一阵眼冒金星、翻江倒海过后，我暗自佩服自己：尹慧芝，你太奇葩了，竟然把要吐出的东西又给咽了下去。后来的好几天，我几乎都吃不下饭。不过，这一忍，为我后来的工作打下了基础，否则真无法想象，以后的工作要怎样沟通与开展。想到这，我又像打了一次大胜仗那样深感欣喜和痛快。

也许是看到我坐在床上实在不舒服，张双伟连忙给我找来凳子，我伸出一只手接凳子，差一点就接不住，因为这个一尺见方的木头凳子也实在是太沉了。待我仔细一看，发现这个凳子是那么的特别，有三只脚，是用实心的木头砍凿出来的，凳子表面本来坑坑洼洼，但使用时间太长，滑溜溜的，是那么的"油光可鉴"。他家这种木疙瘩凳子有三个，张双伟坐一个，拿给我坐一个，我把杯子放在那个闲置的凳子上，杯子立刻滑倒了，这让张双伟好像有点过意不去。接着，他就开始生火烧水，他说要烧水给我泡茶，我也没有拒绝，因为这样我正好利用这段时间到处看看，了解他家的生活状况。按照上级党委政府要求，我们驻村帮扶第一书记要亲自入户，对建档立卡贫困户"一看房，二看粮，三看家里有没有读书郎"。张双伟家虽然没有读书郎，但脱贫的任务实在太艰巨太沉重，就像一块大石头压在我心里，让我感觉实在喘不过气来。我躬着身子走进他家小屋，首先映入眼帘的是他家厨房梁上垂直挂着两根树钩子，一根吊着煮饭锅，一根吊着炒菜铁锅，我轻轻地推动了一下，树钩就随着绳索不停地摆动，仿佛小孩荡秋千。黑黢黢的煮饭锅，仅够煮三四个人吃的饭，我忍不住打开饭锅一看，还有一点点剩饭，我随手抓了几粒饭尝了尝，虽然很硬，但还没有酸馊，应该是早上剩下的，锅盖糊满厚厚的油烟，把我的手指弄得又黑又油；我问张双伟："这口锅就这么小，假如家里来客人怎么办？"他回答说："平时也很少有人来，如果家里来客人的话，重复煮两三次就可以了。"炒菜锅缺了一边提手，仔细一看，边上还有裂痕，明显是不小心掉在地上弄坏的。

　　查看完他家的生活痕迹后，我试着与他沟通。毕竟是第一次见面，不太了解他的脾气性格，有些话不好太直接问，只好试探着循序渐进琢磨分析他这个人的心态。我首先问起他家的生产、生活情况，他说："不种庄稼，不养猪、牛，就养几只鸡，家里的承包耕地已经廉价租给其他村民，自己时不时砍点柴卖，然后买点大米及其他生活用品生活，再买点玉米回来喂鸡；有时候村里有红白喜事，就帮主人熬夜朝贺、守夜吊丧，主人免费提供给烟酒，遇上大方的主人还会给三五十元熬夜辛苦费，给几斤酒、几包烟和一些剩菜剩饭，这样又可以生活几十天了。"我问他为什么不种庄稼，他说："不知怎么搞的，在家里头什么都好，一下到地里，风吹日晒就头昏脑胀，天阴下雨容易着凉，回到家又腰酸背痛不舒服，所以就干脆不种地，不出门，不做重活，这样整天在家睡觉，吃的也就不多。"我接着问，为什么不养猪、鸡，他说："养猪非常麻烦，人有不想吃的时候，但是猪每天都要吃，不吃一天就可能生病饿死了，天天都必须去找猪食，原来养过两口，饿死后就不想养了。""呵呵，说的还有点'符合逻辑''冠冕堂皇'。"我想。我很好奇地又问他："那又为什么又养鸡呢？"他说："养鸡就不怎么麻烦了，家里有玉米粒的时候，我就在屋里面朝外扔出去几粒就可以了，脚都不用踏出门槛去，实在没有玉米，它自己到外面找虫子吃或者跑到邻居家也可以抢到吃一些，吃饱了照样会回到自己家鸡窝窝里下蛋……"天哪，当时我在想，张双伟家的鸡上辈子究竟是做错什么，自己饿着肚皮还要下蛋给这个"高懒帅"的主人吃。

我接着问他在哪里洗澡，他说："家里没有洗澡的地方，再说了，不下地干活，不出汗、不污染，根本就不用洗澡。"我仔细看看他穿的衣服，油叽叽的，已经看不到衣服的本色了，裤脚边已经脱线，糊了一层厚厚的泥土，不堪入目。我问："你不上街买衣服吗？"他回答说不买。"那你穿的这些是怎来的？"他说："寨子里有些'百福百寿'的男性老人过世后，可以向他家人要死者穿过的衣服，他家人同意后，过一下火光（在火上面燎一下）就会给了，也可以穿了，一年内若有多个老人过世，靠这样来的衣服可以做到'用不完、穿不尽'，穿脏了还不用洗，直接丢了也不会可惜，省了很多麻烦事。"我再问他："平时生病怎么办？上医院看吗？"他说不上医院，就到山上随便找些草药，实在没有办法和邻居要只万能药"藿香正气水"，睡几天就熬过来了。我大大地叹了一口气，又一次无语。

我又问他家里的厕所在哪里，他说没有厕所，我压低声音问他："那你是在什么地方方便呢？"他停顿了一会儿，也许是奇怪我怎么问这样的问题。我心里"咯噔"了一下，就怕他生气不配合我的走访，看到我真诚的态度，他马上就非常坦然地说："白天上厕所就到寨子边的竹林或者小树林里，晚上就在自家的房子后面阴沟旁边。"说到这里，我实在忍不住，站起到外面吐了一次口水，也许是条件反射及心理作用，我转身又闻到外面吹来的一阵刺鼻味道，又一次非常想吐口水……此情此景，此时此刻，我真的再也待不下去继续访问了，就快速地和他说了几句客套话，告诉他我的职务、职责和来意，最后非常谨慎地和他商量要给他和他的住房拍几张照片，没想到他非常大方地说："可以的，尹书记，你喜欢照哪里就照哪里吧。"我于是迅速按下快门照了数张他家的房子、篱笆墙、鸡窝窝、床、毯子、凳子、'秋千式的挂锅树钩'院场及他本人照片。

改头换面

回到村委会后的那一晚，我实在吃不下东西；那一夜，我实在睡不着。据我向村干部们了解到，全村600多户3000多人，有287户建档立卡贫困户936人；全村30岁至60岁单身的老男人有180多人，像张双伟这种情况的建档户还不少。扶贫的任务如此艰巨沉重，怎么办？我陷入从未有过的彷徨迷惘，甚至想到干脆得过且过，宣告自己无能为力算了。但这样的念头一闪而过，我立刻定下心、静下神来，决心挑战这一次工作极限，和自己"赌一把"，坚决做到临行前上级领导嘱咐的"带着感情驻村，用真心扶贫"，为张双伟这样的特困户鼓起生活勇气、厘清脱贫思路、寻找致富办法。于是，我快速进入工作状态，马上向村党总支汇报请示，村"两委"第二天就组织召开村组长、党员会议，还邀请寨子里德高望重的老人参加会议。会议以座谈交流聊天的形式展开，我请求每位参会人员必须发言，结合本村的实际情况，就每个人如何开展扶贫出一个主意。大家积极踊跃畅所欲言，我一一认真做好记录，几乎写完了满满一本笔记本，村情民意更深刻地映入了我的脑海。最后，我就张双伟家的情况向大家讨教办法。有些人说没有希望了，他就是好吃懒做，"蛇进屁股才是磨断"的懒人；有人说关键要帮助他找个媳妇；有人说让我就干脆放弃得了，那种人简直就是喘气等死的"活死人"了。的确，我发现村里3岁到90岁的人都瞧不起他，如果没有脱贫攻坚、精准扶贫伟大战役，他应该是被时空遗忘了的"活死人"了。

脱贫致富奔小康路上绝不能让一个贫困户掉队。我想，村民们的说法更多的是基于一种哀其不幸、怒其不争的言词，我坚信，懒惰不应该是人的天性，每一种贫困现象都是有根源的，一定要找准原因对症下药，一定要让这个"咸鱼"翻身。经过我和村"两委"班子会议研究制定因村因户因人施策的帮扶措施，决定先对他的住房进行改造，让他"居住得有尊严"。我于是找到了村里的一位做茶致富带头人，让他成立施工队，用张双伟的古茶树地做抵押，加上政府补助的危旧房改造款，同时又让张双伟加入他的施工队来完成他自家的保障房建设工作，这名有胆有识、乐于助人的致富带头人非常爽快地同意我们的方案。可是事情往往没有我想象的那样顺利，张双伟竟然不同意改造住房，不愿意加入施工队，不愿意打工挣钱。工作又一次受到挫折，我问他为什么，他说："没必要改造了，我习惯这样住了。"我说："这房子不安全，你不担忧吗？"他说："我早想好了，如果没有吃的了，就去坐牢，那里管吃管住。"我惊呆了半晌，就怕他对我有什么过激行为，回过神来后压住内心的恐惧顺着他的想法问："你计划以什么方式去坐牢呢？"他说："找个机会把邻居家的牲畜毒死几个，也许就会得去坐牢了……"我这才稍微安下心来对他说："你还是有良心的，还是一个善良的人，起码不敢去伤害人。"接下来我和他又聊了很多，但结果还是不愿意改造他那间"通风效果非常好"的D级危房。为了不让谈话进入僵局，于是我撇开话题，看看他的厨房好像连一点做菜的猪油都没有，我想到先激活他的胃。我问他喜欢吃牛肉吗？他回答说喜欢，只是好多年没有吃过了。我和他商量说："我想请你帮个忙，你同不同意？"他说："帮什么忙？"我告诉他说："我想吃牛头肉，我去买一个牛头，你来帮我烧烧洗洗行不行？"他咽了一下口水，有点喜形于色地说："那没问题。"我开始激动起来，又有希望了，再懒的人还是难以抗拒美食的诱惑。我和他约定明天就来接他一起去县城买牛头。

第二天一大早，我和村主任高华昌来到他家，接上他向县城出发了。路上，我一个字也不提关于他改造房子的事，讲的都是一些有趣的笑话，目的是让他开心。到了县城，我和村主任对他说想去洗个头，也请他们二位一起去洗。高主任说："尹书记，我们在外面等你，你不用破费了。"我悄悄地掐了一下高主任，铿锵有力地对高主任说："听第一书记的，请你洗头就必须给我去洗。"村主任立刻领会了我的意图是想让张双伟去洗洗头、刮刮胡子，改变一下邋里邋遢的形象。于是，我们三人一起走进了洗发店，我和老板交代先给他们两个洗。老板看了看张双伟后说："阿姨，我们今天人手不够，你们到其他店看看吧。"我知道这根本不是理由，而是张双伟这个脏油头让他们"望而生畏"。最终，在我同意付给他们双倍的费用后，店家这才勉强同意给张双伟洗头。想不到修剪洗好头后，张双伟果真是"焕然一新"，高主任和我也是一个劲喷喷称赞，此时此刻也可以看得出张双伟发自内心的喜悦，但他脸上露出的这一丝笑容转瞬即逝，掩饰不住内心的自卑，毕竟他那身衣服又脏又臭。于是，走出了洗发店，我又和张双伟说给他买套换洗衣服，他说不用，怕今后没钱还给我。我说："没事的，今后你什么时候有钱再还给我，不还也没关系。"他连说了几句不好意思后，有点扭捏地跟我到了卖衣服的店里。走进服装店，我让老板把"过时尚的、便宜的"衣服卖给我几套。老板问我："怎么会找买这类衣服呢？"我说要送给我驻村帮扶的建档立卡贫困户。这个极富同情心的老板立马爽快地说："那不用买，我送给你一些去发给他们得了。"说完立即转身到柜台选了一套合适张双伟穿的衣服，并送给他一条皮带，还手把手教张双伟怎样使用皮带。我简直高兴得不知怎样感谢这个服装店老板才好。衣服换好后，我给张双伟买了一双靴子，换掉他穿的那一双又旧又脏、其中一只只剩下半截的夹拖鞋。真是人靠衣装马靠鞍，"改头换面"并换去身上破旧脏衣服的张双伟立刻有了精气神，看上去还真有几分英姿帅气，至此，他终于露出了长长的、从未有过的幸福喜悦笑容。看到张双伟那天真灿烂的笑容，我感觉改变这个人有一定的希望了。

乘胜追击

就这样，我们买好牛头后就返回村里，一路上，村主任和我你一言我一语开导劝慰鼓励他说："你看你现在这样一穿着打扮，才貌不错，回家后一定要把房子修好，娶个媳妇，把日子过好。"他说怕没有人嫁他，高主任说："你比我还长得帅哩，只要房子改造好了，不断发展生产改善生活，肯定有很多姑娘等着嫁你。"我又接着说："古人说'人不安家事不完'，做人一生，有自己的孩子听见叫一声爸爸，看着自己的孩子慢慢长大成才，又有个知冷知热的媳妇，不用天天吃别人的剩饭，整天'老婆孩子热炕头'，那该是多么美好的人生。"他问我没钱建房怎么办？我说："我已经为你们找好了一个干活挣钱的施工队，只要你参加施工队打工就有工资，又可以改造你的房子，还能赚到钱，这是多么好的事啊，不然的话你看看你今天这身衣服和你那间低矮破败的篱笆房实在不般配，怎么样？我们就尽快改造一下房子，改变一下自己的生活方式好吗？"他说："好的，那就要麻烦尹书记多费心帮帮我。"我说："这是必须的啊，我的任务就是帮助你们摆脱贫困呀，我帮你们不是要给你们多少钱，也不是要帮你们'挑担背被'干活，只能给你们出点子、找路子，让你们活出自己最精彩的人生。"一路的开导终于让张双伟"顽石点头"了。快要到村委会的时候，他说明天就把家里的东西归整一下，掐算一天好日子就动工。我怕夜长梦多，怕他反悔，就骗他说我会看风水，好日子都帮他看好了，就是后天，后天就动工吧。我就闭上眼睛，故作镇静，表情非常严肃，成功地扮演了一回"风水先生"。他半信半疑地望着我说："如果你看好了，那就后天动工。"我赶紧斩钉截铁地对他说："汉子说话要算数，日子既然算好确定了就改变不得，这样好的日子是难遇上的。"他终于坚信不疑地对我说："绝不会改变的，我一定听尹书记的。"突然，村主任一个急刹车，急急忙忙地说："你们两个在车上等我，我下车方便一下。"后来高主任告诉我，那天他是实在忍不住，下车去大笑了一阵子，不敢在车上笑，怕把我"引导张双伟同意改造房子"的目标暴露，把帮扶大事搞砸了。到了村委会驻地，我特意安排张双伟帮厨，他立刻忙碌起来，架起柴火熏燎牛头，刷净涮洗好后砍剁碎，最后炖出了一大锅香喷喷的牛头"耙烀"。看到这一整套的工序他都很熟练麻利，对他充满了信心，不停地夸赞他，大家也跟着我夸赞起来，他对我们的夸赞也慢慢地从抗拒转变为受用。那一晚的"牛头宴"，远远比不上很多丰盛的美食，但是我们每一个人都吃得从未有过的爽口爽心、回味无穷。这几天的付出也让我觉得无比欣慰，心想：一番话语惊醒了梦中人，一套衣装、一个牛头让一个浪子找回自信，超值！

改造房子那天，我们就在张双伟家房前围站着开了一个现场会，再次宣传了党和国家的一些精准扶贫政策。前来帮忙改造房子的人非常多，有临时组建的施工队、村"两委"、全体驻村工作队员等。在大家的同心协力奋斗下，短短不到一个月的时间，一栋70多平方米的崭新琉璃瓦保障房建成了。张双伟欢天喜地、感激涕零，而我也禁不住湿了眼眶。

现在的张双伟，踌躇满志地参加了施工队，每天工资100元以上。他还加入了当地的茶叶种植合作社，自家茶地租给合作社，每年有一定的租金和分红。据我了解，他在工地上表现还非常好，和他一起打工的人说他已经买了手机，还聊到一个女朋友了，经常在微信语音上听到叫那个女的"宝贝"。

驻村感悟

万事开头难，说难并不难。我只是用了一片真心加上一些小小的"技巧"、智慧，在最短的时间内就唤醒了、转变了一个浑浑噩噩、自暴自弃的建档立卡贫困户，成为我驻村帮扶开头的"漂亮一仗"。我想，像这样的扶贫成功案例在镇康县乃至整个贫困集中连片区域比比皆是，这是我们每个共产党员、每个驻村帮扶工作人员"历尽艰难初心不改"的结果，更是我们党和国家开展脱贫攻坚，精准扶贫的重大成就和意义所在。

蓦然回首，驻村三年来，为了扶真贫、真扶贫，我哭过、累过、迷茫过，我冒充过"风水先生"，当过"骗子"……内心的煎熬难以言表。但是，我无怨无悔，我想我已经做到了"拼搏到无能为力，努力到感动自己"。

（尹慧芝）

杨二哥脱贫记

——我所经历的脱贫故事

从2015年8月至今，我从勐捧镇核桃箐村转战至木场乡杨柳桥村再到勐捧镇岩子头村开展脱贫攻坚驻村帮扶工作，很荣幸亲眼见证并亲身经历了镇康山区脱贫攻坚、精准扶贫伟大战役的全过程。

五年来，我严格按照国家扶贫政策的要求，不徇私，不枉情，确保把最困难的农户识别出来，把国家扶贫政策给建档立卡户讲透、讲够、宣传到位，彻底打消他们的顾虑，竭力为他们排忧解难，及时调解因建房发生的水、电、路、邻里纠纷，动员他们抓住机会、自力更生脱贫致富。

时隔多年，勐捧镇核桃箐村胡广组村民杨新成一家的故事至今仍历历在目。杨新成因在家中排行老二，村里人都叫他"杨二哥"。

幸福的家庭都是一样的，不幸的家庭各有各的不幸。

初相识杨二哥，还是在2015年末一个冬雨阵阵的下午，我和村支书来到村头，看见他撑着一把旧雨伞，在村内道路上漫不经心地放着几头黄牛；作为小组长的他，却胡子拉碴，整日沉默寡言、愁眉不展，一打听，这痛心烦心的事情还真不止一两件：哥哥杨新文因与堂弟杨新荣争灌田水斗殴致死；大女儿杨开明大学未毕业便辍学嫁人；二女儿杨开涛正在昆明理工大学读书，开销花费不小；长子杨开普刚刚高中毕业，暑期到姐夫家帮忙，发生机械事故造成右手食指绞断，参军梦就此破碎；小儿子杨开良听传闻外县条件更好，不顾父母反对，执意到外县读高中且放假不归。为了他们姐弟能读书，家中早已欠债累累。

亲人的离世、儿女的不听话、长子的伤残、妻子的指责、大量的外债……接二连三的打击，把杨新成压得气都喘不过来。于是，除了放牛，干脆不闻不问其他家务事，这样一来，家庭生产、生活的重担全落在妻子一个人身上，很快妻子也累倒了，不得已到处借钱求医，亲戚朋友都怕接到他的电话。

慢慢地，他沉默了。

天空正淅淅沥沥地下着小雨，我们走进他的家中，只见几棵树杈努力支撑着已严重扭曲歪斜的住房柱子，廊檐客台、房间的泥土地板上放着几个盆接着瓦顶漏下来的雨滴；杨新成的妻子强撑着身子到地里做农活，大儿子在家敷草药养伤。

得知我们进村入户座谈走访开展精准扶贫工作的来意后，杨新成尴尬地苦笑了一下，把我和支书领进不漏雨的厨房里，他用袖子仔细拂拭了凳子上的灰尘请我们落座，然后开始生火，随手把妻子的草药罐煮上，然后又沉默了。

我告诉他，他家已通过"三评四定"层层审核，正式纳入建档立卡户管理；因他家的房子是土基土瓦结构且受损严重，属D级危房，符合享受国家建房补助政策及相关帮扶，他眼神稍稍闪亮了一下，随即又暗了下来，继续沉默不语。

长年的农村工作经验告诉我，此时此刻他心中充满了矛盾，但无助与绝望最终压制了"站"起来的勇气。

果然，两个小时下来，除了支书和我轮流说话外，他几乎默不作声，第一次见面就这样惨淡收场。

回村后，他家房子漏雨的场景一直萦绕在我的脑海。毫无疑问，如何尽快建成安居房入住成了眼下杨新成家一切工作的重中之重，否则脱贫就是空谈。可是要怎样才能打开他的心结呢？躺在床上的我辗转反侧，一宵无眠。

第二天，我走访了他的几个邻居和好友，通过与他们交流，一步一步了解了他，我自认为已做到心中有数。

于是，晚上我又一次去他家找他，他仍旧是沉默，原本自以为已经了解他的我只得铩羽而归。

不得已，我又改变策略，在地里找到他正在做农活的妻子，认真细致地给她讲了国家的建房帮补政策，只换得一句："政策好是好，不过我们家是你二哥当家，他说了算。"

我又找到杨新成嫁在同村的姐姐，希望她出面帮做做工作。这位爽直的大姐倒是答应得干脆利落，可不知为什么，几天过去了就是没有下文。

于是我又邀上他最好的朋友，这次气氛有所好转，但谈到危房改造的话题，一下子又陷入沉默，又白跑一趟。

接下来的日子，如何让杨二哥家建成入住安居房成了我迈不开、绕不过的工作关卡和心结，每次填报村建档立卡户危房改造进度时，一填报到他家进度时，我总陷入长时间的思索，久久不能下笔。

转眼已到2016年5月，记不得做了多少次功课，去了他家多少次，但开头和结局都一样：自信满满，方法用尽，无功而返。

知道他喜欢喝酒，我打起了让他"酒后吐真言"的主意。然而，驻村制度规定我们驻村期间不准饮酒。没有"你来我往"，哪来酒后真言。于是我抱着破釜沉舟的心理，到村里的小卖铺买了一箱酒拿到他家，对他说："二哥，我今天来不谈工作，就想和你款款白（款白是临沧方言，意为拉家常）。因为我胃不好不能喝太多，总量一杯。如果信得过兄弟，你就放开喝，你有什么苦衷和心里话都跟兄弟我说说，但凡我能帮你的一定帮你；如果凭我的力量帮不到你，我保证及时向上级反映，再不济的话，我帮你出出主意也好。"

他也不客气，一杯接一杯地喝起来。慢慢地，满脸通红起来，喝酒速度也慢了下来，一个大男人竟然开始抽泣，泪水夺眶而出。我知道那是压抑太久后的宣泄，此刻我只能静静地看着他，默默递上纸巾，半晌，他终于把心里的苦恼和忧虑一股脑地倾泻而出……

他说："大女儿不听话呀。"

我答道："孩子还小，不懂事，总有一天她会明白事理的，但事到如今我们只能向前看。"

"对不起大儿子。"

"天灾人祸不是我们自己能左右的，要勇敢面对，如果我们家长自暴自弃，孩子更看不到未来，为了孩子的将来，做父母更得要坚强，给孩子做榜样，等他痊愈了，我帮他找工作。"

"建房不易，家里实在拿不出钱了。"

"国家的帮扶政策是4万元无偿补助+6万元有偿借款且贷款期限20年，按现造价，自己只需出2400元即可建盖一层砖混安居房。"

"眼下，最困难的是经济，除了每年卖几口猪，偶尔卖一两头牛（当时的牛价并不高，也就4000元～5000多元一头），卖点玉米、核桃外，再无其他收入了，2400元也是一个大数字。"

"如果单纯地搞传统种养殖能致富，那么几千年来我们的祖先一直都在做，要富早就富起来了；所以你得转变观念，紧跟时代步伐，认真发展烤烟和香料烟，这可是眼下收益最好的经济作物了。"

"从没种过，不会种，不敢种，怕亏本。"

"技术不用担心，有专门的技术员按期指导，只要认真按他们的要求去做，保证只赚不赔；如果你按要求种植管理了，亏了的部分我补偿给你。"最后，看他还是怀疑，我当着他的面签下了保证书，按下手印递到他手中。

"那，第一年我就先种两亩试试吧？"他商量道。

我说："不行，不管做什么，不做则已；做，就一定要做到尽力而为，10亩不能少，因为你家有土地和3个劳力。"

我把目光投向他大儿子杨开普，杨开普也郑重地点了点头。

"烟苗钱我也拿不出呀。"

"这个你不用担心，烟苗是预供的，等烤烟收购后，由烟叶站直接扣除。"

"我不认识建筑施工队，再说怕质量不保证。"

"施工队我来找，签协议书，村委会见证，我们不定期到现场追踪质量和进度，你不必担心。"

"邻居杨其昌跟我有矛盾，路太窄，如不扩宽，拉材料进不来，但如果要扩路面，就必须挖除他的竹棚，他可能不会同意。"

"没事，我来负责协调。"

"电杆也得栽一根，还得改成三相电，否则没有办法施工。"

"没事，我来处理。"

他又说……

我又答……

我们就是这样一问一答一直聊到深夜，终于解除了他所有的担心。最后他一拍大腿道："兄弟，我相信你，感谢你呀，这是几年来我说话最多最痛快的一天，你说怎么干，我就怎么干，全听你安排！"

那一夜，我如释重负，睡得特别舒服。

接下来的日子，找施工队，协调路、电，落实种烟地块、联系烟苗……忙完这样忙那样，有时几件事一起抓。

也就是那一年，杨新成家的烤烟收入达到了4.82万元，扣除烟苗、化肥、农药等各项成本后，纯利润在2.5万元以上，时至今日，烤烟仍是他家的主要收入来源之一。

也是那一年，杨新成大女婿说家人太多，一层房屋不够住，主动寄来5万元钱，让其增加建成两层，并在年底建成入住。

还是这一年，烤烟刚刚收尾，杨新成主动来找我，问道："兄弟，你说香料烟种得种不得？"

"种得，你家的田在老鸦井，紧邻勐捧村，人家都种，怎么会种不得。所以，种，必须种！"曾经在勐捧镇工作期间主抓香料烟产业工作的我回答起来底气十足。

于是，杨新成家3.6亩田全部种上香料烟。

次年5月收获，一问收入，扣除成本，纯收入近两万元。

从此，烤烟和香料烟这两片金叶子再也没有离开过杨新成家的田地，他家外债也一天天减少。

慢慢地，杨二哥的笑容多了起来，话也多了，居然还成了村内的种烟能手，对邻居们的上门请教，他从不吝言；还带领大家借着"一事一议"的东风把组内道路建成了水泥硬化路，彻底告别晴天一身灰、雨天一身泥的历史。村民越来越相信他，他种坚果，村民立马跟上；他种樱桃，村民们唯恐慢了步伐，杨新成的威望日趋高涨，有事无事也会给我打电话了。

再后来，我打听到勐捧交警中队招聘辅警，一看招聘条件完全符合他大儿子杨开普，我把招聘通知递给他看，试探性地问了问杨开普有没有意向，得到肯定答复后，我用自己的车把他接到交警中队参加考试，高中学历的他笔试、面试一气呵成，顺利被录用。

本以为他的家庭就此走上正轨，顺风顺水。

不承想，2017年8月，二女儿杨开涛居然也像姐姐一样，未与家人商量，直接休学嫁人。她的举动直接连累到了已接到滇西科技师范学院录取通知书的弟弟杨开良。遭受女儿叛逆打击的杨二哥竟然把气撒在儿子头上，说什么也不让杨开良再去上大学了；杨开良一气之下离家出走，跑到楚雄州大姐家，说再也不回来了。

这下子，杨二哥的心理防线彻底崩塌，悲愤交加之下，病倒了。

我得知后，一边打电话给杨开良，告诉他不要担心，一切有我，只管努力读书就行了；一边又赶到杨二哥家开导他。

杨二哥见到我后，泪流满面，悲痛地说道："二哥知道你想说什么，别说了。"说罢，又是沉默不语。

"二哥，我什么都不想说，还是那句话，只希望二哥把我当自己人，跟我说说心里话。"我知道此刻的二哥只需要一个能听懂他内心的人，过急了，只会陷入僵局。

过了许久，二哥终于开口了，事情比我想象中更复杂，原来二女儿让父亲把牛全部卖了，理由是支持二女婿买车创业。本来休学就已让杨二哥极为恼火，但是考虑再三，为了女儿的幸福，还是把牛卖了，钱全部寄给了她。至于杨开良上大学的学费，本来已攒够了，只是因以前欠亲戚，近期因亲戚家老人离世急需用钱，不得不先还给人家；如果读，钱从哪里来？再说杨开良会不会也中途辍学，也得打个问号。

终于找到最关键的原因了，于是我打电话给杨开良，让他向父亲承诺：只要能上大学，保证珍惜机会认真读书，将来争取谋一份好的职业回报家庭。得到肯定答复后，二哥心情稍稍平息，可一想到学费，马上又愁云密布。

我知道他家的条件可以申报助学贷款，只是批下来得有一段时间。纠结片刻，我拨通妻子的电话，电话那头，妻子听到二哥那么多磨难，也破防了，说："一定不能让娃娃没学上，钱我们先借他。"

　　杨开良要开学了。我从二嫂口中得知，这是他家第一个大学生，二哥特别希望亲自送孩子去上学，只是往返车旅费又成为一大问题。我说没事，我和二哥一起去送。于是我开车接上他们爷俩一起到学校报到。后来，在收到助学贷款后，二哥也第一时间把钱还给了我。如今的杨开良，大四在读，品学兼优，每年都能拿到奖学金，随着年龄的增长，也懂得了家人的不易，随时利用一切可用的时间勤工俭学减轻家庭负担。

　　2018年8月，因工作原因，我离开了核桃箐村，但不管我走到哪里，还是会时不时地接到二哥的问候电话，特别每到农村最热闹的杀年猪时节，二哥总是打电话来，不管我找什么理由推脱，他反反复复就是一句话："你什么时候可以来我家，我就什么时候杀，如果你忙，我就等，等到你空闲了，能来我家的时候再杀。"

　　这就是朴实善良的杨二哥，现在他家倒不是说已达到富裕的程度，但已经安居乐业、衣食无忧。

　　现在我只要一返村，乡亲们遇到我都会说："加学，你回来了噶。"就是这简单的一声"你回来了噶"，道出了多少牵挂和信赖，他们已把我当作自家人了，让我感觉足慰平生。

（王加学）

驻村扶贫见闻

　　扶贫工作，说起来雄壮，做起来却是日常；说起来宏大，做起来却是细微。2016年11月，我刚参加工作，成为镇康县人民检察院的一名司法警察；2017年7月开展建档立卡动态管理，精准识别"回头看"，需向挂钩村中厂村增派工作队员，院领导首先推荐了我。接到单位的通知，当时我以为下乡就是到村上开开会、到处走走而已，没什么困难。

　　接下来，我参加县上召开的动态管理动员会，早上会议结束时天上下着蒙蒙细雨，第一书记王金茂嘱咐我："小字，我俩下午2点半到乡上开会，记得带上厚一点的被褥、衣物，村上很冷的。"乡上会议结束时已是傍晚，军赛的天气特别酷热，可以说是镇康之最，吃了饭，我已是汗流浃背，没有停息，我们就直接出发向村上。从乡上到村上20多公里，一半硬板路一半石子路，山路蜿蜒曲折，驾车需40多分钟。军赛乡政府所在地海拔500多米，中厂村海拔则1800多米，一路都是一直往上爬，雾气大得能见度只有10多米，气温也在明显下降，后来我直接穿上外衣。到村时天已黑，书记向我一一介绍完了所有的工作队员，就带我到住处。一间200平方米左右的两层小楼，住宿、办公、开会都在里面，来到我住的房间，推开门，只见四张床紧贴着摆放在并不算宽敞的房间内，之间只留下一人刚好走的空隙。把生活用品整齐摆放到床底下，铺好床，我就出去洗漱了，这时支书说："我们村上一到雨季个把月见不到太阳，晚上水很凉，要热水的话自己烧一点。"作为一个警校生，洗冷水可以说是家常便饭了，一天开会、坐车，也累得厉害，明早还要早起，洗漱好我就上床躺下了。这一晚我睡得并不是很踏实，虽然只是四个人一间房，但可以说是打呼声、磨牙声、梦话声，声声聚齐了。

第二天清晨，雨还是一直下，雾还是一样大。支部书记召集大家开了个短会，他说："中厂村的雨一下就是几个月，这次动态管理时间紧、任务重，我们还是分组，从今早就着手，雨季山坍路滑，到远处的自然村得步行，大家一定要注意安全。"村支书递给我一份全村村民情况表，全村共7个自然村，9个村民小组，390多户，1600多口人，其中建档立卡户110多户、400多人，主要以佤族、傈僳族、汉族聚居。户主的年龄、家庭人口一目了然，但到了每一户的经济情况，则没有什么数字表达，细到每户每年家庭日常消耗。柴、米、油、盐、肉等都凑入经济账，大多数农户都靠着微薄的种养殖收入来支撑着家庭收入。中厂村地广人稀，虽有着14.7平方公里的土地，但大多是陡坡和林地，产值高的耕地稀缺，海拔高、气候冷，适合耕种的农作物很少，茶叶、核桃不景气，种植收入很不乐观，只在养殖上还有一些发展空间。

驻村工作队中乡上增派的工作队员和乡挂钩领导十来号人分成两组，我和第一书记、村主任，还有两个乡上的工作队员分在一组。我们组负责最远的自然村，路线是先到银匠寨自然村，再到竹林头自然村，最后到蒿子坝自然村和硝塘自然村，共是20多公里，都是泥土路，雨季车辆无法通行，只能步行。县里数据要得急，白天农户们在地里忙活，动态管理工作会只有夜里等农户们收工后才能开起来，如再返回村委会的话，节点内任务就难完成，所以只能吃住都在组上。

开动态管理工作会的时间，说的是晚上7点，但实际开时基本上都是8点半。我去的组上没有活动室，开会只能在小组长家客房进行，空间小、人头多，都是坐下来就只能等到会议结束才可以走两步活动一下。2017年动态管理会精准识别"回头看"是重点，只要达到"两不愁，三保障"标准、家里有大型机动车、在县里有房等都不能进入建档立卡户。认定一个建档立卡户需要多个步骤：农户申请、入户调查、民主评议、乡村部门审核、初选贫困对象、公示公告、数据录入等，一个步骤都不能落下，都得实打实地完成。按照精准识别原则，到底出不出列，立不立卡，不是一个人说了算，需要开会，一户一户进行讨论，通过群众集体举手表决。

转眼间一星期就结束了，心里五味杂陈。从我走过的这些自然村来看，人居环境都比较差，没有统一的垃圾堆放池，90%的农户家没有厕所，家畜粪池不标准，雨季污水到处流；住房上，需维修加固的有些还未完成，需拆除重建的，由于雨季材料拉不进来，大多都未完工；经济收入综合来看困难较大的是银匠寨组，人均收入难达到4000元，全组30多户就有10来户建档立卡户，低保、土地休耕、森林生态效益补偿、种粮补贴等国家惠民政策可以说是该有的都有了。

2017年7月5日，在开展动态管理精准识别"回头看"工作中，我走进银匠寨建档立卡户王顺家里，第一印象就是寒酸。王顺30多岁，话比较少，2016年娶了一个缅甸媳妇，现在有一个1岁的男娃娃。由于是分家户，自己建了一间不足40平方米的竹子房，住房和厨房就连在一起，屋外下大雨屋里下小雨，锅碗瓢盆都接上了；竹子搭建的灶台上很少看得到肉，米、油也快没了，床上的薄被看着就难以抵御阴雨及冬季的寒冷。王顺2014年纳入建档立卡户，为改善其住房条件，书记带我到王顺家里详细向其讲解国家危旧房改造政策，鼓励其建房。王顺了解到国家危旧房改造政策详细情况后，接受了危旧房改造，经过争分夺秒昼夜奋战，几个月时间内迅速建成了砖混安全住房。住房安全后，发展生产，增加其收入又是一个难题。正好是在2017年雨季，政府发放草果苗，银匠寨的气候条件又比较适宜种植草果，草果经济效益也好，这个机会不能错过。第一书记得知要发放草果苗的消息后就立即带我到银匠寨村民小组做思想工作，鼓励村民们种植，王顺和其他农户都积极响应。草果产出后，王顺每年也增加了3000多元的收入。2018年，我们工作队员入银匠寨村民小组讲国家脱贫政策时，王顺表示愿意第一批脱贫，这几年来国家在住房、产业上给予了其极大帮助的同时，还在低保、退耕还林、种粮补贴等政策性收入上给予补助，现其生活条件有了很大的改观，已充分达到"两不愁，三保障"的脱贫标准了。

说起也是机缘，2018年底至2019年初省级脱贫攻坚成效考核验收，我再次作为新增派工作队员到挂钩村，但这次的经历又是百感交集。最为悲痛的是单位和我一起增派的李敬同志牺牲在脱贫岗位上，"再也收不到回复的信息"，每次想到这里我都是鼻子酸酸的，不觉中泪水又夺眼眶。但脱贫工作，有悲有喜，值得喜悦的是我们挂钩村脱贫成效显著，全村实现110多户建档立卡户脱贫出列，只保留2户，没有新增户；全村道路硬化率达到90%，最远的竹林头自然村也铺好了石子路；村委会新建了活动场所、住宿楼，不用拥挤地扎堆在一起了；全村完成了危旧房改造，再也没有危房，王顺也住上了新建的砖混房，他说："我想也不敢想自己会住上这么好的房子，是党好、国家好，着实帮助我们解决困难，我一辈子忘不了。"自然村有10个以上党员或200个人以上的都修建了村民（党员）活动室，现在开会就宽敞多了。龙洞完小打造全县小学教育示范点，教育基础设施齐全、师资力量充足，全村没有辍学的适龄就学儿童，教育保障到位。村卫生室完成新建，医疗物资充足，有专门的医务人员，小病不用出村，医疗保险、养老保险参缴率均90%以上。县、乡人社部门牵头，大力进行技能、技术培训，鼓励外出务工，介绍就业机会，2020年共计到乡外务工160多人，其中省外90多人，县外市内60多人，乡外县内10多人，为农户增加了很大的收入。人居环境大有提升，无害化厕所覆盖率达50%，预计2020年底将达到90%，每一自然村都修建统一垃圾堆放池，制定《村规民约》，定时开展大扫除，平时又有公益性岗位保洁员进行维护，全村都干干净净、亮亮堂堂，和2017年前对比简直就是焕然一新、脱胎换骨了。

银匠寨自然村经济也得到大改观。既然种植上没有优势，就发展养殖，政府组织相关的行业部门开展养殖培训、家畜疾病预防培训，发放草种，大力鼓励发展种草圈养牛羊。以银匠寨自然村为列，共养殖牛羊420多头（只），其中羊350多只，牛60多头，总价值70多万元，为村民增加了不少的收入。王顺也开始种上草，养起羊，现已养殖10多头。

2020年是脱贫攻坚战役收官之年，习近平总书记在云南考察时强调："全面建成小康社会，一个民族都不能落下。"中厂村实现贫困发生率为零，人均可支配收入达10000多元，下一步乡村建设中，我们将"不忘初心、牢记使命"，努力将中厂村打造为村美、民富、人和谐的理想居住型村庄。

（字新愿）

我经历的脱贫帮扶

2015年9月，临沧边合区管委会开始对沧源佤族自治县芒卡镇白岩村开展挂钩帮扶工作。沧源佤族自治县芒卡镇白岩村，是临沧市"27241"工程的建档立卡贫困村，也属山区边境村之一，全村辖7个村民小组，国土面积32平方公里，边境线长12公里，平均海拔1800米，年平均气温17℃，年降水量1500毫米，适宜种植水稻、玉米、茶叶等农作物。

2017年12月11日，临沧边合区管委会发出了《关于开展脱贫攻坚走访调研的通知》，要求全体干部职工深入各自挂钩农户家中，按照"两不愁、三保障"标准，对各自的挂钩农户子女接受义务教育、享受基本医疗保障、住房安全和生产生活情况进行走访核查。12月12日一早，我就和中心的其余几名同事一同驱车前往白岩村。

在我所挂钩帮扶的贫困户当中，我最担心的就是岩郎组的白老二。白老二属于岩郎组的低保贫困户，因为缺乏农业生产技术和自身发展动力不足等而致贫，2015年白老二的人均纯收入4339.9元，居住的房屋是土基房，极其简陋，2017年得益于国家农村危旧房改造政策，白老二居住的房屋得以重建。虽然住上了新房，但现年43岁的白老二因为懒惰、生产生活理念落后，至今还没有娶媳妇成家，孤身一人的他就靠每月发放的低保费过日子。每月领取低保费后，白老二就到村委会门前的小卖铺买酒和面条，低保费用完了，就到邻居岩郎组组长白强家蹭饭吃。长期以来，白老二已经形成了这样的"习惯"，连邻居白强都说："该劝的我也劝了，该讲的道理也都讲了，可他什么都听不进去，还是那样懒惰，老毛病就是不改。"

到了白岩村村委会，在简单的工作安排后，同事们各自去了自己的挂钩户家，我也连忙赶往白老二家。

我到时，白老二在卧室里躺在用砖头和木板搭起的床上睡觉，床边摆放着5个空啤酒瓶，地上还散落着些许烟头。客厅里摆放着一张破旧的木板桌子、两个鼓凳和一个平时装衣物的木头箱子，厨房里就有一口平时煮面条的锅，走廊上放着笤帚、簸箕，可以说这些东西就是白老二的全部家当。于是我拿起笤帚，开始帮白老二打扫卫生，白老二听到了我打扫卫生的动静，醒了过来，睡眼惺忪地看着我说："哟，这不是小郭兄弟嘛，什么时候来的啊？""我刚到一会儿，看到你在休息，没有叫醒你，我没事帮你打扫打扫卫生。""嗨，不用了，我一个孤家寡人的，家里能有多脏呢，你快把笤帚放下吧，我自己能打扫。"帮白老二打扫干净房屋后，我就与白老二促膝而谈，了解他近年来"两不愁三保障"达标、享受基本医疗保障、住房安全等情况，并在笔记本上做了记录。在问到生产生活情况时，白老二说："我一个孤家寡人，一人吃饱，全家不饿，村里每个月都给我发低保，若钱不够用了，我和白强关系又好，可以去他家蹭饭吃。"我说："你这样下去不是办法啊，用低保维持生计，那是不可能过上好日子的，现在国家出台了那么好的扶贫政策，帮你建新房，你要摒弃你的老观念了……""我那么大个人了，我的事不用你操心。"白老二打断我说："反正我现在孤身一人，就想过这样的生活，我也习惯了，我不想改变，也不想被别人改变。"说毕就跑到村委会门口买啤酒喝去了。

我就静静地坐在他家院子里，脑海里不断地想起白老二刚才的那一番话，此时的我既愤怒又失落，之所以愤怒是因为白老二在生活上不思进取、不听劝告，之所以失落是因为自己作为他的帮扶责任人，却没有办法引导他改变这样落后的生活理念，像村里其他人一样通过自己的努力创造美好的生活。在走访了其他的挂钩户后，当天傍晚我就与其他同事离开了白岩村。在回去的路上，我一直在想，要怎么做才能改变他这样的生活理念，作为他的帮扶责任人，这块"硬骨头"，我一定要啃下去，我要用实际行动来引导他转变观念。

2017年12月16日，正值周末休息，我打算再到白老二家一趟。于是我到超市买了一袋米、一桶油、一张折叠桌和4个竹凳，又到农贸市场买了2斤猪肉和一些蔬菜，带着这些慰问物资到白老二家去。我来到时，白老二并不在家，四处询问后邻居都不知道他到哪去了。我看到他家里种的庄稼没人管护，于是我把带来的物资放在客厅里，趁他没回来就下地帮他管护庄稼，清除杂草、浇水、施肥。突然一个声音传来，"郭映军，你在干什么呐？"我回头一看，是白强来了。"这地白老二平时都懒得管，你怎么想起帮他干起活来了？"我说："这庄稼也是白老二种下的，长时间不管不行啊，我今天来看望他，但来时他人不在，看到庄稼地成这样，我帮他管护管护，毕竟我要尽到帮扶责任嘛。"白强看到客厅里的慰问物资，顿时气不打一处来，说道："这白老二也太不争气了，这时肯定又喝酒去了，我找他去。"半小时之后，白强拉着醉醺醺的白老二来到我面前，怒气冲冲地说："白老二你看看，谁在帮你看护庄稼？小郭兄弟今天是来看望你的，还给你买这么多东西，他现在还在帮你看护你那块庄稼地，之前我们劝你的话，你就是一句都没听进去，小郭兄弟都做到这份儿上了，你还是成天就知道喝酒，再这样下去，你就穷一辈子吧……"我说："白强，你就不要说他了，他以后慢慢会改的……"白强说："这么多年了，劝过他多少好话，他就是听不进去，坏习惯就是改不掉……"白老二摇摇晃晃地站了起来，眼里流着泪说道："是我不好，是我不好，你们在我身上花了这么多心思，我还这样，是我辜负了你们对我的期望。"我说："白老二，知错能改就是好同志，你现在明白我们劝你的话不算晚，只要你改掉好吃懒做的坏毛病，养成积极乐观、奋发进取的生活习惯，你也能过上好日子的。"

经过了我和白强的一番教育之后，白老二的生产、生活理念有了较大的改观，开始每天辛勤劳作，村里组织开展农业技术技能培训他也积极地报名参加，经过我和白强的努力，在白岩村茶叶加工厂帮助白老二协调到了工作岗位，个人的收入也增加了不少。2018年，白老二家人均纯收入达到了10756.6元，并退出了建档立卡贫困户序列。2018年12月，我再到白老二家走访时，看到白老二家客厅里有了茶几、沙发、电视，生活条件已经大大改善，白老二对我说道："小郭兄弟，我现在是真真正正懂得了你当时劝我说的那些道理了，'要我脱贫不如我要脱贫'，天上不会掉馅饼，美好的生活是需要自己去创造的……"说话时，我和白老二的手紧紧地握在了一起。

（郭映军口述　王宇飞整理）

教育帮扶

为山区孩子点亮未来之路

——我的教育扶贫故事

2018年3月，我被临沧市公安局派往镇康县忙丙乡马鞍山村参加脱贫攻坚工作。脱贫攻坚工作有很多的内容，其中最关键的一项是教育扶贫和扶教育之贫。习近平总书记曾指出："扶贫必扶智，让贫困山区的孩子们接受良好教育是扶贫开发的重要任务，也是阻断贫困代际传递的重要途径。""越穷的地方越难办教育，但越穷的地方越需要办教育，越不办教育就越穷。""治贫先治愚，要把下一代的教育工作做好，特别是要注重山区、贫困地区下一代的成长，下一代要过上好生活，首先要有文化，这样将来他们的发展就完全不同。"让贫困地区的孩子接受良好的教育，把贫困地区的孩子培养出来，才是根本的扶贫之策。我有幸成为脱贫攻坚战的参与者和贫困山区教育扶贫、教育事业发展的见证者。

镇康县忙丙乡马鞍山村有一所小学，叫安山村完全小学，坐落在一座茶山之上，风景秀美，可以俯瞰整个村寨。入村的第二天，我和时任马鞍山村第一书记周凌峰同志就到学校走访了。学校占地面积不大，有两栋两层的楼房，一栋为教学楼，一栋为学生和老师的宿舍，还有一栋综合楼正在施工建设中，有6位老师，一至六年级共有80多名学生，没有开设学前班。教室里摆放着有些陈旧的课桌椅，有些坑洼的黑板。我们来到学生宿舍，面积不大的宿舍摆放了5张床，上下铺的那种，给人感觉有些拥挤，洗漱用品整齐地摆放在靠墙的一张旧桌子上。我看到有一个男孩坐在床边，原来这个孩子生病了，留在宿舍休息。男孩告诉我，他们这间宿舍住了将近20个学生，要两个学生睡在一个床铺上。因为村里全是山路，交通不便，离学校较远的村组学生，从6岁读一年级时就开始住校了，住宿学生多，宿舍少，住宿条件也不好，学校的厕所是用木板简易搭建而成的。尽管学校的条件有限，但是学校的老师们质朴又热情，向我们介绍学校的一些情况，孩子们天真又可爱，女孩子有点害羞，男孩子就很活泼，孩子们脸上洋溢着灿烂的笑容，我感觉我的心被净化了、被软化了，心里想着希望有一天能为孩子们做些事情。

　　脱贫攻坚的工作艰巨而繁重，不同时间阶段需要完成相应的工作任务，驻村的日子也如白驹过隙一般，转眼间已经是2018年的10月，我来到马鞍山村已有半年，这时我得到了一个契机，让我可以更加深入了解这个位于祖国西南边陲的村寨孩子们的教育情况。我从安山完小的李校长那里了解到，三至六年级的学生原本开设了英语课，学生也有英语课本，课程表中也安排了英语，但是学校没有英语老师，孩子们一直都没有上过英语课。听到李校长的这席话，我陷入了沉思，因为我知道我江苏老家的孩子们，他们从三年级就开始学习英语了，并且英语和语文、数学这些学科一样，是要考试的，英语成绩是算入升学学分的，而这里的孩子们还没有接触过英语。我有了教学校学生英语的想法，于是自告奋勇地说："李校长，我平时比较喜欢英语，有一定的基础，我能不能到学校里教一教孩子们英语，算是给孩子们做一个英语启蒙。"李校长欣然同意了我的请求。我问李校长，学校有没有投影仪之类的设备，因为根据我的理解，英语这门课需要音频、视频影像的辅助才能达到更好的教学效果。结果没想到李校长说，现在学校的每个教室里的黑板都更换了，配备了与黑板结合起来的可以触屏的多媒体教学设备，这让我很惊讶，这样的话就太方便了。接下来，我做了充分的准备，在互联网上搜集了与课本配套的课件、简单有趣的动画片段、英语儿歌等素材，利用空闲时间，将三年级以上的孩子们集中到一个教室，开始教他们英语。孩子们表现出了异常浓厚的兴趣，他们在课堂上敢于开口说话，敢于和我互动，他们的求知欲给了我很大的信心，使我能够坚持下去，争取每一周上两节课，自然而然我成了孩子们口中的"张老师"。在学校的日子，我欣喜地发现学校已经有了很大的变化，除了教室里新增添的多媒体教学设备，之前还在施工中的综合楼也竣工了；新建了老师们的宿舍，新建了干净卫生的厕所；孩子们拥有了音乐教室、美术室、电脑室、实验室，并且配备了全新的器材设备；宿舍也调整了，每个孩子可以睡一张床铺了；还有了太阳能，住校的学生可以洗热水澡了；学校篮球场旁边新添置了秋千、双杠等活动设施。这些变化让我感受到了我们的党和政府在教育扶贫上的坚定决心，教育经费大量向贫困地区倾斜，向基础教育倾斜，加强贫困地区学校的基础设施建设，努力改善办学条件。

学校基础设施的改善使孩子们拥有了更好的学习条件，而控辍保学的意义就是让每一个贫困家庭的学生不会因为贫穷而上不了学，让适龄儿童、青少年完成九年义务教育。家庭经济困难的孩子，如果因为贫穷失学辍学，贫困就会代际传递，形成一个互为因果的恶性循环。马鞍山村属于重度贫困村，村民的生活水平普遍不高。2018年11月，马鞍山已经进入了深秋，昼夜温差较大。一个星期一的早上，我看到正在举行升旗仪式的孩子当中有很多人脚上还穿着旧旧的塑料凉鞋，有些穿着短袖，有些穿了厚一点的外套，但是宽宽大大的，很不合身，也不保暖，有些孩子虽然穿着布鞋或者运动鞋，但鞋子已经漏脚指头了……看到这些，我感觉我的心被刺痛了。在与江苏的高中同学交流过后，我决定为马鞍山村的孩子们发起一次募捐，看能不能帮孩子们募捐到一些过冬的衣物以及学习用品。2018年11月22日，募捐活动就从仅有几个成员的微信群里发起，从当天晚上接到来自重庆的一位老师的电话开始，到朋友圈、论坛、各个微信群、公众号、抖音APP……就这样散开了，没想到这次为孩子们的募捐活动得到了社会上广大爱心人士和慈善群体的信任与支持，在26天的时间里，我陆陆续续一共收到了从祖国各地寄来的大大小小爱心包裹快递达200余件，募捐到衣物2400余件，鞋子170余双（其中新鞋97双），铅笔、橡皮、中性笔、各类作业本、书包等学习用品数量达5000多个，学生课外读物172本及其他玩具、体育用品。2018

年12月18日，我和马鞍山村驻村工作队的队员们一起将这些物品发放给了学校里的孩子们，孩子们特别高兴。捐赠后的第二天，天气突然发生变化，下雨降温了，我中午特意到学校去看孩子们，见到孩子们已经穿上了厚衣服、新鞋子在排队打饭，孩子们见到我就把我围起来，一个劲地喊张叔叔、张老师，我的心里很暖和。

我看到了我给孩子们带去的快乐，同时我也很清醒地认识到，对于教育帮扶，仅凭个人的力量是微不足道的，国家的教育扶贫政策为避免因贫失学辍学提供了强有力的保障，马鞍山村的村民对政府的这些帮扶政策满怀感恩之情。家住马鞍山村委会芦稿坝组的何老平是建档立卡贫困户，他家有4个学生，每个学生每年享受"两免一补"和"营养改善计划"约3000元，一年下来，何老平家就享受教育资助达12000余元。有一天我去他家走访，向他宣传教育帮扶政策，将这个数字告诉他的时候，他大吃一惊，原来他很早就知道自己的4个孩子读书享受着国家的政策，但是具体享受多少自己却并不清楚。他笑着说："现在党和国家的政策对我们老百姓那是真的好，要不然，我们家四个孩子读书不能这么顺顺利利的，一年1万多块钱，我们两个人不知道要苦多久才能苦到。"麻栗林自然村二组鲁正华家的鲁建燕读职高时享受"雨露计划"，每年有3000元的资助金。对于考取大学的贫困学生，挂包帮单位则起到了明显的帮扶效果。挂钩马鞍山村的临沧市公安局和临沧机场在2018年、2019年共为贫困大学生提供助学金16.8万元，给予了贫困学生家庭很大的帮助。在我驻村扶贫的两年时间里，我看到村子里有的孩子发愤图强，以优异成绩考入名牌大学；我看到有的孩子大学毕业以后成了人民教师，在贫困山区的学校里做教育扶贫的践行者、学生成长的引导者，为祖国下一代的健康成长发光、发热。

教育帮扶，是一场明亮的修行，它帮助贫困山区的孩子们接受良好教育，努力让每个人都拥有人生出彩的机会，照亮他们未来的道路，走向光明美好。

（张继胜）

道水村香料烟产业成长记

　　根据市民族宗教委挂包帮扶工作安排，我于2018年4月9日到镇康县南伞镇道水村报到，正式驻村蹲点开展脱贫攻坚工作。全村辖8个自然村13个村民小组421户1683人，沿瓦腊山、薄刀山山腰自上而下分布，是一个典型的山区农业村。

　　随着扶贫工作向纵深推进，加之道水村的核桃产业不景气、甘蔗产业又在快速减退，探索新产业、寻找新途径巩固脱贫成果已迫在眉睫。村"两委"和驻村工作队及时向镇上、县上和挂钩单位汇报，要确保脱贫不返贫，必须对全村的产业结构进行再调整、再优化。

出师不利

　　香料烟是南伞镇在2018年主推的新兴产业，主要用于补齐南伞镇边远山区村寨因甘蔗产业减退造成的产业短板。道水村获知此信息后，及时与南伞镇产业办联系，经详细了解香料烟的生长习性后发现，道水村的新村、大河边、木场沟、下寨等4个自然村均适宜种植香料烟，特别是新村、大河边2个自然村，是种植香料烟的最佳区域，且这一产业刚好可以弥补这几个自然村甘蔗产业快速减退的产业缺口。但据部分村、组干部反映，道水村在20世纪90年代曾经种植过烤烟，由于多种原因最后以失败而告终，让群众接受种植香料烟就成了村上需要解决的第一个问题。

道水村总支书记李廷美和驻村第一书记杨新江多次召集村"两委"班子成员、驻村工作队员及相关小组干部开会研究，初步制定了道水村香料烟产业发展工作方案，将香料烟重点布在新村、大河边、木场沟、下寨等受甘蔗产业减退影响较大且适宜种植香料烟的4个自然村，其中以新村、大河边两个自然村为主，以扇形的形式逐步推开。经反复调查研究，决定先以大河边为试点进行试种，并争取试种成功，为来年推广奠定基础。

2018年9月7日上午9点半，村党总支书记李廷美带领部分村干部和驻村工作队员到大河边自然村一组组长李自胜家院子召开了群众大会，重点向农户宣传了镇上的相关扶持政策，详细讲解了香料烟种植的地块选择、苗床准备、育苗技术、中耕管理及采收调制技术等。虽然讲解清楚、介绍全面，但群众的种植意愿仍然不高，整个自然村近50户人家只有8户农户报名种烟，共计18亩。由于缺少种植信心，散会后有7户农户退出了种烟计划，仅有李小明户留有种植意愿。

蛇打七寸

根据道水村驻村干部分工包组责任安排，我具体负责大河边自然村。无论是从单位派驻道水村的工作要求层面，还是驻村干部分工包组大河边自然村的责任安排，我都不希望该产业就此"流产"。次日（9月8日）上午，匆匆吃过早饭，我一个人来到了李小明家，一进门便看到李小明家的院子虽然不大，但非常干净整洁，所有农具和家庭用具都放在了该放的位置，客厅门外摆放着一张干净的小篾桌，桌上摆着个红色的塑料茶盘，茶盘上放着几个干净的玻璃杯，旁边放着个已冲泡好茶水的大茶杯正冒热气，我和李小明便围坐在小篾桌边谈了起来。李小明，原是大河边一组的组长，对农村的发展有他自己的思考和见解，虽然已60多岁了，但说起话来铿锵有力。他说："政府倡导，绝对是为老百姓好的，我们大河边要是没有新的产业进来，以后根本谈不上巩固脱贫、增收致富，无论别人种不种，我都要试试。"听了他这一席话，我想，这个产业在这个村有希望了。

9月，正是香料烟育苗的最佳时节，村"两委"及时和南伞镇产业办联系，在相关技术人员的现场指导下，李小明高质量地完成了烟籽撒播工作。有心人做有心事，李小明牢牢记住了育苗期该如何管控水肥，如何通风炼苗，经过40余天精心培育，香料烟进入了大田移栽期。

11月，虽然已是秋末冬初，但道水村的太阳依然火辣。为能更好完成幼苗移栽并确保成活，李小明带领老婆、儿子、儿媳，头顶烈日、脚踏黄土、垄墒开沟、精耕细作。李小明的坚持与执着，也引起了同村人的高度关注，在大田移栽期间，很多村民经常跑到种植现场观看李小明种烟。在技术人员的指导下，香料烟苗被一棵一棵移来，又一棵一棵种下，截至11月23日，全部完成了大田移栽。

李小明带头试种香料烟，得到了村上、镇上和挂钩单位的鼎力支持，市民族宗教委主任李祥生明确要求：驻村干部要和李小明保持联系，及时了解香料烟的成长管护情况，想方设法帮助李小明解决种烟过程中遇到的困难和问题。2019年1月26日，李祥生主任在回访道水村时，专门到大河边自然村调研香料烟种植情况。当天正赶上了李小明采收烟叶，看到其一家子纯熟的采收、运送、穿串、亮棚的收割流程，李祥生主任高兴地说："道水村下半部分替补甘蔗的产业有着落了"，并要求村"两委"、驻村工作队和李小明一起要认真进行总结，计算出道水村种植香料烟的最佳时节，重点在如何培育出壮苗、大田移栽规格、水肥管控、中耕培土、高效采收、规范化调制等方面进行总结，为下一步规模化推广奠定理论基础。

2019年4月中旬，李小明完成了烟叶采收、调制工作，在技术人员的指导下进行打包出售。共种植了1.8亩香料烟，收获300多公斤烟叶，收益12700元，单季平均亩产值达7055元，远远超过了种植其他作物。李小明用实际行动向大家证实了道水村可规模化种植香料烟，成为全村第一个"吃螃蟹"的人。

李小明试种香料烟成功了，全村人有目共睹，他在和别人谈论种香料烟时，经常说："种烟并不难，但是心要细，特别是育苗、移栽、大田管理、成熟采收、科学调制等环节千万不能马虎，否则前功尽弃。"在他的带领下，2019年道水村共种植香料烟101.2亩，涉及道水、新村、大河边、木场沟等4个自然村，共收烟叶16004.7公斤，收益31.57万元，单季平均亩产值3119.76元，仍然明显高于种植其他作物。2020年的香料烟种植季节到来时，通过认真总结了前两年的种植经验，道水村采取示范性种植与推广性种植相结合的方式种植香料烟，适宜种烟区域的农户普遍都有种烟意愿，并得到相关部门强化种烟技能培训。

道水村的香料烟种植产业，从2018年6、7月获取信息到开会动员群众，从试种收割到打包出售，我都参与了，目睹了这个产业从起步到示范，从试种到推广整个过程，现在已成为该村的一个新兴业产。香料烟产业之所以能在道水村落地生根，并由小变大，我个人认为主要是同时拥有以下七个条件：一是有土地。这个村的甘蔗产业在减退，大片土地闲置了下来，必须要找一个产业替补进来，否则将会直接影响群众收入。二是条件允许。认真研究了村情，及时找到适宜该村气候、土壤条件的新产业。三是不依赖高强度劳动。该产业虽然需要精耕细作，但劳动强度不大，适宜中老年人劳作，不必强留有意外出务工的年轻人留下来种烟。四是有人敢尝试。找到了发展产业的突破口，成功动员了李小明首先试种并一举成功。五是社会关注度高。村上、镇上及挂钩单位都高度关注了该产业，并给予了相应扶持。六是能及时获得技术指导。从一开始便规范化操作，未出现过技术指导脱节的情况。七是不愁销路。有稳定的销售渠道，不必担心产品的销售问题。有了这七个条件，何愁香料烟产业不成功！

（王益良）

青春在脱贫攻坚中升华

2016年9月，刚从大学毕业的我考入临沧市农垦局工作。开始我被安排在局办公室锻炼学习。半年后，在市委、市政府开展脱贫攻坚的号召下，经单位组织安排，我被下派至沧源县永改村开展为期2年零4个月的驻村扶贫工作。

一、痛苦的转变

出发前，老同志们经常给我讲基层工作的一些方法及村上一些有趣的故事。而我曾经也看过许多如《习近平的七年知青岁月》《平凡的世界》的书，它们背景都是发生在乡村，加之我从小到大都是在城市成长，也一心想去体验乡村生活，于是我萌生了到基层中去，到群众最需要的地方去，积极参加打赢脱贫攻坚这场硬仗的光荣任务的信念。我满怀期待，恨不得立刻启程开始我的驻村生活。2017年3月，我正式到沧源县永改村开展驻村扶贫工作。刚到村上那天，村委会召集村干部和其他驻村工作队员座谈，局领导向大家介绍了我，说我刚大学毕业，有思想、有能力，在市农垦局机关办公室工作，业务能力很强。听了局领导的评价我非常高兴，主动承接了永改村办公室业务及脱贫攻坚内业工作。送我报到的局领导在临走前再三叮嘱我要端正态度、摆正心态、遵规守纪、务实工作，还特地嘱咐村支书要好好引导、培养、照顾我。

然而，我的驻村生活并没有想象中的一帆风顺。刚开始，我觉得驻村生活比单位工作轻松多了，除了转转村子，还可以偶尔睡睡懒觉、打打游戏，与其他工作队员相处得也还算融洽。但村里生活着实艰苦，条件非常差，这些对于一个没有基层为人处世经验，也不懂少数民族的人情世故，初出茅庐的小伙子而言简直就是个噩梦，慢慢地我开始不适应了。我认为我从市级部门下来驻村扶贫，村委会应当事事安排妥当，至少要有人煮饭。可一般情况村干部都不在村上吃饭，到饭点了，有人做饭我就去吃，没人做就吃泡面。村上的其他工作队员都是老同志，他们总是叫我多承担，但我则认为是他们倚老卖老，逐渐有了抵触情绪。村委会没地方洗澡，总是要等个几周才能去支书家洗一次澡；村里路不好，晴天一身灰、雨天一身泥；工作经费紧张，村委会没有钱买菜，总是把洋瓜从月初吃到月尾。而我是村里唯一的市级工作队员，又年纪轻，难免有一些恃才傲物。于是我开始天天睡懒觉，不主动承担业务，做饭看天气，洗碗看心情。有一次因为不愿洗碗，我与第一书记爆发了强烈冲突，我的抵触情绪慢慢变得更大。村干部大都不太会电脑，每次他们让我帮忙打字、做表格，我都不耐烦，渐渐地他们与我形同陌路。浑浑噩噩地度过了两个月，我在村上的表现被反映到了单位。我后悔极了，害怕自己被召回，担心抹黑单位扶贫成绩。每每想到此，我便坐立不安，难以入睡。很快，局领导亲自来到村上做我的思想工作，我号啕大哭，把自己的委屈和内心的想法跟局领导倾述了一遍。局领导耐心开导我，并用自己亲身经历的事勉励我，要求我要尊重老同志、尊重村干部、尊重民族风俗。我羞愧得无地自容，泪如雨下，局领导眼中也闪烁着泪光。事后，局领导又找到村支书和其他队员单独交流，希望他们能多包容、引导、帮助我。

　　之后我决心改变，我主动跟第一书记、村干部和其他工作队员道歉，并立下"军令状"。在生活中，我按时起床，不再抱怨，主动洗碗、做饭，经常与村组干部、工作队员交流，尊重民族习惯；在工作上，我积极承担各项任务，充分发挥特长，主动教授村组干部学习电脑办公软件，不断规范工作制度，帮助村后备干部一起把办公室业务做得井井有条……大家看到我的变化，慢慢地也重新接纳了我，我逐渐成了村委会的主干力量。有一次，时任沧源自治县委副书记唐兴平同志来到永改村考察脱贫攻坚情况，吃完午饭，唐副书记在村第一书记、村"两委"干部的陪同下深入各村组考察，我则留下来收拾碗筷，一个人将所有碗筷洗干净。事后，唐兴平副书记拍着我的肩膀说道："小伙子，非常不错，支书说你改变很大。你的事我知道，刚毕业就来驻村扶贫，很不容易，继续努力！"我心生暖意，眼睛闪烁着泪光，被认可的感觉真幸福。

二、真心地融入

永改村是一个少数民族聚居的贫困村，全村348户1258人均是佤族，民风淳朴。由于是"直过民族"，群众的生活习惯、民族风俗与汉族有着天壤之别，加之语言不通，不能正常交流，所以在村里最令我头疼的就是做群众工作了。佤族人民热情好客，"滴酒"文化深入骨髓，每次进到老百姓家里，他们都会用"滴酒"的方式来表示对你的欢迎。刚开始做群众工作时，为了尊重民族习惯，我都是一饮而尽，我每次只走访三四户群众就已经醉了。后来村干部和我说"滴酒"并不是一饮而尽，抿一口便可表示敬意。从此，我主动和村干部、群众学习民族风俗和佤语，用小本子记录，慢慢地我能够与群众进行简单的交流，并能融入他们的生活，做群众工作也变得得心应手了。现在我学会的常用佤语已经超过150余句。后来为了鼓励我，村支书专门在村委会为我举办了取名字仪式，还请来了村里一位德高望重的老者为我取名叫"艾顾"。久而久之，村里的老百姓都叫我"艾顾"，就连我单位的同事、身边朋友也这样称呼我。我逐渐与村民"打成一片"，大家都非常支持我的工作，甚至有时候走在路边，小孩子还会叫我"哒（敬语）"。

中秋节到了，不想家是不可能的，因路途遥远，无法与家人团圆。但父母十分理解和支持我，还从曲靖给我寄来了火腿月饼。我把月饼全部分给村干部和驻村工作队员，大家都很喜欢，纷纷邀请我中秋节去他们家一起过，可我怎么好叨扰别人，一一拒绝了。一个人的村委会让我理解了"独在异乡为异客，每逢佳节倍思亲"的真切感受。我来到学校，老师们也没放假，和学生们举办着中秋晚会，老师们把月饼和苹果发给孩子们，孩子们纷纷上台表演节目感谢老师。老师们与学生其乐融融、欢声笑语。我更加深刻地体会到了巩固九年义务教育的重要意义，因为只有"少年强则国强，少年智则国智"！

三、甜蜜的果实

建设美丽村庄，提升人居环境是我们一直坚持做的事，但效果却并不理想，我们按照乡村振兴的要求持续开展本村环境整治、改善人居环境、开会动员老百姓。老百姓虽然能理解，但仍难以改变。经村委会讨论决定，选出各组村民代表到怕结村六组参观学习。怕结村六组做得非常好，道路干净没有一丝污泥，家中干干净净，被褥整整齐齐，家家户户都有小菜园以供日常蔬菜自给，给予我们村民代表极大的震撼。怕结村工作队员跟我们讲道，他们带头到村民家帮忙打扫家卫生，还制定了《村规民约》，群众很支持，自觉改掉陋习，久而久之人居环境变好了。回去之后，我和其他工作队员身体力行，创建《村规民约》，以永改村四组为示范，完成户外建设牲畜圈舍50户，实现人畜分离，老百姓看到了成效，纷纷效仿，村庄环境逐渐好了起来。

决战脱贫攻坚的时刻来临了，按照目标任务，沧源自治县计划在2018年底脱贫出列。我们接到了最重要的任务：查缺补漏，迎接贫困县脱贫出列国家检查。县委、县政府要求各挂钩单位高度重视，及时派出精锐力量支援挂钩村。一时间，人潮涌动，各级单位纷纷响应，市农垦局前后派出了三支队伍支援村委会，单甲乡党委、政府的工作人员纷纷扛着行李入驻村委会，就连老师们也取消了寒假来到村委会帮忙，平静的村委会开始熙熙攘攘。我和几个年轻人主要负责脱贫攻坚总结、档案、资料袋、明白卡等文字业务，其余年纪稍大一点的同志负责入户查缺，大家做好了充分的准备，确保经得住省检考验。2018年底，永改村顺利脱贫出列，沧源县也全面通过了国家脱贫攻坚检查。

2019年7月，我回到市农垦局工作，在机关工作与驻村工作大相径庭。我时常回忆起驻村生活的点点滴滴，有被误解的委屈、做错事的责备、生活的坎坷、工作的劳累，但更多的是成长。这段经历是我人生旅途中一道亮丽的风景线，也是我日后工作生活的宝贵经验。习近平总书记说过："伟大出自平凡，平凡造就伟大①。"我将时刻以此自勉，做好工作生活中的每一件小事，努力造就平凡中的伟大，书写人生最美的青春。

（顾云龙）

---

① 引自2019年9月29日习近平总书记在国家勋章和国家荣誉称号颁授仪式上的讲话。

奋进新时代

幸福之歌

临沧这十年

各位媒体朋友，女士们、先生们：

大家好！

在喜迎党的二十大胜利召开之际，非常高兴有机会向大家介绍党的十八大以来临沧的发展变化。在此，我代表中共临沧市委、临沧市人民政府和全市226万各族干部群众，向大家长期以来给予临沧的关心支持表示衷心的感谢！

临沧地处祖国西南部、云南西南部，因濒临澜沧江而得名，是中国连接印度洋最近的陆路通道。处于东经98°~100°，北纬23°~25°交汇区，是太平洋和印度洋水系的分界区，北回归线横穿而过，澜沧江和怒江孕育出了2.4万平方公里的美丽沃土，冬天不冷、夏天不热，平均海拔1276米，年均降水量1300毫米以上，年均气温18.5℃，是真正的"恒春之都"。临沧的区位优势无可替代、民族文化多姿多彩、自然资源得天独厚，我心目中的临沧"美不胜收、美至极致、美至悠远"，我相信，越来越美丽的临沧将呈现在大家面前。

——8月19日，对于临沧人民来说，是无比幸福、无比荣光、载入史册的日子。一年前的今天，习近平总书记给沧源县边境村老支书们回信，对脱贫攻坚给阿佤山带来的深刻变化和阿佤人民心向党、心向国家的真挚感情表示欣慰，勉励我们建设好美丽家园，维护好民族团结，守护好神圣国土。

——收信后，我们牢固树立"我们都是收信人"的理念，开展"学回信、见行动、办实事""争做一辈子的好支书""争当一辈子好段长"等主题实践活动。一年来，全市共开展各类宣讲9900多场次，把习近平总书记的殷殷嘱托传遍沧江大地、各族群众。

——我们把贯彻落实习近平总书记回信精神转化为"看得见"的目标，细化为476个"摸得着"的项目，总投资近700亿元。

——这十年，我们忠诚拥护"两个确立"、坚决做到"两个维护"，"牢记嘱托、感恩奋进"成为新时代临沧发展的最强音

一是坚持不懈把习近平总书记重要讲话、指示批示精神作为"第一议题"来学习、"第一遵循"来贯彻、"第一政治要件"来落实，充分发挥"读书会、早课、干部夜校、早读会"的示范引领作用，推动忠诚核心、拥戴核心、维护核心、捍卫核心入心入脑，忠诚拥护"两个确立"成为边疆各族群众的政治自觉、思想自觉、行动自觉。

二是扎实推进党的群众路线教育实践活动、"三严三实"和"忠诚干净担当"专题教育、"两学一做"学习教育、"不忘初心、牢记使命"主题教育和党史学习教育，在全市开展"党的光辉照边疆，边疆人民心向党"实践活动，"心向总书记、心向党、心向国家"主题教育，全市上下"四个意识"不断增强、"四个自信"更加坚定、"两个维护"旗帜鲜明。

——这十年，我们决战脱贫攻坚、决胜全面小康，边疆各族人民的日子过得越来越红火、越来越美好

一是全市9.4万户36.9万贫困人口全部脱贫，562个贫困村全部出列，8县（区）全部脱贫摘帽，11个世居少数民族、6个"直过民族"、9个跨境民族全部实现整族脱贫，彻底撕掉了千百年来的绝对贫困标签，与全国同步全面建成小康社会。省级脱贫攻坚成效考核连续4年居全省前列。

二是在全省率先完成农村危房改造任务，52万农户全部住上安居房，乡亲们的房子漂亮了、收入提高了、精神面貌焕然一新，出行、饮水、用电、读书、看病等一系列民生问题全面改善，边疆村村寨寨发生了翻天覆地的变化。

三是统筹推进巩固拓展脱贫攻坚成果同乡村振兴有效衔接，在全省率先出台乡村振兴战略的实施方案，2018年创造性开展"万名干部规划家乡行动"，完成了6511个自然村村庄规划，做法和经验在全省推广。

四是乡村旅游加快发展，"百村示范、千村整治"工程全面实施，获评省级美丽村庄25个，一个个"小而美、小而干净、小而宜居"的村庄如雨后春笋般涌现。

——这十年，我们紧紧扭住发展第一要务，经济发展实力显著增强

一是全市地区生产总值由2012年的304.7亿元增加到2021年的908.48亿元，年均增长9.9%，正朝着1000亿元的新台阶迈进。

二是累计建成高原特色农业产业基地2200万亩，茶叶和甘蔗种植面积、产量全省第一，坚果种植面积、品质世界第一，核桃种植面积、产量全省第二。"糖、茶、果、菜、牛、咖啡、中药材"等优势产业发展势头强劲。凤庆（核桃）、双江（茶叶）、永德（澳洲坚果）被列为云南省"一县一业"示范县，耿马（甘蔗）被列为"一县一业"特色县。

三是国家可持续发展议程创新示范区成功获批并加快建设，推进实施"五大行动"99个重点项目，累计完成投资1257亿元。建立院士（专家）工作站21个、国家级各类创新平台8个，国际澳洲坚果大会委员会秘书处和"一带一路"减贫与发展联盟秘书处永久落地临沧，被列为中国—南亚东南亚跨境减贫与发展示范基地。

四是深入实施"阳光、雨露、土壤"行动，市场活力不断增强，市场主体倍增，市场主体总量突破19万户，商贸经济更加活跃。今日临沧，已成为投资热土、兴业沃土、创业乐土。

——这十年，我们全力抓好事关全局的重大项目，以铁路、高速公路为重点的现代基础设施实现历史性跨越

一是大临铁路提前建成通车，11条（段）高速公路全面开工建设，临沧机场高速、玉临高速临沧段等建成通车，实现了高速公路从零到建成667公里的巨

大跨越，建成16条（段）1400公里二级公路，行政村公路通畅率和抵边自然村公路硬化率均达100%；沧源佤山机场建成通航，凤庆通用机场建设加快推进，临沧成为云南省第4个同时拥有飞机、动车、高速公路、水运综合交通体系的州（市）。

二是列入国家150项重大水利工程的耿马灌区开工建设，中缅天然气管道临沧支线（一期）项目运行通气，县城区、乡镇镇区、口岸、园区、机场和4A级景区实现5G网络覆盖。

三是凤庆、沧源、双江、镇康4县创建成为"云南省美丽县城"，全市城镇化率从2012年的30.1%提高到2021年的36.06%，城镇集聚功能显著提升。

——这十年，我们主动服务和融入国家发展战略，中缅印度洋新通道建设取得重大突破

一是临沧边境经济合作区获批为国家级边合区并加快建设，援缅滚弄大桥项目开工建设，在缅甸设立4个商务代表处，经贸、农业、警务、文化、卫生、人道救助等领域合作进一步加强。与缅甸腊戌建立友好城市，成功轮流举办两届边境经济贸易交易会，开启了中缅"胞波情谊"新篇章。

二是2021年8月，中缅印度洋新通道（仰光—临沧—成都）海公铁联运首运成功，目前已开行14批次，累计运输货物约1.05万吨，货值约1.74亿元。实现了第三国货物通过"海公铁"联运专列的方式经缅甸运抵中国、缅甸货物通过"公铁"联运专列的方式运抵中国、中缅边境跨境人民币首次结算业务、缅甸青贮玉米饲料出口中国、在缅甸滚弄大桥过运"五个重大突破"。

三是中缅印度洋新通道（重庆—临沧—缅甸）国际铁路班列成功运营，四川德阳开行"三星堆号"国际专列，实现与中欧班列、满俄班列和长江黄金水道的全面对接。临沧已由边缘地区和"末梢"变为充满生机、活力迸发的开放前沿，正成为"大循环、双循环"的战略纽带和重要平台。

——这十年，我们坚决扛起为国守边、为国戍边的政治责任，强边固防的钢铁长城全面筑牢

一是充分发挥党政军警民"五位一体"合力强边固防机制作用，稳妥处置

"2·09""3·06"等边境突发事件，有效维护了国家利益、边疆稳定、边境安宁，临沧市连续四届荣获"全国双拥模范城"荣誉称号。

二是我们坚持"外防输入、内防反弹"的总策略和"动态清零"的总方针不动摇，有力、有序、有效打好边境疫情防控阻击战，党政军警民日均1.8万人坚守在边境一线，慎终如始落实好"五个管住""五个全面"等"稳堵防管"措施，及时处置突发疫情，将疫情牢牢控制在边境一线。

三是严格落实"五级书记抓边防""五级段长制"责任，推动人防物防技防"三防"深度融合，跨境违法犯罪得到有效遏制。

四是在全省率先启动沿边小康村建设。临沧是民族团结进步、民族文化绚丽多彩的缩影，少数民族占总人口的40%，全国60%的佤族生活在这里，被誉为"世界佤乡"，诞生于临沧的《阿佤人民唱新歌》传唱大江南北。2021年11月，全省边境小康示范村建设情况总结暨现代化边境小康村建设启动会议在临沧召开。目前，44个现代化边境小康村共编制项目1224个，开工建设项目506个，完成投资5.7亿元。各民族手足相亲、守望相助的纽带更加牢固，爱党爱国爱大家庭的情感更加升华，合力守边固边兴边的内生动力不断增强。今年7月，国家民委调研组对我市创建全国民族团结进步示范市工作进行了实地调研检查验收。

——这十年，我们用心用情用力保障和改善民生，老百姓的获得感幸福感安全感显著提升

一是老百姓的钱袋子越来越鼓，城乡居民人均可支配收入分别达33720元、14196元，城镇登记失业率控制在4.3%以内。

二是教育事业全面发展，实施边境县14年免费教育，普通高中教育教学质量走在全省前列，滇西科技师范学院、临沧技师学院挂牌成立，滇西应用技术大学分校落户临沧，人均受教育年限提高了3年。

三是健康临沧建设扎实推进，在全省率先实现县域医共体城乡居民医保资金打包付费全覆盖，各类医疗卫生机构、医疗床位数分别增长6.26%、100.97%，居民平均预期寿命达74.85岁。

四是全市森林覆盖率达70.2%，临沧中心城市环境空气质量优良率达98.1%，被评为"国家森林城市"，属于高富含负（氧）离子地区，每立方厘米

空气中负氧离子含量平均值超过3000个以上，凤庆古墨等地区甚至超过10000个以上。优质的空气有益于人体健康，是发展康养旅游的理想地。

五是宣传思想文化工作不断加强，社会主义核心价值观深入人心，涌现了"一门两忠烈"的张从顺、张子权父子；中缅边境上的"活界桩"毕世华等一批英雄模范和先进典型。

六是文化事业和文化产业繁荣发展，文化惠民工程持续推进，亚洲微电影艺术节永久落户临沧，文化精品力作不断涌现，临沧的知名度、美誉度不断提升。

七是法治临沧、平安临沧建设成效明显，禁毒和防艾人民战争深入开展，"扫黑除恶"专项斗争战果显著，政法队伍教育整顿成效明显。以党的二十大安保维稳为工作主线，持续深化基层党组织建设和现代社会治理网格化"两网融合"，优化完善组织指挥体系，在网格化管理中充分发挥基层党组织的核心作用，用基层党组织体系网统领五级社会治理网，提升完善联防联动联控机制，做到体系完善、信息畅通、联动有效、处置有力。

——这十年，我们坚持党要管党、从严治党，党的领导和党的建设全面加强

一是加强党对一切工作的领导，深入推进边疆民族地区治理体系和治理能力现代化，制定颁布实施《临沧市古茶树保护条例》《临沧市南汀河保护管理条例》等6部地方性法规，临沧市政协3次在全国政协交流工作经验，统一战线画出最大同心圆，群团组织架起连心桥，军民融合深度发展，凝聚起共同团结奋斗的磅礴力量。

二是干部队伍建设和人才工作不断加强，注重在基层一线培养选拔干部，干部担当作为激励机制和容错纠错办法不断完善，全面开展现代农民、现代企业家、可持续发展项目、基层党组织建设与现代社会治理网格化、新时代干部人才、强边固防钢铁长城"六大培训工程"。通过持之以恒的培训，全市广大干部和各类人才解开了思想疙瘩、提升了觉悟境界、改善了工作方法、练就了过硬本领，用扎实的干部作风保障了党中央、国务院的决策部署和省委、省政府的工作要求在临沧落地生根、开花结果。

三是边疆党建长廊建设持续深化，边境村党建示范引领工程深入实施，在全

省率先实施村（社区）干部能力素质和学历水平双提升行动，基层党组织的战斗堡垒作用、党员先锋模范作用在脱贫攻坚、疫情防控、重大项目建设等大战大考中充分彰显。

四是认真落实中央八项规定及其实施细则精神，严肃纠治"四风"特别是形式主义、官僚主义，深入推进作风革命、效能建设，"说办就办马上办""踏石留印、抓铁有痕"，敢于向矛盾"亮剑"成为临沧广大党员干部的鲜明特质。

五是始终保持反腐败高压态势，坚决肃清余毒流毒影响，严肃查处一批违纪违法案件，一体推进不敢腐、不能腐、不想腐，风清气正的政治生态和干事创业的发展环境不断巩固提升。

——回顾十年发展历程，我们深深感到，临沧大地发生的每一点变化、取得的每一项成绩，归根结底是习近平总书记领航掌舵的结果，是习近平新时代中国特色社会主义思想科学指引的结果，是党中央、国务院和省委、省政府关怀厚爱、大力支持的结果，是全市上下团结一心、接续奋斗的结果。

——开启新征程、奋进新时代，我们将坚持以习近平新时代中国特色社会主义思想为指导，紧紧围绕迎接党的二十大胜利召开和学习宣传贯彻党的二十大精神这条主线，坚决贯彻党中央关于"疫情要防住、经济要稳住、发展要安全"的要求，全力打造乡村振兴示范区、兴边富民示范区、国家可持续发展示范区，建设好美丽家园、维护好民族团结、守护好神圣国土。锚定2022年底全市经济总量突破1000亿元、固定资产投资突破700亿元的目标，到"十四五"末，全市经济总量突破1300亿元的目标，苦干实干、奋力拼搏。

——我们将坚定不移贯彻新发展理念，大力推进产业强市、农民增收、农业现代化、营商环境、绿美临沧等一系列三年行动。坚定不移践行以人民为中心的发展思想，解决好就业、教育、医疗、社保、住房、养老、环保等事关群众切身利益的问题，促进各族群众从全面小康向着共同富裕目标迈进。

——我们将全产业链优化升级传统产业，推动服务业高质量发展，培育壮大新兴产业。着力实施工业发展攻坚战，围绕糖、茶、果、菜、牛、咖啡、中药材等优势高原特色产业延链补链强链，重点培育加工贸易、生物医药和大健康、高原特色现代农业、数字经济、文化旅游5个千亿级产业，茶叶、畜牧、坚果、蔗糖4个500亿级产业，绿色能源、新材料、烟草、现代物流、房地产5个百亿级产业，努力在推动高质量跨越发展上闯出新路子。

——我们将坚定不移为国守边、为国戍边，抓好疫情防控、强边固防、安全生产等工作，高质量建设民族团结进步示范市，全力维护边疆和谐繁荣稳定。围绕双向运输1万个标准集装箱的目标，全力推进中缅印度洋新通道常态化、规模化。围绕中缅印度洋新通道谋划项目、布局产业、精准招商，以新通道振兴带动澜沧江流域振兴、绿色食品精深加工振兴、全域旅游振兴，推进临沧全面振兴。

各位媒体朋友，女士们、先生们：

十年栉风沐雨，十年勇毅前行。"党佑临沧""天佑临沧"，经过全市各族人民共同努力、接续奋斗，如今的沧江大地，已成为独具特色的古茶之乡、药材之乡、美食之乡、温泉之乡，名副其实的恒春之都、阿佤之都、锗矿之都、高岭土之都，独一无二的通道之地、边贸之地、游学之地、康养之地，无可替代的水电之城、森林之城、坚果之城、微电影之城，四通八达的高速公路多、铁路多、机场多、航道里程多。

临沧潜力无限、未来可期，欢迎大家常来临沧，您一定会爱上临沧、向往临沧、留恋临沧。

谢谢大家！

（本文系2022年8月19日，中共临沧市委书记张之政在"云南这十年——系列新闻发布会临沧专场"上的发布稿）

北京佤山紧相连　领袖人民心连心

—— 临沧市学习贯彻习近平总书记给沧源县边境村老支书们的重要回信精神综述

2021年8月19日，习近平总书记给云南临沧市沧源县边境村10位老支书作重要回信，激发了祖国西南边疆人民对习近平总书记、对中共中央、对伟大祖国的无限热爱，奏响了伟大领袖与临沧各族人民心心相印、息息相通、一往情深、同舟破浪的新时代进行曲。在回信中，习近平总书记真切欣慰于阿佤山取得的巨大变化，亲切褒扬了阿佤人民心向党、心向国家的真挚感情，殷切嘱咐大家建设好美丽家园、维护好民族团结、守护好神圣国土，唱响新时代阿佤人民的幸福之歌。习近平总书记的重要回信在临沧226万各族人民中引起无比热烈的时代反响，学习宣传回信精神、领会感悟回信精神的热潮如火如荼，践行初心使命、书写忠诚担当的决心不断坚固，奋进新征程、建功新时代的激情竞相迸发，"佤山北京紧相连、领袖人民心连心"的感人画面不断涌现。近一年来，中共临沧市委坚持把学、思、践、悟习近平总书记给沧源县边境村老支书们的重要回信精神作为工作主基调，结合习近平总书记两次考察云南重要讲话和重要指示批示精神，精心谋划、全面部署、强力推进学习教育落实落地，持续推高学习宣传贯彻落实习近平总书记给沧源县边境村老支书们重要回信精神的热潮，轰轰烈烈凝聚起"学习总书记、遵从总书记、爱戴总书记"的强大人民阵线。全市各级党组织全面掀起"心向总书记、心向党、心向国家"主题教育、"双整百千"四级联创、"强边固防示范村"创建等学习实践活动，广大党员干部奋力争当"学回信、见行动、办实事"标兵、"争做一辈子的好支书"楷模、"党的光辉照边疆，边疆人民心向党"使者，各族人民群众自觉感党恩、听党话、跟党走，共同实现临沧大地各项事业开创新局、日新月异、欣欣向荣，共同谱写了"阿佤人民唱新歌"的新时代华章。

2021年8月20日上午，经时任中共云南省委书记阮成发同志转送，习近平总书记的重要回信送到了沧源县边境村老支书们手中。

（临沧融媒体新闻社　彭文昌　摄）

老支书——爱党爱国诉衷肠

临沧地处太平洋与印度洋两大水系的地理分水线上，北回归线穿境而过，因濒临澜沧江而得名。临沧东西肩挑太平洋和印度洋，南北联通"一带一路"，是中国进入印度洋最近的陆上通道，是国家森林城市、全国双拥模范市、国家级边境经济合作区、国家可持续发展议程创新示范区，是多民族团结和睦的大家庭。在这块土地上生活着汉族、彝族、佤族、傣族等12个世居民族，佤族人口约占全国佤族人口的60%，是著名的"世界佤乡"。

临沧是祖国西南边陲"彩云之南"最后的秘境。在2.4万平方千米广袤大地上，一条大江蜿蜒而过，被誉为"东方多瑙河"的澜沧江流经临沧306.6千米。一片沃土神奇美丽，物种丰富，有国家一、二级保护野生动物95种，有国家一、二级保护植物35种。一棵茶树历经千年，凤庆县生长着树龄达3200多年的人工栽培型古茶树，被誉为"天下茶尊"。一首民歌传唱四方，诞生于阿佤山的《阿佤人民唱新歌》在中国家喻户晓。一条铁路承载梦想，100多年前，孙中山先生在其《建国方略》中把孟定作为最佳出境口，提出了建设滇缅铁路的战略构想。大临铁路建成通车，百年期待梦想成真。

有国才有家，没有国境的安宁，就没有万家的平安。百年以来，面对列强侵略和封建制度的压迫，临沧各族儿女团结一心、同仇敌忾，谱写了一曲又一曲可歌可泣的戍边壮歌。

"米旗倾偃残兵遁，卫国雄风振佤乡。"临沧各族儿女爱国情深，爱党情浓，素有爱国守边的光荣传统。班洪抗英气壮山河，圈控起义迎接光明，班老回归忠心可鉴，团结誓词刻碑铭志，"班洪四大嫂"自力更生、艰苦创业感人至深。

向习近平总书记写信的班洪、班老乡9个边境村的三翁、三贵、俄松、三木嘎、尼红、赛金、岩翁、岩团、三木水、岩板10名老支书，20世纪七八十年代就担任村党支部书记，有的任职长达30余年。他们见证了在党中央的坚强领导和习近平总书记的亲切关怀下，阿佤人民从告别原始社会生活，到整族摆脱贫困、实现第二次"千年跨越"的伟大成就。他们深知，没有中国共产党，就没有新中国，就没有阿佤人民的幸福生活。于是，他们知恩图报，向习近平总书记写信，汇报阿佤山"一步跨千年"翻天覆地的变化，倾诉永远听党话、跟党走的决心。

总书记——殷殷嘱托寄深情

"你们都是老支书，长期在边境地区工作和生活，更懂得边民富、边疆稳的意义""我们要继续抓好乡村振兴、兴边富民，促进各族群众共同富裕，促进边疆繁荣稳定"——2021年8月19日，习近平总书记在给沧源县边境村老支书们的重要回信中，勉励他们继续发挥模范带头作用，引领乡亲们永远听党话、跟党走，建设好美丽家园，维护好民族团结，守护好神圣国土。

2021年11月18日，云南省委书记、省人大常委会主任王宁深入沧源自治县班洪乡下班坝自然村宣讲党的十九届六中全会精神、中央民族工作会议精神和习近平总书记给沧源县边境村老支书们的重要回信精神。

（临沧融媒体新闻社　张红林　王少云　王云东　摄）

8月20日，中共云南省委领导到沧源向老支书们及阿佤山广大干部群众传达习近平总书记的重要回信，与大家共同学习贯彻习近平总书记的重要回信精神。佤族群众身着节日盛装，载歌载舞，阿佤山成为一片欢乐的海洋，现场群众齐声欢呼。老支书代表岩翁和班洪村党支部书记赛茸激动地表达了心声，佤族青年击响木鼓，男女老少齐唱《阿佤人民唱新歌》，抒发佤族群众心向党、心向国家的真挚感情，感谢习近平总书记、感恩党中央的共同心声。

阿佤山——群众沸腾劲倍增

习近平总书记给沧源县边境村老支书们的重要回信，让临沧各族儿女深切感受到了习近平总书记对阿佤人民的关心，对边疆发展的挂念。临沧广大党员干部群众满怀"我们都是收信人"的高度自觉，认真学习领会习近平总书记重要回信的深刻内涵，牢记党中央和习近平总书记嘱托，衷心拥戴中国共产党的领导、拥戴中国特色社会主义、拥戴习近平总书记，牢固树立国家意识、国土意识、国防意识、国门意识，夯实各族群众心向党、心向祖国、心向核心的思想基础、群众基础和社会基础，在守边、固边、稳边、兴边上下功夫，守护好神圣国土，以实际行动忠诚践行"两个维护"。

收到习近平总书记的重要回信后，中共临沧市委迅速制定《中共临沧市委临沧市人民政府关于贯彻落实习近平总书记给沧源县边境村老支书们重要回信精神的实施意见》《中共临沧市委办公室　临沧市人民政府办公室关于成立临沧市学习宣传贯彻习近平总书记重要回信精神工作领导小组的通知》《中共临沧市委办公室关于深入学习宣传贯彻习近平总书记给沧源县班洪、班老乡边境村老支书们的重要回信精神的通知》《深入学习贯彻习近平总书记给沧源县班洪、班老乡边境村老支书们的重要回信精神宣讲工作方案》等，强化组织保障和制度保障，深入推进学习贯彻。召开中共临沧市第五次党代会、中共临沧市委五届二次全会、市委理论学习中心组专题学习会议、全市学习贯彻落实习近平总书记给沧源县边境村老支书们重要回信精神大会等，进行深入学习讨论和部署安排，党委理论学习中心组集体学，党员干部联系工作实际自己学。党委"理论宣讲团"深入县（区）、乡镇（街道）、村（社区）、企事业单位以及校园、军营开展宣讲活动，掀起学习热潮。依托理论学习资料专题开展"线下"学习，利用"学习强国"平台打造"线上"学，在微信公众号刊登文章深学，持续引导干部群众以奋发有为的精神状态，在学中干、干中学。通过"火塘夜话"、双语宣讲、创作文艺作品等形式，创新方法学深悟透习近平总书记的重要回信精神。发布弘扬《新时代佤族族训》，在少数民族地区结盟立誓铸牢中华民族共同体意识。临沧市文化传媒集团及时和云南省话剧院共同创作了反映习近平总书记重要回信精神在佤山生根开花结果的小品《幸福比蜜甜》、歌曲《西代勐共产党！西代勐总书记！》等一大批接地气、有温度、暖民心的文艺作品。

谋福祉——众志成城开新局

站在"两个百年"交汇的历史新起点，临沧各族群众时刻牢记习近平总书记的殷殷嘱托，感恩奋进，接续奋斗，抓好巩固拓展脱贫攻坚成果和乡村

奋力打通中缅印度洋新通道缅甸—云南临沧—四川德阳

（临沧融媒体新闻社　李垚沛　摄）

振兴有效衔接，接续推进乡村振兴，全面开启全面建设社会主义现代化临沧新征程，建设好美丽家园，让边民生活更富裕、守边护边更安心。高质量地打赢了脱贫攻坚战，银燕翱翔佤山，动车跨过澜沧江，高速公路纵横成网，"四好"农村公路通村畅乡，水网、能源网、互联网、物流网风生水起，工业化、城镇化、现代化进程如火如荼，以"四个先行"推动对缅开放"五通"，科教文旅事业蓬勃发展，健康临沧稳步推进，生态文明建设和党的建设取得新进展。

——坚定不移做到"两个维护"，综合经济实现跨越发展。切实把思想和行动统一到以习近平同志为核心的党中央部署要求上，把习近平新时代中国特色社会主义思想作为行动指南，把习近平总书记考察云南重要讲话和给沧源县边境村老支书们的重要回信精神作为根本遵循，保持战略定力、坚定必胜信心，统筹推进稳增长、促改革、调结构、惠民生、防风险、保稳定，地区生产总值从2017年的580.17亿元增加到2021年的908.5亿元，年均增长7.8%；固定资产投资年均增长21.6%，增速连续四年保持全省前列；城镇常住居民人均可支配收入从2017年的25056元增加到2021年的33720元，年均增长7.7%；农村常住居民人均可支配收入从2017年的9814元增加到2021年的14196元，年均增长9.7%，增速高于全省平均水平。全市城乡面貌日新月异、各项事业欣欣向荣，与全国全省同步全面建成小康社会，为开启社会主义现代化新征程奠定了坚实基础。

——坚定不移巩固扩大脱贫攻坚成果，历史性地创造了全面小康。把脱贫攻坚作为头等大事和第一民生工程，聚焦"两不愁、三保障"目标，按照"五个一批""六个精准"的要求，认真落实"五级书记抓扶贫"，尽锐出战、攻坚克难，干出了脱贫攻坚的临沧精彩。贫困户人均拥有产业基地5亩以上，有产业发展条件的贫困户都有新型经营主体带动。完成15万农村贫困劳动力转移就业。8县（区）实现县域义务教育发展基本均衡，1127所义务教育薄弱学校基本办学条件全部达标，贫困家庭学生有学上、上得起学。贫困人口基本医疗保险、大病保险、医疗救助全覆盖。完成23万户农村危房改造，率先在全省消除了农村危房。农村人口饮水全部达到安全保障标准。9.4万户36.9万建档立卡贫困人口全部脱贫、562个贫困村全部出列、8县（区）顺利摘帽，特少民族"一步跨千年"，兑现了"全面建成小康社会一个也不能少"的庄严承诺。

——坚定不移抓实新冠肺炎疫情防控，强边固防的铜墙铁壁更加牢固。党政军警民团结成"一块坚硬的钢铁"，全力做好"外防输入、内防反弹、严防输出"工作，按照"五个管住""五个全面"和"堵、清、防、保、扛"等要求，举全市之力，前移防控关口，持续推进隔离缓冲带四级缓冲区建设，实现了不发生本土病例、不发生规模性输入、不发生冲卡闯关、不发生扩散外溢的目标，为全省新冠肺炎疫情防控大局作出了临沧贡献。2022年，迎战变异升级的新冠病毒，坚持"外防输入、内防反弹"总策略和"动态清零"总方针，牢记"国之大者"，把守护好神圣国土作为首要政治任务，坚持"五级书记抓边防"，严格落实"五级段长制"，强化边境立体化防控体系建设，做实党政军警民合力强边固防机制，推动人防物防技防深度融合，有效解决边境线"看不到、走不到、管不了"的问题，众志成城、顽强奋战，守住了边境安全的底线，最大限度保护了人民生命安全和身体健康。

——坚定不移实施乡村振兴战略，农业农村现代化步伐更加坚实。推进巩固拓展脱贫攻坚成果和乡村振兴有效衔接，开展"万名干部规划家乡行动"，以人、物、问题、项目四张清单开篇破局，开启乡村振兴临沧实践。累计建成高原特色农业产业基地2200万亩，培育发展农业产业化组织446个，完成"三品一标"认证（登记）基地面积944万亩。建成中国首个国家级坚果类检测重点实验室，"张守攻院士工作站""朱有勇院士林下有机中药材乡村振兴科技创新中心"落户临沧。农村人居环境整治三年行动取得明显成效，累计改造建设农村卫生户厕31.1万座，农村生活污水治理率、生活垃圾处理率不断提高。获评国家级森林乡村14个、省级森林乡村79个，建成洁净村庄6205个。创建全国文明村镇12个、省级文明村镇60个。沧源入选首批全国乡村治理体系建设试点县，凤庆安石村、双江闷乐村入选全国乡村治理示范村。临沧沿边小康村模式列入国家典型案例，全省边境小康示范村建设情况总结暨现代化边境小康村建设启动现场会在沧源召开，为全省提供了临沧经验。新时代新气象，临沧人民的获得感、幸福感、安全感不断增强。

——坚定不移打基础破瓶颈，基础设施明显改善。兴建新能源、机场新建改扩建、高速贯纵横、实现铁路梦、甘泉润沃土等重大项目密集续建开建，高质量发展画卷从容铺展。坚持"抓项目就是抓发展"，实行"授全权、包全程、负全责"的重大项目推进机制，办成了许多大事、难事，跨越发展的基础更加坚实。实现了大临铁路动车首通临沧的"百年铁路梦想"，正在推进建设临沧至清水河、临沧至普洱、临沧至德宏铁路总里程500千米；高速公路创造从无到有、从有到多的连续大跨越，已建、在建、准建的高速公路达15条1100千米，已建成墨江至临沧、云县至凤庆、临翔至蚂蚁堆、镇康至清水河高速公路414.5千米；沧源佤山机场建成通航，临沧机场完成改扩建，有通航支线飞机场2个，正在建设通用飞机场1个（凤庆通用机场）；有航道里程447千米，临沧火车站、云县火车站和清水河口岸物流园区项目顺利实施。开工建设耿马灌区等58件重点水利项目，竣工1件中型、8件小（一）型水库，全市水库总库容达6.1亿立方米。中缅天然气管道临沧支线一期建成。开工建设光伏发电项目装机规模98.4万千瓦，全市电力总装机达877.3万千瓦。累计建成4G基站8428个、5G基站1814个、充电桩540枪。

临沧机场高速

（游文化　摄）

——坚定不移推进工业化、城镇化，发展动力不断增强。改造城镇老旧小区，推进产业升级步稳蹄疾，创新链与产业链加快融合，打好蓝天、碧水、净土保卫战，桩桩民生实事解决百姓急难愁盼。实施"新型工业化三年攻坚行动"，规模以上工业企业达179户。参与电力市场交易39.4亿千瓦时，为企业节省用电成本3.8亿元。耿马绿色食品工业园区蔗糖全产业链和凤庆核桃全产业链建设成效显著，临沧工业园区成为全省"十强工业园区"，凤庆滇红生态产业园成为全省"新型工业化产业示范基地"。实施城镇化三年行动计划，加快沿边城镇带和凤云临双一体化城镇带建设。累计实施城镇棚户区改造3.1万户、老旧小区改造2.7万户，建设公租房6.9万套，13万多中低收入群众住房困难问题得到有效解决。建成城市道路520.7千米、城市自来水厂14个、城镇污水处理厂10个、城市生活垃圾处理场11个、燃气站20个。

——坚定不移深化对外开放，"辐射中心"建设成效显著。谋划时统揽大局、操作中细致精当，以绣花功夫把对外开放工作做扎实、做到位，开放的大门越开越大。实施对缅"五通"三年行动。与缅北地方互访和商贸交流不断加强，中缅商务理事会云南联络办临沧工作站成立。与缅甸腊戍市建立国际友好城市关系，轮流举办两届缅甸（腊戍）中国（临沧）边境经济贸易交易会。与缅北地区的农业合作不断深化。对缅输送电力超过10亿千瓦时。援缅滚弄大桥项目开工建设及便桥竣工验收。中缅共建边合区核心区有序推进，中缅新通道"海公铁"联运试通首发成功、开展了数批次试运并成功开通火车班列，累计建成跨境金融支付便民服务点19个，全国首笔中缅边贸银行间跨境人民币直接结算业务在临沧试点成功，深度融入"大循环、双循环"新发展格局取得重大进展。

——坚定不移加强生态文明建设，临沧城乡更加美丽。矢志不渝坚守"绿水青山就是金山银山"的发展理念。国土空间规划市级总规编制有序推进，"三线一单"编制完成。抓实生态环境保护督察反馈问题整改，深化古茶树保护，加强城市绿化管理，促进城乡清洁，强化集中式饮用水水源地保护，扎实开展种茶毁林、违法用地、违法建筑、砂石资源违采等专项整治，澜沧江、怒江、南汀河生态保护和系统治理不断加强，生态文明建设示范市创建有序推进。贯彻COP15大会精神，坚决守住自然生态的安全边界，建立自然保护地17处。完成水土流失治理面积1348平方千米，森林覆盖率提高到70.2%。农业面源污染控制、"两

中国首个热带雨林认证茶园——沧源县碧丽源茶园基地

高"遏制和"双控"措施有效落实，单位地区生产总值二氧化碳排放累计下降26.7%。爱国卫生"7个专项行动"深入开展，8县（区）全部达到国家卫生县城（城市）标准。建成凤庆、沧源、双江3个美丽县城，获评省级美丽村庄36个，双江被授予《联合国森林文书》履约示范单位。

　　——坚定不移保障和改善民生，社会事业全面发展。落实"就业优先战略"，城镇登记失业率控制在4.3%以内。学前教育加快普及，义务教育巩固率达98.65%。"双减""双升"政策全面落实。7所普通高中完成改扩建，高考成绩保持全省前列。临沧职业学院开工建设，临沧高级技工学校晋升为技师学院，滇西应用技术大学在临沧设点，滇西科技师范学院办学条件和水平加快提升。健康临沧行动深入推进，"双提升"工程项目加快实施，法定报告传染病发病率连续4年低于全省平均水平。3家市级医院和3家县（区）医院实现等级晋升，8县（区）"紧密型县域医共体"建设取得阶段性成效。各项社会保险高质量扩面，社保基金平稳运行。建设养老机构和设施241个，总床位1.1万张。文化事业繁荣发展，镇康县被命名为"中国民间文化艺术之乡"，3个非遗项目被公布为国家级非遗代表性项目，2个不可移动文物被公布为全国重点文物保护单位，3个景区创建为国家4A级旅游景区。广播电视基本公共服务标准化试点工作全面完成，"智慧广电固边"工程试点全面推进。退役军人服务保障工作全面推进，连续四届荣获"全国双拥模范城"称号。食品药品、安全生产监管、应急管理和防灾减灾救灾工作不断加强。三年"扫黑除恶"治乱专项斗争圆满收官，禁毒防艾人民战争深入开展，打击跨境违法犯罪质效走在全省前列。

——坚定不移铸牢中华民族共同体意识，创建全国民族团结进步示范市工作取得新成效。以习近平新时代中国特色社会主义思想为指导，深入贯彻落实全国民族团结进步表彰大会精神，围绕"不忘初心、牢记使命"主题教育和"党的光辉照边疆，边疆人民心向党"实践活动，共商"中华民族一家亲、同心共筑中国梦"大计，不断深化铸牢中华民族共同体意识，使少数民族的面貌、民族地区的面貌、民族关系的面貌发生了翻天覆地的历史性巨变，民族团结进步、宗教和谐稳定的良好局面日渐凸显。以"十进"为抓手，通过以点串线、以线连片、以片扩面，形成了双江、沧源、耿马、镇康边境民族团结进步"示范带"，临翔、云

民族团结一家亲

县、凤庆、永德散居民族地区民族团结进步"示范圈"的创建格局。以"1+8"模式在市委党校建设全市铸牢中华民族共同体意识教育基地和主题教育馆，在8县（区）党校建设教育基地；在滇西科技师范学院建设研究基地，滇西科技师范学院国际佤文化研究院被确定为省级研究基地。耿马博物馆、沧源县班洪抗英遗址、双江县大文乡千信村圈控起义革命遗址被命名为全省民族团结进步教育基地。2021年12月29日，临沧市创建全国民族团结进步示范市工作通过了省级初验，凤庆县、镇康县被省民族宗教委命名为全省民族团结进步示范县，临翔区被国家民委命名为全国民族团结进步示范区。

——坚定不移推动创新创造，国家可持续发展议程创新示范区建设亮点纷呈。习近平总书记多次强调，要准确识变、科学应变、主动求变，在危机中育先机、于变局中开新局。国务院批复同意临沧市以边疆多民族欠发达地区创新驱动发展为主题，建设国家可持续发展议程创新示范区，这标志着临沧即将进入一个前所未有的、面向世界的、无比广阔的时代舞台。临沧通过深入学习、潜心领悟、深刻理解习近平总书记的讲话精神，找到了国家可持续发展议程创新示范区这把"金钥匙"，用它打开了临沧跨越发展的新大门，紧紧围绕以边疆多民族欠发达地区创新驱动发展为主题的"国家可持续发展议程创新示范区"目标，全面强化组织保障、强化创新驱动、强化项目支撑、强化制度保障、强化氛围营造，加快实施对接国家战略的基础设施建设提速行动、发展与保护并重的绿色产业推进行动、边境经济开放合作行动、脱贫攻坚与乡村振兴产业提升行动、民族文化传承与开发行动，以17项重大工程、774个项目为抓手，探索出了边疆多民族欠发达地区创新驱动发展模式。

新征程——前景光明齐奋斗

对习近平总书记重要回信精神最好的学习贯彻，就是真正把习近平新时代中国特色社会主义思想和习近平总书记的殷殷嘱托内化于心、外化于形，用行动来回答、用发展来衡量，不断增强"今天再晚也是早，明天再早也是晚"的效率意识，努力践行项目工作法、一线工作法、典型引路法，着力在"心向总书记、心向党、心向国家"上不断取得新共识、展现新境界，奋力在"建设好美丽家园、维护好民族团结、守护好神圣国土"上接续迸发新激情、争创新辉煌，书写好"党的光辉照边疆，边疆人民心向党"壮丽新篇章，高亢唱响新时代临沧各族人民的幸福之歌。

——不断熔铸"三个心向"思想洪流。以学习贯彻习近平总书记给沧源县边境村老支书们的重要回信精神为主题，进一步深化拓展"党的光辉照边疆，边疆人民心向党"实践活动的内容、重点、方式，切实把实践活动再往前推一步。结合党史学习教育常态化、长效化深入开展"三个心向"主题教育活动，把临沧各族人民"三个心向"的精神血脉固化下来、继承下去、弘扬开来，引领全市各族干部群众永远感党恩、听党话、跟党走，把"学习总书记、遵从总书记、爱戴总书记"再往前推一步，把"边疆北京心相连，领袖人民心连心"再往前推一步，切实把"向"的文章写成忠诚践行"两个维护"的铮铮誓言，让总书记放心、让党中央放心。

——持续推高"三个活动"实践高潮。坚持把"学回信、见行动、办实事"主题实践活动推向深入，持续掀起学习宣传贯彻落实习近平总书记给沧源县边境村老支书们重要回信精神的热潮。抓好解读、理解和宣讲，原原本本学，逐字逐句读，推动总书记重要回信精神进企业、进农村、进校园、进社区、进网格、进边寨、进军警营，做到所有党员、干部、群众全覆盖。坚持把学习贯彻习近平总书记给沧源县边境村老支书们的重要回信精神转化为推动工作的强大合力，主动对标对位、主动研究谋划、主动担当作为，对标习近平总书记关于"三好"的嘱托，从习近平总书记重要回信精神中找动力、找思路、找方法，着力抓规划、抓项目、抓重点，推动各项工作上水平、上台阶。把部门想干、能干的事情和沧源县班洪乡、班老乡需要干、必须干的事情有机结合起来，坚持每年为班洪乡、班老乡做一件实事，在贯彻习近平总书记重要回信精神中当好表率、干出示范，进而立足职能职责和临沧人民期盼，在攻克更大的难题、谋取更大的发展方面迈出更加有力的步伐，让全市广大群众享受到更充分的就业、更高质量的教育、更高水平的卫生健康服务、更和谐的劳动关系、更可靠的社会保障等民生福祉。

——着力提升"三强组织"战斗力。持续深化边疆党建长廊建设，建好建强基层党支部，创新边境一线基层党组织设置，在抵边村（社区）村（居）民小组全覆盖成立党支部，健全完善边境地区联合党组织工作机制，打造全国性的边疆党建品牌。深入实施"六大培训工程"和"领头雁"培养工程，持续抓好"农村优秀人才引回计划"，建设一支思想政治素质好、道德品行好、带富能力强、协调能力强的"双好双强"党支部书记队伍，通过全覆盖培训、村干部学历提升计划等方式，提升工作本领和组织能力，健全从优秀村党组织书记中选拔乡镇（街道）公务员和招聘乡镇（街道）事业编制人员，建好建强党支部书记队伍。深化开展"百名讲师上讲台""千堂党课下基层""万名党员进党校"等活动，把习近平总书记重要回信精神作为党员干部教育培训的必修课，广泛把在乡村振兴、民族团结、强边固防、新冠肺炎疫情防控、维稳处突等一线表现突出的人员发展成为党员，健全完善边境地区干部人才激励机制，加大基层干部培养、培训和选拔力度，积极引导各类干部人才向农村基层一线、边境地区一线流动，推动干部人才在强边固防、新冠肺炎疫情防控、乡村振兴中建功立业。

——奋力开创"三好"发展新境界。将习近平总书记关于"三好"嘱托与建设乡村振兴示范区、兴边富民示范区、国家可持续发展示范区结合起来，全面实施乡村振兴战略，深入推进兴边富民、民族团结、强边固防等各项工作，着力打造富边的样板、稳边的示范、守边的屏障。

一是建设好美丽家园再上新台阶。加快构建"打造一核、打通一轴、构建两带、多点带动"的发展空间格局，围绕巩固拓展脱贫攻坚成果、打造绿色食品生产基地、实施乡村建设行动、推进乡村治理、推进农业设施建设、强化要素统筹"六大重点任务"，坚持走布局合理、定位准确、产城融合、绿色发展的新型城镇化路子，抓好"大产业+新主体+新平台"发展举措，做大"糖、茶、果、蔬、牛"五大优势产业，加快培育加工贸易、生物医药和大健康、高原特色现代农业、数字经济、文化旅游5个千亿级产业，做强做大茶叶、畜牧、坚果、蔗糖4个500亿级产业，巩固提升绿色能源、新材料、烟草、现代物流、房地产5个百亿级产业，实施市场主体倍增"阳光、雨露、土壤"行动，确保市场主体数量年均增长14%以上，推动农产品深加工向优势产区和园区集中布局，全面推进农产品仓储保鲜冷链物流、简易加工等设施建设，做强产品深加工，全面开发以边疆民族特色乡村为重点的全域旅游，加快培育一批"产品小而特、业态精而美、布局聚而合"的示范村镇，高质量推进现代化边境小康村建设，力争每年打造一批产业振兴、人才振兴、文化振兴、生态振兴、组织振兴示范点，持续实现农业更强、农村更美、农民更富。

二是维护好民族团结再结新硕果。大幅持续改善少数民族地区发展条件，以全要素整合、全周期协同、全方位融合、全链条畅通为导向，加快构建边疆民族地区的现代化基础设施支撑体系，推动临沧至清水河铁路、临沧至普洱铁路、临沧清水河至缅甸腊戌至曼德勒高速公路和铁路建设，加快南涧至云县高速公路建设，尽快开工建设双江至澜沧、双江至沧源（勐省）、昔归至云县、巍山至凤庆、凤庆至永德等5条高速公路，力争尽快建成10条高速公路并实现高速公路通车里程700千米以上，力争实现乡镇通三级公路、30户以上自然村通硬化路为主的"四好农村路"9000千米以上。完成沧源佤山机场改扩建，建成凤庆通用机场，推动临沧机场新一轮改扩建和永德通用机场、孟定民用支线机场前期工作。推动临沧至普洱至西双版纳至湄公河国际水路通道建设，推进"兴水润临"工程。全力推进临沧火车站、云县火车站物流园区和清水河陆上边境口岸型省级物流枢纽建设，加快构建"通道+枢纽+网络+平台"的现代综合物流体系，着力提升边疆少数民族地区与滇中、成渝昆经济圈、印度洋之间的"五通"水平。在

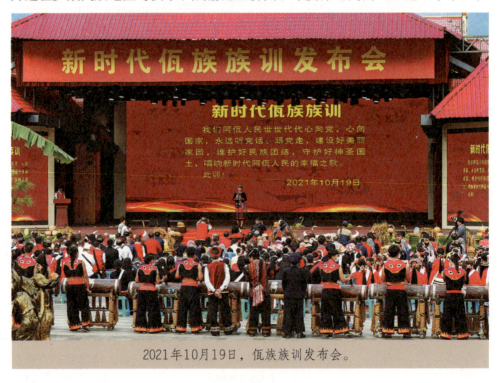

2021年10月19日，佤族族训发布会。

夯实少数民族地区发展基础、提升发展水平的同时，全面深入持久开展民族团结进步创建工程，构建"铸牢中华民族共同体意识"宣传教育常态化机制，持续开展民族团结进步"十百千万"示范引领建设工程，广泛建设铸牢中华民族共同体意识的全国性教育培训基地，建好、用好新时代文明实践中心（站、所）、村史室、爱国主义教育基地等阵地群，上好知恩感恩、爱国主义、国防教育、农民讲习、民族团结"五堂课"，多方位、多角度、深层次挖掘"班洪抗英""班老回归""班洪四大嫂"等临沧红色资源和红色故事，传承红色基因、赓续红色血脉，广泛引导各族群众牢牢树立正确的国家观、历史观、民族观、文化观、宗教观，不断增强"五个认同"，努力实现临沧市和8个县（区）全部创建成为全国民族团结进步示范市、示范县（区）的目标。

三是守护好神圣国土再创新佳绩。巩固和深化推进党政军警民"五位一体"合力强边固防机制，推广军地"联防联控""联包联保"等做法，进一步激发临沧各族人民对于中国共产党、对于伟大祖国的深厚热爱之情，不断增进各族群众守土固边的责任感、自豪感和自信心，加快推进"智慧边境"建设，打造反应

感恩回信主题教育

迅速的边境应急民兵、护村队等群防护边队伍，不断提高管边控边能力，全面维护好"村村是堡垒、家家是哨所、人人是哨兵、处处有防范"的多层次全方位防控体系，以"镇守边关、视死如归"的决心和意志毫不松懈抓好新冠肺炎疫情防控，一以贯之扛实"五级书记抓边防"和"五级段长制"责任，发挥好边境立体化防控体系作用，坚决打赢边境新冠肺炎疫情防控的人民战争。

进入"十四五"以来，有涉滩之险，有爬坡之艰。虽然遇到了世所罕见的压力和挑战，但是因为有着习近平新时代中国特色社会主义思想的光辉指引，有着习近平总书记给沧源县边境村老支书们重要回信的极大鼓舞，临沧各级干部群众大幅增强了建设好美丽家园、维护好民族团结、守护好神圣国土的信心和决心，全市上下万众一心迈向现代化的志气、骨气、底气空前增强，226万干部群众齐心协力保持平稳健康的经济环境、繁荣安宁的社会环境、风清气正的政治环境，更好地贯彻落实创新、协调、绿色、开放、共享发展理念，更快地转变发展思路和发展方式，主动服务和融入国家发展战略，持之以恒用"四个先行"推动对缅开放"五通"，千方百计推动中缅新通道建设，通过任务项目化、项目清单化、清单具体化，不断提升各级党员干部"今天再晚也是早，明天再早也是晚"的效率意识和"找、制、报、干、用项目"的能力水平，奋力闯出一条以大开放促进大发展的路子，坚定不移补短板强弱项，用心用情用力抓好民生事业，抓大事、管小事、做具体事，把所有事都办成实事，让全市各族群众获得感、幸福感、安全感不断提升，众志成城书写中国特色社会主义伟大事业的临沧新篇章！

〔选自《我们都是收信人》（临沧市学习贯彻习近平总书记给沧源县边境村老支书们的重要回信精神史料专辑）——中共临沧市委党史研究室编〕

建设好美丽家园

——临沧市2021年"建设好美丽家园"（建设现代化边境小康村）工作推进情况

习近平总书记给沧源县边境村老支书们作重要回信以来，临沧市始终牢记习近平总书记建设好美丽家园、维护好民族团结、守护好神圣国土的殷殷嘱托，深入贯彻落实省委、省政府的决策部署，以"1336"工程为抓手，以2021年11月在沧源召开的全省现代化边境小康村建设现场会为契机，加强领导、攻坚克难，强力推进临沧美丽家园建设特别是现代化边境小康村创建步伐。截至2022年5月20日，省级统筹下达临沧市现代化边境小康村建设资金14.04亿元，临沧市44个沿边行政村（社区）开工建设项目325个，完成投资4.45亿元，全市现代化边境小康村建设工作取得阶段性成效。

临沧与缅甸山水相连，镇康县、耿马自治县、沧源自治县3个县与缅甸接壤，边境线长290.791千米，沿边村寨辖面积达1586.57平方千米，涉及10个乡（镇）44个行政村（社区）320个自然村（其中抵边自然村249个），共涉及2.38万户10.82万人（其中少数民族5.5万人，占51%），有9个少数民族在边境一线跨境而居。

临沧市沧源自治县国家4A级景区——葫芦小镇

（吴　军　摄）

一、强化组织领导，凝聚合力推动

把现代化边境小康村建设作为忠诚拥护"两个确立"、坚决做到"两个维护"的政治工程来抓牢抓实，成立由党委、政府主要领导任"双组长"的工作领导小组，采取高位调度推动、包保推动、督导推动、协调推动的方式，合力推进现代化边境小康村建设工作。一是高位调度推动。建立市委、市政府领导"双单月调度"工作机制，先后4次召开市委常委会、市政府专题会调度推动；分管领导以座谈和会议方式听取汇报8次，实时掌握工作动态，研究解决工作中存在的困难和问题。二是高位包保推动。建立领导包村机制，明确44个沿边行政村（社区）分别由1名市级领导包保推动，通过定期到村开展帮扶等方式，高位传导压力、推动责任落实，督促帮助包保村查找差距、理清思路和解决工作推进中遇到的困难和问题。三是高位督导推动。在省民族宗教系统向3个边境县各派驻1名现代化边境小康村建设一线督导员的基础上，市委精心选派3名市管干部担任督导员，与省下派的督导员组成联合巡查督导组，长驻边境县进行全过程督导，并完成第一轮督导全覆盖。四是高位协调推动。市、县两级分别成立现代化边境小康村建设工作领导小组并下设办公室，抽调熟悉农业农村、产业发展、项目规划、

镇康县南伞镇白岩村皮匠小组美丽家园

（镇康县供图）

边疆党建等有关工作的28名精干力量组成工作专班，在领导小组及办公室的直接领导下开展各项日常协调联络服务工作。

二、做好顶层设计，因地制宜撬动

结合临沧实际，提出以"1336"工程为抓手，高效推动临沧现代化边境小康村建设。一是围绕"一条主线"。以贯彻落实习近平总书记给沧源县边境村老支书们的重要回信精神为主线，持续开展"党的光辉照边疆，边疆人民心向党"实践活动，引导边疆各族干部群众听党话、感党恩、跟党走。二是聚焦"三个任务"。聚焦建设好美丽家园、维护好民族团结、守护好神圣国土"三大任务"，围绕人居环境提升、乡村治理、强边固防等工作，建立"周五爱卫日"等长效机制，开展村庄绿化美化亮化、垃圾污水治理和"厕所革命"，建设好美丽家园；全面推广普及国家通用语言文字，积极争创全国民族团结进步示范市，持续巩固耿马自治县、沧源自治县的"全国民族团结进步示范县"创建成果，把沧源自治县班洪乡和班老乡打造成为全国爱党爱国、边稳民富、民族团结的中华民族共同体意识模范区，把边境3县创建成为民族团结进步"示范带"，维护好民族团

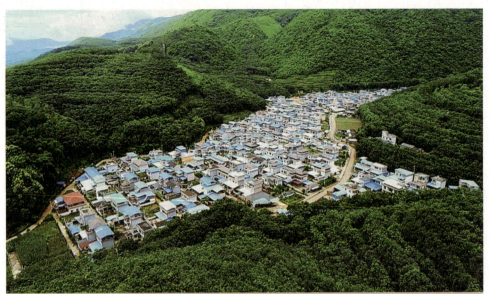

耿马自治县孟定镇色树坝村东风小组美丽家园

（耿马县供图）

结；健全完善"党政军警民、内外点线面"合力强边固防工作机制，实行"五级书记抓边防"和"五级段长制"，严打跨境违法犯罪，建立"七个一律"惩戒措施，深入推进"人防、物防、技防"三防融合，布建28类12132套智能感知设备，做好"雪亮工程"视频监控联网共享平台建设，44个沿边行政村（社区）信息化综治中心互联互通实现全覆盖，守护好神圣国土。三是树好"三个心向"。开展"争当一辈子的好支书、一辈子的好边民"主题活动，引导边疆干部群众心向习近平总书记、心向党、心向国家。四是实施"六化行动"。紧紧围绕"基础牢、产业兴、环境美、生活好、边疆稳、党建强"6个目标，以基础设施智慧化、乡村产品商品化、人居环境生态化、日常生活健康化、社会治理信息化、群众工作组织化"六化行动"为抓手，努力在现代化边境小康村建设上打造富边的样板、稳边的示范、守边的屏障。

三、坚持规划先行，分类施策驱动

围绕省委、省政府现代化边境小康村建设的目标要求和建设任务，结合临沧实际，科学制订《临沧市建设现代化边境小康村规划（2021—2025年）》，锁定2024年底前初步建成"基础牢、产业兴、环境美、生活好、边疆稳、党建强"的现代化边境小康村的目标，按照分类施策、梯次推进的原则，探索44个沿边行政村（社区）实行统一标准的方法路径，320个自然村按"达标型、提档型、示范型"分类推进的"1+3"建设模式，划分出达标型自然村121个、提档型自然村128个、示范型自然村71个。44个沿边行政村（社区）对标分档情况查找短板弱项，按照"缺什么补什么"的原则，精准修订完善"一村一方案"。

四、传导责任压力，创新方法联动

坚持问题导向、目标导向、结果导向，充分运用"项目工作法""一线工作法""典型引路法"，压实"市、县、乡、村"4级主体责任，推动现代化边境小康村建设。一是以"项目工作法"联动。坚持工作项目化、项目清单化、清单责任化，以"七个一"工作法，推动工作走深走实。已草拟出台了《建设规划（2021—2025年）》《建设工作机制》《建设工作方案》《任务分解》《工作要点》等，做到任务明确、思路清晰、责任具体。二是以"一线工作法"联动。在推动市级领导经常性深入包保村实地帮扶督导、市级各行业部门坚持一线导向狠抓部门责任落实的同时，把边境3县党政主体责任落实、资金统筹保障、工程项目推进等情况纳入督导范围，6名一线督导员驻县常态化深入一线督导，推动"差距在一线发现、情况在一线掌握、问题在一线解决、工作在一线落实"。把市级各部门推动现代化边境小康村建设情况纳入每月调度内容，市政府每月由主要领导开展一次工作调度。三是以"典型引路法"联动。加大示范引领，强化经验交流，加强鞭策激励，推动全面发展。充分挖掘全市现代化边境小康村建设中好的经验做法，《临沧市"1336"工程探索现代化边境小康村建设新路径》《"六化"行动建美边境小康村》等一批好的经验做法先后在《人民日报》客户端、新华网、人民网、云南网等媒体刊发，以典型引路推动责任落实。

五、营造良好氛围，强化引导促动

聚焦群众在现代化边境小康村建设中的主体地位，充分调动、积极引导群众发挥作用。一是以思想引领促动。充分发挥102名第一书记和驻组队员宣传引导作用，依托村史室、新时代文明实践中心等载体，上好知恩感恩、爱国主义、国

沧源自治县永和"国门新村"

（吴 军 摄）

防教育、农民讲习、民族团结"五堂课"，深入村组开展宣传800余场（次），引导群众树立自力更生、艰苦奋斗、村庄共建、利益共享、国土共守的思想意识。二是以规范引领促动。结合村庄环境卫生整治、新冠肺炎疫情防控、边境维稳等具体工作，推动44个沿边行政村（社区）制定《村规民约》，制定出台《临沧市常态化新冠肺炎疫情防控工作责任追究办法（暂行）》，引导村民积极参与社会治理，推动形成文明乡风、良好家风、淳朴民风。三是以惠民引领促动。把教育、医疗、养老等公共服务政策向44个沿边行政村（社区）倾斜，完成12所幼儿园改扩建，调整充实招录教师63名，改造提升村卫生室28个，建成居家养老服务中心（互助站）17个，推进实体书店、"国门文化"等业态进村，建成307个村组活动场所，实现党员10人以上或群众200人以上的村民小组活动场所全覆盖，以看得见、摸得着的惠民政策激发群众建设美丽家园的热情。

〔选自《我们都是收信人》（临沧市学习贯彻习近平总书记给沧源县边境村老支书们的重要回信精神史料专辑）——中共临沧市委党史研究室编〕

维护好民族团结

—— 临沧市 2021 年"维护好民族团结"（创建民族团结
进步示范市）工作推进情况

收到习近平总书记给沧源县边境村老支书们的重要回信以来，临沧市着力贯彻落实习近平总书记关于维护好民族团结的郑重要求，以国家级民族团结进步示范市创建工作为抓手，高举中华民族大团结的伟大旗帜，夯实民族团结进步基础，丰富民族团结进步的新载体和新平台，全方位、系统化贯彻落实习近平总书记关于加强和改进民族工作的重要思想，加快国家级民族团结进步示范市的创建工作步伐，在各族干部群众中巩固提升"党的光辉照边疆，边疆人民心向党"实践活动，不断铸牢临沧广大人民群众的中华民族共同体意识，以实际行动学习落实习近平总书记给沧源县边境村老支书们的重要回信精神。

一、高位推动，全面加强党对民族团结进步示范创建工作的领导

—— 强化组织保障。成立由中共临沧市委、临沧市人民政府主要领导任"双组长"的创建工作领导小组，把创建工作作为党政"一把手"工程，列为全市"十三五""十四五"规划重要内容，纳入巡察和年终考核重要内容，各级各部

门分别成立创建工作领导机构，建立起横向到边、纵向到底的四级联动创建机制。深化党建引领，发挥基层党组织战斗堡垒作用，助推创建工作与脱贫攻坚、乡村振兴、现代化边境小康村建设、生态文明建设、强边固防等深度融合。

——强化政策保障。制定出台《临沧市关于加快创建全国民族团结进步示范市的实施意见》《临沧市关于全面深入持久开展民族团结进步创建工作铸牢中华民族共同体意识的实施意见》《临沧市建设全国民族团结进步示范区"十四五"规划》等文件，为创建工作提供政策法规和制度支撑。

——强化人才和资金保障。制定出台《关于加强临沧市人才工作的意见》等文件，全市少数民族党员占比达40.91%，少数民族公务员和参公人员占比达41.25%，11个世居少数民族均有1名处级以上领导干部。市、县（区）将创建工作经费列入政府年度预算，各级各部门积极整合资金加大对创建工作的投入，确保创建工作高效推进。

二、思想引领，全面构筑中华民族共有精神家园

——构建铸牢中华民族共同体意识宣传教育常态化机制。把铸牢中华民族共同体意识教育纳入各级党校（行政学院）、干部教育培训必修课，列入各级党委党组理论中心组学习的必学内容，列入"进学校、进课堂、进教材、进家庭"的教学内容，纳入居民公约、村规民约、行业公约。依托"学习强国""云岭先锋"等平台和习近平总书记重要回信精神宣讲站、铸牢中华民族共同体意识教育基地等广泛开展宣传教育，市委、市人民政府开展民族团结进步专题学习48次，县处级机关单位组织民族团结进步专题学习3100余次；全面推广普及国家通用语言文字，加强青少年爱国主义教育。

——凝聚民族团结进步思想共识。把贯彻落实习近平总书记给沧源县边境村老支书们的重要回信精神作为重要政治任务，制定出台贯彻落实意见，深入广泛开展"学回信、见行动、办实事"系列主题实践活动。深入挖掘"班洪抗英""滇缅铁路""班老回归""民族团结誓词碑"等临沧各族人民爱国团结故事，大力弘扬爱国主义精神。深入开展"两学一做"学习教育、"不忘初心、牢记使命"主题教育、党史学习教育，组织开展庆祝新中国成立70周年、中国共产党成立100周年系列活动。制定新时代临沧市民族团结进步公约，发出创建倡议

耿马自治县五华民族小学儿童

（耿马县供图）

书；在临沧市政府网站等平台开设民族团结进步宣传专栏，通过中央、省、市等各级各类媒体刊播民族团结进步稿件1.5万余条（次）。全市各族干部群众广泛接受教育，"感党恩、听党话、跟党走"成为最广泛的思想共识和最坚定的行动自觉。

——推动各民族优秀传统文化创新交融。实施民族文化保护传承和"双百"工程，有6项和20项民族文化项目分别列入国家级和省级非物质文化遗产保护名录，打造120个少数民族文化精品项目；创建5所云南民族优秀文化教育示范学校、3所全国中小学优秀文化艺术传承学校。建设2个民族传统文化生态保护区、3个少数民族特色乡镇、69个特色村寨、28个国家传统村落。《我的乡村》等文学作品获全国少数民族文学创作"骏马奖"，《魔巴的新房》等民族题材微电影在亚洲微电影艺术节获奖。边疆各族人民优秀传统文化在中华民族共有精神家园的沃土上焕发出新的光彩。

三、全域共创，全面汇聚社会共同参与的强大合力

——全力推动各民族交往交流交融。统筹城乡建设布局规划和公共服务资源配置，促进县城和小城镇协调发展；扎实做好城市民族工作，构建互嵌式社会结构和社区环境，努力推动各族群众共享城乡均等化服务，进一步加快各民族交往

交流交融步伐。借助沧源县"海峡两岸民族文化交流基地"等平台，组织开展跨区域、全方位、多样化的交流活动。以沪滇协作和对口支援工作为重点，推动本地和内地各民族人口流动融居。加快推进边境3县旅游产业，以旅游业的高质量发展推动各民族在空间、文化、经济、社会、心理等方面全方位融入。

　　——扎实开展示范创建。坚持开展民族团结宣传教育进机关、进企业、进社区、进乡镇（街道）、进学校、进医院、进服务窗口、进景区、进军（警）营、进宗教活动场所的"十进"活动，扩大创建社会覆盖面，拓宽创建工作的广度和深度。在进机关方面，市政协创新开展"协商在基层"工作，在边境乡镇、村设立协商议事平台和场所，有力助推边疆基层社会治理。《政协边寨"小协商"助推边疆"大治理"》的"临沧经验"在2020年全国地方政协工作经验交流会上作为典型进行交流发言。在进社区方面，临翔区玉龙社区积极探索"智慧党建+智慧城市+民族团结进步"网格化管理工作模式，推动建立嵌入式社会结构和社区环境，实现了"人在网格走、事在网格办、问题在网格化解"，让进城的各族群众能创业、能融入、留得住。在进乡（镇、街道）方面，永德县在推进乡村振兴中探索出了"三问三还"（问需于民、问计于民、问效于民，还权于民、还利于民、还信于民）基层治理新机制，实现了"村里事、村民议、村民建、村民

双江自治县少数民族群众携手欢庆幸福生活

（双江县供图）

管"，各族群众共治共管、共建共赢，实现了真正当自己村庄的主人。在进景区方面，突出优秀的中华文化符号、展示中华民族形象，规划建设一批中华民族形象工程。凤庆县洛党派出所"3+1"矛盾纠纷联调模式在全省进行交流推广，基层治理"3564"措施禁赌示范村创建工作经验被公安部作为典型经验推广，被表彰为省级"枫桥式公安派出所创建先进单位"。

四、发展助力，全面推动各民族共同走向社会主义现代化

——城乡发展实现历史性跨越。全市9.4万户36.9万贫困人口全部脱贫，6个"直过民族"和人口较少民族及彝族支系俐侎人全部实现整族脱贫，省级脱贫攻坚成效考核连续4年居全省前列。完成23万户农村危房改造，率先在全省消除农村危房。全面推进乡村振兴，创新开展"万名干部规划家乡行动"，率先开启乡村振兴的"临沧实践"。建成高原特色农业产业基地2200万亩。建成中国首个国家级坚果类检测重点实验室，"张守攻院士工作站""朱有勇院士林下有机中药材乡村振兴科技创新中心"落户临沧。在全省率先启动3个边境县10个沿边乡镇44个行政村（社区）沿边小康村建设，临沧沿边小康村模式被列入国家典型案例。民族地区发展后劲不断增强，从2017年到2021年，地区生产总值年均增长7.8%；固定资产投资年均增长21.6%，增速连续四年保持全省前列；城镇常住居民人均可支配收入突破3万元大关，年均增长7.7%；农村常住居民人均可支配收入突破1万元大关，年均增长9.7%，增速高于全省平均水平。

——基础设施建设取得重大突破。实现了大临铁路动车首通临沧的"百年铁路梦想"，正在推进建设临沧至清水河、临沧至普洱、临沧至德宏铁路总里程500千米；高速公路创造从无到有、从有到多的连续大跨越，已建、在建、准建的高速公路达15条1100千米，已建成墨江至临沧、云县至凤庆、临翔至蚂蚁堆、镇康至清水河高速公路414.5千米；沧源佤山机场建成通航，临沧机场完成改扩建，有通航支线飞机场2个，正在建设通用飞机场1个（凤庆通用机场）；有航道里程447千米，临沧火车站、云县火车站和清水河口岸物流园区项目顺利实施。开工建设耿马灌区等58件重点水利项目，水库总库容达6.1亿立方米。中缅新通道海公铁联运试通首发成功、接续开展了数批次试运并顺利开通班列，中缅天然气管道临沧支线一期建成通气。开工建设光伏发电项目装机规模98.4万千

瓦，全市电力总装机达877.3万千瓦。有线宽带网络和移动通信4G网络实现行政村全覆盖，8县（区）城市实现5G网络覆盖。临沧成为云南省第四个同时拥有飞机、动车、高速公路、水运综合交通体系的州（市）。

——可持续发展取得良好进展。澜沧江、怒江、南汀河等生态保护和系统治理得到加强，建立自然保护地17处，森林覆盖率提高到70.2%，单位地区生产总值二氧化碳排放累计下降26.7%。爱国卫生"7个专项行动"深入开展，8县（区）全部达到国家卫生县城（城市）标准。成功获批国家可持续发展议程创新示范区，30项考核指标通过省级评估。

——民生保障水平持续提升。全市7所普通高中完成改扩建，高考成绩连续5年位居全省前列，人均受教育年限提高了1.5年，临沧教育品牌在全省打响。全市8县（区）列为国家"紧密型县域医共体"建设试点县，云县"医共体"改革作为典型在全国推广实施；基本医疗保险参保率持续稳定在95%以上。落实就业优先、养老服务、社会兜底保障等政策，各族人民获得感、幸福感、安全感更加充实、更有保障、更可持续。

五、法治护航，全面提升边疆地区民族事务治理现代化水平

——依法促进民族团结进步。加强《中华人民共和国宪法》和《民族区域自治法》的宣传教育，深入推进"法治政府"建设，积极开展"七五""八五"普法；把民族事务纳入共建共治共享的社会治理格局，扎实开展"平安临沧"建设，政治、自治、法治、德治、智治"五治"融合乡村治理体系不断健全，积极探索党建引领边疆基层治理的"临沧模式"。依法保障各族群众合法权益，多年来全市没有发生过因民族宗教问题引发的社会不稳定事件。

——扛实新冠肺炎疫情防控和强边固防责任。举全市之力，前移防控关口，持续推进隔离缓冲带4级缓冲区建设，实现了不发生规模性输入、不发生冲卡闯关、不发生扩散外溢的目标，为全省新冠肺炎疫情防控大局作出了临沧贡献。把守护好神圣国土作为首要政治任务，坚持"五级书记抓边防"，严格落实"五级段长制"，做实党政军警民合力强边固防机制，涌现出张子权、毕世华等一批英雄模范和先进典型。

——依法加强宗教事务管理。落实"抓党建促农村宗教治理"工作，组织宗教

沧源自治县群众欢庆幸福生活

（沧源县供图）

界开展学习习近平总书记重要回信精神，学习"四史"，教育和引导宗教人士和信教群众感党恩、听党话、跟党走，92所宗教活动场所被命名为"和谐寺观教堂"。

通过努力，全市386个单位被命名为民族团结进步创建示范区示范单位，其中双江、沧源、耿马3个自治县和临翔区被国家民委命名为全国民族团结进步创建示范县（区），临沧市和凤庆县、镇康县创建工作通过省级验收，云县、永德县创建民族团结进步示范县工作通过了市级检查验收；市民族中学、沧源永和社区被命名为"全国民族团结进步示范单位"；319个模范集体和953名模范个人受到国家、省、市表彰奖励；建立11个民族团结主题教育馆以及"班洪抗英"等一批红色教育基地；创建工作覆盖率和重点单位场所覆盖率均达到100%。通过以点串线、以线连片、以片扩面，形成了双江、沧源、耿马、镇康边境民族团结进步"示范带"，临翔、云县、凤庆、永德散居民族地区民族团结进步"示范圈"的创建格局。

〔选自《我们都是收信人》（临沧市学习贯彻习近平总书记给沧源县边境村老支书们的重要回信精神史料专辑）——中共临沧市委党史研究室编〕

守护好神圣国土

——临沧市 2021 年"守护好神圣国土"（强边固防）工作推进情况

一、完善强边固防工作机制

成立由中共临沧市委、临沧市人民政府主要领导任指挥长的强边固

党政军警民五位一体抗疫

防项目建设指挥部，组建工作专班，高位推动强边固防各项工作；探索建立《临沧市边境地区抵边力量协同联动处置工作机制》《临沧市公安（边境）派出所与联防所联动机制》《临沧市公安民警与联防员、护边员联动工作机制》《临沧市加强边境人防、物防、技防"三防"融合的实施意见》《临沧市联防联控系统预警、处置、反馈的闭环工作流程》等5个工作机制，预警、处置、反馈、实战闭环运行格局基本形成；探索建立边境治理信息研判、"1+3"管边控边协作联动、边境勤务流程规范、警务执法合作、协作配合和监督制约、案件协作会商、外籍人员入境就业（务工）管理、举报跨境违法犯罪奖励、跨国警务合作等10项工作机制。

二、建强边境立体化防控体系

制定出台《临沧市边境立体化防控体系建设工作方案》，共建成102个抵边联防所（一级所15个、二级所23个、三级所64个），建成铁丝网358.249千米，建设技防设施前端点位7360个、12132套行业领先的前端设备；加快推进"十三五"边防基础设施项目建设收官及"十四五"规划项目启动，开工建设边防巡逻路7条（段）147.88千米，总投资1.71亿元；落实"五级书记抓边防""五级段长制"，制定《临沧市边境县分段及市、县、乡、村段长设立方案》，对边境线进行分段管控；持续强化"四办合一"工作机制，构建精干高效的信息工作指挥体系，解决信息"壁垒"问题；整合边境辖区内的军警部队、边检、边管、海关等资源建立了3个县级国门党工委、10个边境乡（镇）国门联合党工委、44个边境村联合党组织，统筹协调对外开放、守土固边和边境发展。

三、做好"边境建设年"工作

印发《贯彻落实市委议边暨市边防委员会全体会议、"边境建设年"现场会议精神工作方案》，圆满召开市委议边暨市边防委员会全体会议、"边境建设年"现场会议。深化强边固防宣传教育，结合综治维

沧源自治县永和口岸"国门新村"

（沧源县供图）

稳大下访、法治边关行等活动，依托沿边对外开放培训班、边境小康村
建设等专题培训班次开展边防政策宣传、国防知识普及，不断提升干部
群众的国防意识、主权意识、边界意识。

　　〔选自《我们都是收信人》（临沧市学习贯彻习近平总书记给沧源县边境村
老支书们的重要回信精神史料专辑）——中共临沧市委党史研究室编〕

附 录

心向总书记、心向党、心向国家

永远记着党恩　永远记着初心

我们这里的人，要时时记着中国共产党的恩情，也要时时记着我们祖祖辈辈盼望的事件。

一、共产党的恩情就像老天一样大

我们营盘这个地方，过去很苦！老人们说：古时候，敌人从下面攻打我们的寨子，我们撤到营盘这个地方安营扎寨，在这里反败为胜，最终夺回了原来丢失的地盘，老人们认为营盘这个地方吉利，就一直在此居住发展。

在解放军进来之前，营盘周边的土匪、国民党残余队伍很多，经常祸害营盘寨子。有时，营盘的人家有小娃病了，为买药，不得不跟别人借100斤谷子，秋收时就要归还两三百斤谷子，大多数营盘人的日子真是苦，只得见着山药吃山药、见着木薯吃木薯，即使到1957年、1958年，寨中群众生活都还不稳定，有的家庭还在到处躲难。直到1961年重新划归中国后，解放军和工作队进来了，群众才改变了命运，躲进深山老林的人家也搬回了寨子，苦日子才慢慢过去，好日子也才一步步到来。

现在，我们天天看见对面外国的高山和寨子，想想共产党救了我们、保护我们，想想我们营盘寨子的变化，我们是要安定有安定，要政策有政策，要好生活有好生活，这一切，都幸亏祖辈们雷打不动要划归中国，感谢中国共产党带给我们的好生活，我们跟着共产党真是幸福啊！

二、对共产党的忠诚就要像钢铁那样牢

回归后，党和人民政府很关心我们佤族人的生产、生活，帮我们盖房子，教我们发展生产，对于没有吃没有穿的还给衣服和粮食，派人来给我们治病、教书、教生产，所以我们老老少少都感谢党的恩，都感谢毛主席的恩！怀着这样的心情，我们每年都认真交公粮。虽然上级没有催我们，但我们每年收得的粮食，都自觉先拿来交公粮，一开始，是生产队集体交，后来又是每家每户各交各的，虽然那时的条件艰苦，每家每户，每一个人都是真心实意地交，大家都把它叫作"爱国粮"。原来是交到班洪，大家都挑运到班洪，后来又改为交到班老，大家总是将最饱满的谷子、玉米晒得脆生生的，扬去瘪壳、杂质等，再由男人去交，大多数用牛驮，也有的用人背肩扛，还要带上铜炮枪和长刀，因为那时的树林深、野兽多。

虽然每年都会缺粮，青黄不接时，只能把没有成熟的牛肚子果当饭吃，哪怕这样我们一直都交"爱国粮"，没有停过。我们佤族老人就是这样教我们：真心帮我们的，真心对我们好的，我们佤族人的心就像石头一样，永远都不会改变。用现在的话来说，我们佤族人的心就像钢铁一样牢。

一直到国家取消公粮后，我们寨子中"爱国粮"这个称呼才慢慢消失。

三、对群众就像对父母一样

在工作的那些年，我看到：虽然地是大家种，活是集体干，但是，各家各户分得多少粮食、大家饿不饿肚子、日子好不好过，关键还是要看生产队的队长，还是要看村上的支书、村上的干部，因为"群众看干部、干部看支书"。

那时，一个村的干部少，党员也少，支书是全村男女老少关注的人。群众要

靠干部来引领，干部又要靠支书来引领。

那时，为了解决营盘村耕地不足、粮食产量少的问题，我们规定：每开垦一亩耕地，村上就补助30元钱。这样一来，营盘村就新开了600多亩田地，全村的耕地面积翻了一番，解决了地少、粮少的问题。

为了增加大家的收入，我们种植茶叶、橡胶，一些群众不理解、不支持，有的说："开茶地苦是苦，怕是不会得吃？"还有的群众说："古人都不种橡胶树，怕不会适应这个地方？"我们就抽出早、晚的时间，上门去做思想工作，一次不行，就去两次，两次不行，再接着去，一直到这些群众的工作完全做通，最后家家户户都出工、出力，我们种植了200多亩茶地，也种出了大片大片的橡胶林。

有一回，全村还有200多户人家不通电，我们就带领大家去搬运椽条（编者注：传统木房中用于托住瓦片的木条），用搬运收入购买电线，让群众第一次用上了电。

印象深刻的是，为了恢复家乡的绿水青山、增加群众的生产收入，需要开挖箐门口、金河这几条引水大沟。大沟修建需要占用群众的耕地，也需要砍伐群众的茶树、果树、沙松、竹子等经济林木。我首先站出来，主动无偿让出自家的1亩多茶地、5篷巨龙竹、1亩核桃地、1亩沙松地、2亩菜地，也不提任何要求，群众看到后，大家都放弃了原先所提的条件和要求。

占地的问题解决了，我们带着口粮、被褥、工具，每天投入近200个工，在工地上一月接着一月奋战。时间一长，又出现了新的问题：许多群众不愿出义务工了。我们只得又反复上门做工作，没日没夜地干，最终才修通6公里多的引水大沟，解决了营盘村的人畜饮水和生产灌溉问题，我们的1000多亩保水田、1200多亩经济林，还有养牛、养猪等，也发展起来了。

那时候，虽然工作的困难是比较多、比较大的。比如，做好外搬群众的回迁工作是其中之一，经反复做工作后回迁了80多户，挑战大的还有抗击疟疾、计划生育、"退耕还林"、杂交水稻推广、农田改造、茅草房改造等，但是，作为一名共产党员，遇到什么困难都不要怕，因为我们有党组织可以依靠，也有群众来支持我们。

四、爱护安定就要像爱护空气

老辈人给我们说：过去很苦！我们小时候也经过冷，经过饿，经过有病不得医。今天，看着家家户户过上好日子，如果要我总结：一是靠共产党的领导，二是我们的努力奋斗，三是要靠安定团结。安定就像空气一样，平时你感觉不到它的重要，可你也离不开它。

从支书的岗位退下来后，我就回家养猪、采茶、种稻田，每年养猪、采茶收入2万多元，每年收获稻谷、玉米1万多斤。在寨子中宣传政策、化解矛盾，支持公益事业是我们的责任，我们要教育儿孙，让他们学习上进，我的大儿子被选派到边境卡点值守，二儿子被选举为营盘村务监督委员会主任，我都经常教育他们，要他们从我家每一个人做起，爱党、爱国，做好上级交给的工作，做好群众的事情。

如今的营盘村，修起了硬板路，家家户户盖起了楼房，群众的大病小病都能治好，用上了大电，饮水实现自来水，不用再像过去用竹槽接水，也不用到五六千米外挑水，孙女读书也吃上了营养餐，群众每人每年还有3000元的边民补贴，真正实现了世世代代盼望的衣食无忧。历史已经证明，只有稳定才会富裕，稳定和富裕都是共产党给我们的，我们的子孙后代都要永远听共产党的话、永远拥护共产党。

（杨岩板口述　王光华整理）

赓续祖先的英雄血脉

　　我叫胡金明，佤名赛金，班老乡下班老村人，佤族，男，中共党员。我1950年4月出生，现年71岁，1975年至1978年任下班老村四组会计；1978年至1983年任下班老村文书；1984年至2004年任下班老村支书。

　　我分别于1982年、2003年和2004年任县党代表，1983年和2003年任县人大代表。在岗期间，我和群众想在一起、干在一起，创造我们的新生活。2002年我们挖凿了水沟，解决了下班老村农田灌溉用水不足的现状，1982年我们修建了下班老村的道路，给群众的生活提供了便利。1986年平整了上班老村的耕地，提高了耕地利用率。

　　现在我虽然已经离任，但仍然坚持认真学习党的理论知识，在疫情防控严峻的情况下，呼吁下班老村的村民群众积极配合疫情防控工作。现在依旧坚持学习党章、党规，积极配合村干部开展乡村振兴工作。

一、让红色基因世代相传

　　我是班老抗英英雄胡玉堂的重孙。我的爷爷胡玉堂曾参加和领导了1934年的班洪抗英。1936年2月，我爷爷又率班老部落头人10余人到公明山参加17部落头目剽牛盟誓，并联合起草发布了气壮山河的《告全国同胞书》，发誓“宁血流成河，断不做英国之奴隶”，表明了阿佤人民维护祖国领土完整的决心。我爷爷在抵抗外敌入侵、捍卫祖国统一、维护边境稳定方面发挥了重要作用，为班老回归作出突出贡献。解放以后，我爷爷曾出任全国政协委员，受到毛泽东主席、周恩来总理的亲切接见。我很为爷爷自豪。

回忆起回归前的日子，很让人感慨，被划出去的那些年日子并不好过，我们在的村子被人民军控制，他们常和政府军打仗，我们常被拉夫，去扛子弹、挖战壕，随时都生活在枪炮声的恐惧之中。生活上也很是艰难，辛苦一年也难以果腹，我们都盼着早日回归中国。我们心中有希望、有念想，因为爷爷说过，"班老历来是中国领土、班老人是中国人"，我们一定会回到祖国，我们一直都在期盼着这一天的到来。我还清楚地记得班老回归的事。回归那年我11岁，已经有记忆了，1961年6月4日，中缅两国政府代表到达班老新寨，举行了班洪、班老所属村寨和"1941年线"各骑线村寨的归属签字交接仪式。第二天（6月5日），班老和平回归，我们在新寨举行了联欢活动，头人通知我们不许带枪、不许带刀，要带上自制的谷花、鲜花，欢迎解放军到来。寨子里的佤族群众以最高的民族礼仪欢迎中缅两国代表进村，当解放军部队开进来时，我们在班老新寨的路边新盖起了撒拉房（凉棚），敲象脚鼓跳摆、撒谷花、献鲜花，上千人在寨门口迎接解放军进寨。

我的孙女胡金现在昆明女子中学读书，是"春蕾计划"的受益者，我很爱这位宝贝孙女，常打电话、发微信，让孙女努力学习，听党话、感党恩，将来回报国家、回报社会。我要让赓续于祖辈的红色基因世代相传。

二、我喜欢老支书这个称呼

我们下班老村位于沧源佤族自治县班老乡，与缅甸隔河相望。有农户212户，880人。这里的村民都习惯称我为老支书，我也喜欢老支书这个称呼。从1984年到2004年，干了20年村支书的我，割舍不下的不是这个称呼，而是那份沉甸甸的责任。

我感恩党的培养。1975年4月，沧源县革委会和公社党委把我作为干部苗子送到了县委党校学习。也就是那一年，第一次要出远门的我才穿上了一双属于自己的鞋子。那时的党校还叫"五七干校"，条件很是艰苦，教室还是茅草屋顶、稻草泥挂墙的房子，学员三餐常以馒头、黄薯做主食，但我却把握住次这难得的学习机会，认真听老师讲课，不懂就问，放假也不回家，就待在学校里认真学习，结业时被评为优秀学员，也就是这一年的刻苦学习，我在下班老村已算得上是一个能识文断字的文化人了。完成党校的学业回到村里后，我就当上了村文书，后来又当上了村会计，并于1982年光荣入党。我1984年开始担任下班老村支书。村支书是一个"说大也很大、说小还真小"的特殊岗位。"大"，是说支部书记责任很大，事情很多，直接影响到党这个肌体"神经末梢"的畅通；"小"，是说村支书权力非常小，人员非常少，并没有特别的资源和人手来调配使用。就是在支书这个责"大"权"小"、事"多"人"少"的岗位上，我整整干了20年，受到组织的信任，能为群众实实在在地工作，是我一生最大的幸福。

三、脱贫先立志发展靠自己

20世纪七八十年代的下班老村，因为缺水，只有140亩的水田，而这些水田也只是"看天吃饭"的雷响田（旱田），因为没有水，地里种不出水稻，粮食稀缺，村里只能种一些耐旱的玉米、苦荞、小米、旱谷等农作物，但即便杂粮野菜掺在一起，也还是填不饱肚子，最后还得靠国家救济。对于这样的苦日子，很多村民都认命，但我不能认命，我通过反复实地勘查，并和村民商量，决定挖沟渠把河水引进村子，解决灌溉问题。当时由于缺乏资金、技术，加之路程又远，一些村民劝我放弃。可我心里却暗下决心，一定要把水渠修通。凭着一股倔强的执着劲，我一家一户做工作，最后大家想通了，一起修水渠。在当时修水渠，没有现代化技术，就用土办法，测量靠竖起几棵竹竿子用眼睛瞄；没有水泥，用泥巴糊沟壁；没有机械设备，靠锄头、木锤、自制推车上马。为了抢进度，我们不分寒暑昼夜，每天坚持到深夜才点着火把回家。就这样日复一日地干了两年时间，终于把水渠修通了。解决了下班老村的灌溉用水问题后，我们又一起修路、平整耕地。

20世纪50年代开始，中国在海南、云南等热带地区种植橡胶，以保障国家的战略物资供给。通常，一棵橡胶树种下8年就可开始割胶，这期间只要有人管护，就可以带来持续30年左右的收入，因而橡胶又被称为"摇钱树"。1986年，沧源自治县党委、政府决定充分利用班老乡的热区资源优势发展橡胶，并把橡胶作为班老山区群众脱贫致富的重要产业来抓。当时，橡胶对班老来说是新鲜事物，一些群众一听种橡胶要8年多才能有收益，心里就有了抵触情绪，不愿种，我就对大家说共产党不会哄老百姓，跟着共产党才有好日子，做通了群众的思想工作，最终超额完成了种胶任务。回忆起1986年、1987年种橡胶的场景，那真叫苦，吃住都得在山上，村民们带上米吃，在山上搭起窝棚，种胶期间从没节假日，只有回村拿口粮时能休息上一时半会儿，大家一干就是两年。种橡胶最辛苦是打塘、挖胶洞，每个洞长、宽、深都为60厘米——大约三拃，一个壮劳力一天也只能挖10个左右。而且班老的天气湿热、雨又多，窝棚里时常漏雨，再加上蚊虫的叮咬，条件真的很艰苦，但是群众把账算通了、思想通了，那些困难都算不了什么。如今，整个班老乡有橡胶树5万多亩，橡胶已成为村民们脱贫致富的一项重要产业。

我和乡亲们种橡胶、修水渠、种庄稼、种蔬菜，一直干到现在。我没出过几次大山，一辈子都在用自己的双手建设着这个佤族村落，用脚丈量着下班老边境线上的每一寸土地。

四、有我们在，坏人就不敢来

班老村有12.5千米的国境线，边境防疫的任务十分艰巨。虽然我已经70岁了，但我还能动、还能说，还能为边境新冠疫情防控做些事，还要发挥党员作用，和乡亲们坚守在防疫的第一线。从2020年2月开始，班老乡从乡到队到组，党员带头，全民出力严守边境一线。大家你抬锄头、我抬砖、他挑沙，在边境线上搭建起了多个简易的联防哨所。村里每家都出人、出力，自愿到边境上值守、巡逻。林中蚊虫、毒蛇很多，每次巡逻都很艰辛，但大家都没有怨言，都觉得这是和我们先辈保卫国家一样光荣。

有一晚，我和一小伙在卡点执守，眼见天下起了大雨，哨所里的衣被都被漏下的雨水淋湿。风高夜黑，桌上的锅碗都被大风吹到了屋外，同去的小伙子很是害怕，问我："会不会有越境的坏人来？"我告诉他："不要怕，只要我们在，坏人就不敢来。"2020年2月25日晚7点多，境外来了几个人，我冲上前挡住了他们，并大声质问他们要干什么。原来，这几名企图偷越国境到中国来的边民是要来买几包盐巴，并说他们已经几天吃不上盐了。我动了恻隐之心，转身从哨所里拿了两包盐巴给他们，并严令他们原地返回，决不能跨入中国境内半步。

这一年多来，我们下班老村民们在边境线的大山上，守护着国土的安宁和人民的安康，我们深知，守好边境就是守护好自己的家园，我们要保卫好边疆、保卫好国土，守好祖国的大门，让爱国守边的精神代代相传。

五、见证新时代

我小时候曾经做过一个梦，梦见我在爬楼梯，梯子很长，我一直向上爬啊爬。后来，我把这个梦告诉了爷爷，爷爷听了很高兴，说："这孩子有福了，赛金的日子会越过越好。"我看这梦解得还是准的，我的一生都像是在爬楼梯，从文书到会计、大队长再到支部书记，一个台阶一个台阶地向上走，真的得感恩组织的关怀和群众的信任。

我赶上了好的时代。从2014年开始，随着脱贫攻坚的整村推进，下班老村发生了翻天覆地的变化。新家园建设、幸福工程、危房改造、扶贫专项安居工程建设、小额信贷贴息、专项产业扶贫、连片特困地区规划、易地扶贫搬迁等项目得到了实施。农民的生产生活、经济收入、住房条件、文化生活、村寨道路得到极大改善，2018年下班老村实现脱贫出列。如今的下班老村，依靠橡胶、坚果、竹子、养殖等产业，2020年全村经济总收入达1209.6万元，人均可支配收入12032元，粮食总产量635吨，人均有粮394公斤。下班老5个自然村已全部通电、通水、通路，村民们彻底地甩掉了贫困的帽子。近年来，随着边境小康村建设，下班老村群众不仅实现了增收，还享受到了越来越好的教育、医疗、交通等公共服务，边疆繁荣促进了边境稳定，各族群众有了更多的获得感、幸福感、安全感。

班老曾经有一位魔巴（佤族祭师）预言，有一天阿佤人会过上"在家门口赶街，一天换三套衣裳。吃水不见水源，吃饭不见米糠"的好日子，这说的就是今天了。现在，自来水接到家里，家家户户吃上了大白米饭。以前住的茅草房，房顶多次被大风吹跑，一遇刮风下雨就提心吊胆，现在班老乡每家每户都住着砖瓦房，不仅吃穿不愁，而且连我这样的老人都用上了手机，过去想说什么话要跑很远，现在有什么事可以在电话里说、在微信上说，相当方便，要不是亲眼见证，以前想都不敢想！

退休后我也没有闲着，我一直在村里宣传着党的政策方针，让村民了解更多国家政策，鼓励村民积极发展个体工商业、养殖业，种植经济价值高的农作物来提高收入。

　　我家有15亩橡胶，有半亩坚果。今年卖了2口猪，卖得3000块，坚果卖了600块，卖了3只鸡，再加上政府给的边民补贴，年均收入早上万了。

　　大家好才是真的好，大家富才是真的富。现在我们的班老家家户户门前、屋顶都飘扬着国旗，因为大家都知道，是共产党带班老回了家，带给我们好日子，门前挂国旗是要让所有人知道这是中国，班老人永远感恩党。

　　去年，习近平总书记给我们回了信，进一步坚定了我们永远听党话、跟党走，建设好美丽家园、维护好民族团结、守护好神圣国土的信心和决心。作为十位老支书中的一名，我将继续发挥先锋模范带头作用，全力以赴和乡亲们筑牢边境疫情防控的铜墙铁壁，用实际行动推进乡村振兴，维护好民族团结，唱响新时代阿佤人民的幸福之歌。

（胡金明）

我的心愿

我叫赵三木嘎，佤名三木嘎，班老乡帕浪村人，佤族，男，中共党员，1955年1月出生，现年66岁。1973年入党，1969—1984年任帕浪村一组会计，1984—2004年任帕浪村支书。

在任职期间，我和乡亲们一起修通了班老至帕浪、峒南海至班搞的路。1991年至1992年间，组织群众修建了班老水库。2003年挖凿了班老大沟，在一定程度上缓解了帕浪灌溉用水问题。1990年组织群众投身水电建设，让帕浪村实现了通水、通电。为解决群众无经济来源的实际，在党委政府关心下，我和乡亲们一道种植了1700多亩橡胶，为群众增收致富奠定了坚实的基础。我担任帕浪村支书的20年里，发动群众修路、架电、通水、办学校、招商引资、种茶叶、种橡胶、种坚果，带动大家不等不靠、自力更生，用上了亮堂堂的电、干干净净的自来水，这些幸福，乡亲们看得见、摸得着。如今我虽然离开了村支书的岗位，但依旧时刻牢记自己是一名共产党员，充分发挥自己的作用，为帕浪村发展献言献策。

一、传承于父辈的红色基因

我的父亲是一位在班老一带很有名气的"赤脚医生"，他医术高明，有很多偏方，医治过不少的人，即便班老回归后，缅甸人也会常来找他治病，他曾在20世纪80年代获得过临沧地区卫生先进个人奖。他不仅医术高明，更有一颗炽热的爱国之心。20世纪50年代，国民党窜匪经常袭扰边境祸害佤族人民，他就常用走村窜寨行医的机会，给解放军提供情报，他还偷偷地教我们学习汉语，告诉我们班老四位头人1953年给毛泽东主席写信的事，他让我们从小就知道，班老和班洪世代属于中国，让我们坚信"我们一定会回到中国去"。他也带我们见证了班老回归，实现了梦想。

班老回归那年我6岁，虽然年幼，但我们阿佤人民以最高的民族礼仪欢迎解放军进寨，场景深深刻画在我的记忆之中，永远不会忘记。回归1年后的1962年，我弟弟出世，是在解放军的卫生所里接生的。生在红旗下，长在新中国，我们是幸福的一代人。

二、修路通水为乡亲谋幸福

我1969年开始担任村里的会计，1973年入党。1984年，在帕浪村党支部的换届选举中，我当选为帕浪村党支部书记。此后的20年间，我带着父老乡亲的殷切期望和报答党对自己培养教育的初心和使命，全身心地投身到为家乡百姓谋幸福的工作中去。

帕浪村位于沧源自治县班老乡的东面，与缅甸接壤，边境巡逻道穿境而过。村里有农户307户，1307人。20年前的帕浪村，地势东高西低，只有一条又窄又泥泞的羊肠小道，路面坑坑洼洼、弯弯曲曲，各家污水都排到路上，行人车辆进得来出不去，小商小贩都不愿意来。那时的帕浪村百姓手里没钱花，日子过得都很艰难，老百姓看哪都不顺心，村干部说一句，群众怼十句。当年，我接到这个摊子时，群众都在观望，看我能不能把村里的工作搞上去。上任之初，我便从村民反映最强烈的问题入手，着力解决村民的行路难和吃水困难的问题。

20世纪80年代初，帕浪没有一条机通路，送公粮都是人背马驮，到乡里开会得走3个多小时的路，村民的生产、生活都十分不便。刚一上任，我就开始发动村民修公路。刚开始，很多村民认为这是在做梦，毕竟村子太过偏远，修公路的想法一点也不现实。我告诉大家："山凿一尺宽一尺，路修一丈长一丈，就算我们这代人穷十年、苦十年，也一定要让下一辈人过上好日子。"慢慢地，大家想通了，都背着干粮驻扎在工地上，扛着锄头、锤子、刮板在山里一锄头一锄头地开挖。遇到岩石阻挡时，就用炸药炸开，接着再挖。从上嘎嘎至芒黑修了一年，从芒黑到帕浪又是干了一年，从班洪乡到上嘎嘎再到帕浪村，又用了两年时间。在党支部的带领下，村民们坚定了决不再让子孙后代一代一代穷下去的信念，发扬"愚公移山"精神，用了5年时间，硬是挖通了帕浪5个自然村及30千米的通乡土路。

路挖通后就是水的问题，帕浪村虽雨量充沛，但属喀斯特地貌，盛不住水，雨天靠雨水、雨停三天就愁，遇上天旱，就要到3公里外的箐沟里去挑，一个来回6公里多，去时走下坡，回来爬上坡，一担水1个多小时。水，曾经是帕浪最珍贵的东西，干部们下乡到帕浪，吉普车的后备厢都得塞满灌满水的塑料壶。

1972年，帕浪村要建小学，解决孩子们的上学问题，要建学校，首先就得解决用水的问题。我带上几个年轻人四处寻找水源，我们奔波几天，终于在3.5公里外的地方找到了一眼可供饮用的清泉。我们就地修建起水池，引水资金短缺，我们就用土办法，砍来一棵棵佤山巨龙竹，刨开里面的竹节，一节节地接拢把水引到学校村里，但要通过人畜密集地段，这个方法不把稳，大家就集资买来水管，新老办法一起用、土洋材料一起上，通过3个多月的努力，村里第一次解决了吃水愁的问题。

三、爱校如家

在路和水的问题解决后，我又开始思考接下来该做些什么，以进一步改变帕浪村的面貌。俗话说，治贫就得先治愚，下一代要过上好日子，首先得有文化，把村里的孩子们培养出来，才是阻断贫困代际传递的根本之道。1972年，村里开始办学校，我和乡亲们出工、出力，一锄锄地平整学校的地基、操场，用稻草和泥巴砌起校舍的墙，那时村集体不仅没有分文的积累，而且还欠有外债，建学校全靠自己出力和向上争取的资金。1972年，帕浪村建起了全村有史以来的第一所小学——帕浪完小，也就是现在的帕浪国门小学。学校刚开始只是30多名学生，后来慢慢地发展，到现在已有100多名学生。帕浪国门小学的第一批学生30多人，后来基本都去乡里读了初中，成长为帕浪的第一批人才。将近半个世纪，帕浪完小毕业的学生中有公务员、教师、医生、科技工作者、企业家，大都成长为阿佤山经济社会发展的有用之材。

阿佤山发展需要更多人才，学生需要安全优美的教学环境。学校那几间土坯房校舍，始终是我心上的一个结。2004年，在我即将卸任支书前，我和乡亲们完成对学校校舍的升级改造，将原先的土坯房升级为浇灌的砖混房，让孩子们读书的教室更为敞亮、安全。浇灌教学楼时发生的一件事，至今还让我记忆犹新。浇灌得赶工期，必须得在两天内完工，当时说好一个队出5个工，总共15个人，但有的队由于劳力外出，实在找不到人，就只好派小孩或妇女来充数，这样就先耽搁了一天，第二天从早上干到晚上10点，都还浇灌不完，眼看无法按时完工，我急了，只好找了芒亥村的一个工头，让他给找15个工人，以每人100元的工钱来接着干。请来的工人连夜赶工，终于干到第二天早上8点完成了浇灌，可哪来那1500元钱呢？我只好和老婆商量，用家里卖牛的钱来支付。现在看，这笔钱花得值。

四、帕浪村的"当家人"

大家都说村支书是村民的"当家人"，要把帕浪村治理好，带领村民脱贫致富，就必须要有一个清晰的思路。路修通了，学校也办起来了，我仍在想，一个地方要彻底甩掉贫困的落后帽子，就得发展产业，只有产业的支撑，才能让乡亲们有钱花、有饭吃、有房住、孩子有学上，幸福日子才能长长久久。

帕浪村地形复杂，海拔高低悬殊大，立体气候突出，有"一山分四季，十里不同天"的特点，适宜种植橡胶、咖啡、坚果等多种经济作物。于是我开始找乡镇领导逐级反映情况，积极争取项目，先后引进了沧源自治县"18公司"入驻村里投资咖啡产业、广东"华建有限公司"投资橡胶产业。咖啡项目引进以后，村民就有了收入，挖一个咖啡洞7块钱，挖10个洞就有70元钱的收入。到2003年，帕浪村种植橡胶面积达1760亩，解决了此前村民无稳定经济来源的困境。

2014年，脱贫攻坚在帕浪村整村推进。截至2020年，已实施农村危旧房改造315户，全村有10个自然村已完成农村安全人饮工程。参加新型农村合作医疗人数1287人，参合率达100%。全村累计种植竹子1242亩、橡胶7330亩、茶叶337亩、澳洲坚果2222亩，年人均收入达10143元。山高箐深已挡不住阿佤人的致富步伐，过去产业发展严重滞后的帕浪村，在各级党委、政府的支持下，积极种植竹子、橡胶、澳洲坚果，不断推进全村产业发展，给群众带来了真正的实惠。村民们说，这些都要感谢党和政府的好政策，感谢带领群众脱贫致富的好支书、好干部。

五、最大的心愿

担任村党支书20年，我的体会是：要当好村干部，一是要牢固树立全心全意为人民服务的思想，一心一意地为老百姓谋利益，不图个人名利，一个村干部的威信，不是自己喊出来的，而是老百姓通过对自己的工作给予的认可和评价。二是要有敢于担当和勇于负责的精神，在带领群众致富上，在发展集体经济上，要想干事、能干事、干成事，还要做到不出事。如果前怕狼、后怕虎，没有担当、没有气魄，那就什么事也办不成。三是办事要公道正派，要有公心，对群众要一碗水端平，要善于和敢于同歪风邪气作斗争，当好一个村支书，关键是不能占集体和别人的便宜，要做到两袖清风、自身干净，只有这样，群众才信赖你、才拥护你。

帕浪村住着汉族、佤族、傣族等多个民族。千百年来，村民们都把"佤族汉族是一家人，九老九代不丢伴"的族训记在心上，形成了民族团结、和谐共处、团结奋斗的好传统。自从党的十八大以来，在党中央的英明领导下，阿佤人民真正实现了脱贫致富，佤族群众逐步富起来了、强起来了。

为了感谢党和国家，今年6月，我和其他9个边境村的老支书们商量合计后，怀着崇敬激动的心情，给敬爱的习近平总书记写了一封感谢信。信中细数了这些年阿佤山的巨大变化，并向习近平总书记汇报了阿佤人民的幸福生活，表达了边疆人民心向党、心向国家的赤诚之心、殷殷之情。后来习近平总书记饱含深情给我们回信，那真是情暖阿佤山，幸福了阿佤人。

我是帕浪人，我的根在帕浪，作为一个入党48年的老共产党员，为村民谋幸福、为帕浪村谋发展，就是我的初心和使命。能为帕浪村的父老乡亲们多服务几年，多做一些实际而有意义的工作是我最大的心愿。我们今天的幸福是来源于中国共产党的领导，我们要守好自己的国门，守好自己神圣的国土。我们要感党恩、听党话、跟党走，永远不变心。

（赵三木嘎）

我与中缅印度洋新通道

　　为贯彻落实中国远洋海运集团与临沧市政府签订的《战略合作协议》、中远海运物流供应链有限公司和临沧市政府签订的《项目投资协议书》，在中远海运集团时任董事长许立荣和时任临沧市委书记杨浩东的关心与支持下，2019年8月27日，临沧中远海运物流有限公司注册成立。为服务好临沧地区经济建设发展，中远海运物流成立临沧筹备小组，我作为临沧公司的总经理，被任命为筹备小组成员，带领小组多次往返于各类口岸，对清水河口岸、南伞口岸进出口货源、种类、数量、目的地，货物进出口的市场运力情况，特别是政府、口岸办、海关对清水河口岸相关政策及清水河口岸硬件设施进行了详细研究。每次在口岸待上二三天，便要着急赶回去处理其他工作，但只要有时间，我就会和小组成员一同进行实地调研。

　　调研期间，为了更深入地了解中缅新通道，我参观了建于孟定镇忙蚌村滨河路边的滇缅铁路遗址博物馆，这里曾经是滇缅铁路孟定站。走进一楼展厅，仿佛从深邃的隧道里奔驰而来的火车模型，汽笛轰鸣，把火车启动、行进、进站的鸣笛声模仿得十分逼真。展厅地面是钢化玻璃覆盖的铁轨，展厅两侧用实物、照片、雕塑展示了修筑滇缅铁路的情景。二楼展厅陈列了一些抗日战争时期滇缅铁路建设的文物，更多的则是展示中国近现代铁路建设的历史和成就。博物馆中展线设计以事件、时间为脉络，用修筑滇缅铁路时的实物、场景再现、影视文字、图片等资料，展现了全国人民为维护国家主权、领土完整而抢修滇缅铁路付出的巨大努力，记录了近代以来滇西人民修筑滇缅铁路时艰难悲壮的场景。眼前的一切让我惊叹不已，看着一幅幅弥足珍贵的照片和一件件难得一见的实物，西向通道建设的不易更为具体地在我脑海中浮现出来，仿佛能听到密林深处的锄声、锤声、炮声、夯土声和马帮铃声，使我受到了巨大的冲击和震撼。

临沧的"五个一梦想"其中之一就是铁路梦想，每每到孟定，只要时间允许，我就会到滇缅铁路遗址博物馆再看看。30万民工奋战在铁路工地，与严寒酷暑拼搏，与瘴疠病魔拼搏，与缺粮断炊拼搏，硬是靠肩挑手挖，在悬崖绝壁的澜沧江畔，在莽林遮天的南汀河岸，投身修筑滇缅铁路的壮举。但是，1942年滇西失守，铁路被迫停工，未能全线修通。而我、我们现在正在做的，就是再现这段百年梦想！能够参与到中缅新通道的推动与建设，我感到无上的光荣，打通中缅印度洋新通道，势在必行！

除了滇缅铁路遗址博物馆，调研时，有件事一直让我无法忘怀。为了加速中缅印度洋新通道的打通，中远海运物流副总经理董大欣等领导一行到临沧调研，在调研永和口岸经过双江的路途中，只听到"哗"的一声，紧接着就听到有人在大喊："泥石流！快停车！"我们总共有5辆车，过了3辆，有两辆车被泥土和碎石与前车隔开来，而我恰好就在倒数第二辆车上，亲眼看着面前的路被堵住。当时天色已黑，我们快速下车查看路面情况，好在路面没有塌方，"小心！"当我们正在查看路面时又有石头滑落下来，我们应声向两边散开来，一位领导在躲避落石时不慎摔倒，所幸大家都平安无事。过了一会儿，大家心情基本稳定，确认安全后，所有人齐心协力用车上的工具，初步清理了下路面，快速将车驶离。之后的行程并没有因为这个插曲中断，大家抓紧时间考察、调研，并在调研后提出了许多宝贵的意见与建议。事后，大家再聊起这件事，一位领导说："遇到泥石流先是紧张，事后再回头想想，临沧交通状况不太好，边疆人民要发展，诸如这样的障碍还很多。因此我们的使命很重大，要想办法让更多人关注临沧、看到临沧，这样就可以有更多的资源倾注到临沧，帮助临沧发展。"

为了验证中缅印度洋新通道的可行性，我积极联系集团内单位，与集运、散运、物流系统内如大连、重庆等公司进行多次互动，我所在的临沧筹备小组提出了构建"中缅通道人字形"经济走廊通道的设想（仰光—曼德勒—腊戌—清水河），即在缅甸皎漂港暂不具备港口操作能力的实际情况下，首次提出将印度洋的货物通过仰光港卸船，经公路运输至中国临沧清水河口岸入境，再经铁路运输直达成渝经济圈。通过与瑞丽、孟定海关、中缅陆路口岸贸易商、各口岸报关行反复沟通，分析项目难点和痛点，大家共同梳理出两国税率政策、一座桥梁、两个许可、车辆入境、口岸扩大开放等国外段5方面、国内段4方面共计19项问题，形成了《关于加快打通中国通往印度洋物流通道推进工作中存在问题的报告》，正式启动了项目规划建设工作。2020年9月，临沧市委托中科院科技战略咨询研究院牵头开展了中缅国际物流大通道建设战略研究，我作为陪同人员，陪同中科院科技战略咨询研究院相关人员，对整个清水河口岸进行了为期7天的一次调研。在中科院政策咨询研究院的支持下，最终形成了"海公铁"联运的通道落地方案《中缅通道建设可研报告》，得到了集团及临沧市政府的肯定，上报到中国共产党中央委员会办公厅、中华人民共和国国务院办公厅和集团，使我更加坚定了中缅印度洋新通道的决心。

调研与考察，是每项工作中都必经的一个前置过程，它帮助我们验证并更好地实践。2021年8月19日，习近平总书记给沧源县边境村10位老支书回信后，临沧人民更加坚定了圆梦滇缅铁路，打通中缅印度洋大通道延续百年梦想的决心。自2021年8月25日中缅印度洋新通道试通首发专列顺利启运至今，临沧中远海运物流已完成14批次进出口货物运输。其中，进口物资7批次，出口物资7批次。进出口货物涉及光伏设备、化肥、青贮饲料、大米、碎米、芝麻、绿豆等民生相关物品。

回首看走过的路，从构想到实现，其间没有什么惊天动地的大事，都是一个接一个细小的问题需要去克服，需要一直持之以恒去做，正是这一件件的小事，一个又一个的细节，让百年滇缅铁路梦成了现实。当初30万人花费无数个日日夜夜而半路夭折的滇缅铁路，如今焕发了新的生机。我相信，中缅印度洋新通道的明天，在大家的共同努力下会变得更好，朝着"五化"的目标，永不停息地向前，向前，再向前！

（朱　云）

记我经历的中缅印度洋新通道试通首发的过程

为积极融入国家"一带一路"倡议、"中缅经济走廊"建设，支持临沧创建国家可持续发展议程创新示范区、推动临沧当地物流行业发展，临沧市人民政府与中远海运物流有限公司进行深度合作，充分利用临沧市的地理区位优势及中远海运物流有限公司的专业优势，2019年8月27日，由临沧市国资公司与中远海运物流有限公司在临沧共同出资成立了临沧中远海运物流有限公司。

2019年8月，我在收到公司领导的嘱托后，立刻起身从昆明前往临沧参加"临沧合资项目"相关工作的推进。合资项目打造立足临沧，服务中缅通道，辐射东南亚，链接两洋的国际性、枢纽型现代物流产业。作为长期漂泊在外学习、工作的游子，到达临沧以后，被眼前的景象惊呆了，一栋栋竖立在眼前的高楼大厦，街道上车水马龙，清澈见底的玉龙湖，整个城市变得生机勃勃，现在的临沧早已不是儿时记忆中的临沧。想到今后也能为家乡的建设出一份微薄之力时，身上顿时充满了干劲。

中缅印度洋新通道是"西部大开发"战略的延伸。长期以来，中国西部地区交通基础设施薄弱，经济发展缓慢。在"西部大开发"战略中，中国要把缅甸作为西部产品出口和资源进口的接力站，是西南开放的便捷通道。货物从临沧火车站经孟定清水河口岸出关，通过中缅西向物流通道抵达皎漂港出海仅888公里，抵达仰光港出海仅1170公里，西南各省以及国家重要物资进入印度洋比从中国沿海城市出关通过太平洋，到达南亚、中东、欧洲、非洲，能节约航程2000～6000公里。

2020年底，随着大临铁路的通车，进一步推动了中缅印度洋新通道建设的工作进程，临沧中远海运物流将利用临沧清水河口岸的中缅西向物流通道，打通云南连通东盟自由贸易区、国家战略中缅人字型经济走廊的快速铁路、公路、水路通道，实现清水河口岸至缅甸仰光港72小时公路到达，临沧至成都、贵阳72小时铁路到达的物流布局形态。优化西南地区与国际航运的模式，并缩短原来采用国内沿海港口进出口的运输时间约72小时。

2021年5月初，临沧市委、市政府在收到时任云南省委书记阮成发即将来我市调研的通知后，市委、市政府高度重视，迅速组织相关单位及各部门负责人开会研究。在会上，时任临沧市委书记杨浩东作出安排，由市交通局、市发改委、市商务局牵头，各单位及部门之间相互协同、配合，在一周之内完成中缅印度洋新通道示意图的制作。

收到浩东书记的指令后，公司积极同相关单位对接、沟通，坚决落实浩东书记下达的任务。之后，领导把信息收集以及项目可行性研究的任务交给了我，在此期间，我查阅了大量资料，收集了中缅两国的相关信息。在经过市委、市政府及各单位负责人反复修改和论证20多稿后，于2021年5月9日凌晨最终定稿。

2021年5月10日，阮成发书记及时任云南省省长王予波率队到达临沧市进行调研，在临沧火车站，临沧中远海运物流有限公司董事长叶向东用中缅印度洋新通道示意图向阮成发书记汇报了建设中缅印度洋新通道的意义及重要性。阮成发书记对叶向东同志的汇报给予了高度肯定，并要求要胸怀"国之大者"，做好沿边开放这篇大文章，尽早打通、逐步完善"海、公、铁"联运物流大通道，持续深化对缅交流合作，加快打造沿边城镇带、边境小康村，今后会重点关注该通道的建设情况，临沧市政府及相关单位要积极落实该通道的建设。听到这些安排和部署，我们在场的人员都为之振奋。

在省委、省政府给予临沧市"三个定位"的基础上，临沧市委、市政府早在2021年"两会"期间，就把和中远海运集团战略合作建设中缅印度洋新通道写进了"十四五"规划当中。阮成发书记对此给予了肯定和支持，他对即将到来的2021年南亚、东南亚商品展和投资贸易洽谈会筹备工作作出批示，要把中缅印度洋新通道试通首发作为此次商洽会的重要议程，要求市委、市政府及临沧中远海运物流有限公司积极配合完成该试通首发。

在接到省委、省政府的通知后，市委、市政府及临沧中远海运物流有限公司高度重视，及时成立了中缅印度洋新通道指挥部办公室，各单位继续抽调骨干力量，对首批第三国集装箱运输的方案进行策划和研判，我作为临沧中远海运物流的代表也被抽调。在商洽会开幕前半个月，临沧中远海运物流从新加坡组织货源并安排箱源，提前订舱，最终在8月8日顺利从新加坡港装船起运，8月12日顺利到达缅甸仰光港。由于当时缅甸第二轮新冠疫情正处于大暴发的阶段，缅甸各政府官员都处于居家办公的状态，给境外协调工作带来了巨大困难。但是在新通道指挥部办公室与缅方积极沟通和努力下，装有第三国货物的集装箱顺利完成在缅甸的通关、过境，并于8月20日进入临沧清水河口岸。在集装箱进入口岸的同时，我方口岸也处于关闭状态，新通道指挥部办公室成员及消杀人员只能到口岸进行货物的查验及消杀。疫情虽凶险，但是阻挡不了临沧人民对于开通中缅印度洋新通道试通的迫切心情。从8月21日开始在清水河口岸组织好车队后，装有第三国货物的集装箱陆续到达临沧火车站，于8月24日完成编组。8月25日中午，中缅新通道临沧站启动仪式在临沧火车站隆重举行，在伴随着一声轰鸣的汽笛声之后，首批60个集装箱，装载着1500吨货物的专列正式从临沧火车站启程，运往成都。8月27日，中缅新通道试通首发专列抵达终点站——成都。至此，中缅印度洋集装箱海公铁联运新通道第一批货物集装箱试运工作获得圆满成功，标志着临沧市融入西部陆海新通道建设取得突破性成果。

此次试通首发，我参与了全过程，感受很深，首趟专列的成功发运是进一步深入贯彻落实习近平总书记两次考察云南重要讲话精神，以及省委、省政府关于加快建设中缅印度洋物流大通道的决策部署的具体举措。临沧市抢抓机遇，主动作为，通过中缅两国企业携手合作，首次将环印度洋周边国家货物集装箱海运至仰光港，通过公路运输经缅甸到达中国孟定清水河口岸，至临沧火车站后再通过铁路运输用专列发运至成渝地区，实现新通道首次"破冰之旅"。今后临沧必将乘势而上，把区位优势真正转变为开放优势，加快融入"大循环、双循环"新发展格局，成为中国与环印度洋经济圈的物流大通道和重要枢纽。

（徐升声）

幸福之歌

新时代人民政协新样子

临沧政协这十年

党的十八大以来，市政协坚持"团结"和"民主"两大主题，围绕中心、服务大局，一体推进政治协商、民主监督、参政议政，不断深化建言资政和凝聚共识双向发力，干出了新时代人民政协的新样子。

以政治建设为统领
——牢牢把握政协事业发展的正确方向

坚持和加强党的领导，是党的十八大以来以习近平同志为核心的党中央推进人民政协事业发展的鲜明特点。

10年来，市政协准确把握人民政协作为政治组织的根本属性，提高政治判断力、政治领悟力、政治执行力，夯实团结奋斗共同思想政治基础。

扎实推进党的群众路线教育实践活动、"三严三实"和"忠诚干净担当"专题教育、"两学一做"学习教育常态化制度化，开展"不忘初心、牢记使命"主题教育，抓实党史学习教育，增强"四个意识"、坚定"四个自信"、做到"两个维护"。

完善党组理论学习中心组为引领、覆盖政协委员和政协干部的经常性学习体系，建立"习近平新时代中国特色社会主义思想30分钟早读会"等制度，深入学习党的十八大、十九大精神，深入学习习近平总书记考察云南重要讲话和给沧源县边境村老支书们的重要回信精神，深入学习习近平总书记关于加强和改进人民政协工作的重要思想，开展各类学习活动500多场次。

落实脱贫攻坚挂包、乡村振兴定点帮扶、河（湖）长督察督导等责任，履行打造"健康生活目的地牌"、县域经济发展、高速公路和园区建设等重大项目重点工作挂钩联系协调指挥职责，向市委请示报告工作282次，始终把政协工作置于市委的全面领导下。

创新政协党建"321"模式
——推进党建与履职融合发展

10年来，市政协始终牢固树立做好政协工作必须首先抓好党建的观念，全市政协系统上下"一盘棋"推进党的建设，通过探索实践政协党建"321"模式，走出了一条党建与履职融合发展新路子。

以"三个三工作法"构建机关党建新机制。通过"三份清单"建起党建工作"明白账"，"三化机制"念严责任落实"紧箍咒"，"三双制度"破解党建与履职"两张皮"，推动机关党建走在前、作表率。

以"两个全覆盖"探索引领委员新途径。针对政协系统长期缺乏覆盖党员委员的基层党组织、无链接党外委员的党的工作机制问题，建立"委员联合党委+专委会委员党支部+委员学习小组"组织体系，实现了党的组织对党员委员、党的工作对政协委员全覆盖。

以"一个平台"拓展政协党建与履职新空间。采取"互联网+党建+政协工作"模式，运用"云岭先锋"APP建设网上党支部，运用委员履职APP把委员连在网上，运用微信工作群加强思想政治引领，打造集网络党建、委员学习交流、委员履职管理为一体的信息化平台。

"三个三工作法"在全国政协系统党的建设工作座谈会上作了大会交流，临沧政协党建工作经验列入全国政协干部培训教材备选案例、被中组部选编为全国党员干部现代远程教育优秀电教片、《人民日报》作了刊发推广、入选"影响临沧的30件大事"和"临沧市全面深化改革十大创新案例"。

推动政协协商向基层延伸
——"边寨协商"在全国树品牌

习近平总书记指出:"涉及人民群众利益的大量决策和工作,主要发生在基层。要按照协商于民、协商为民的要求,大力发展基层协商民主,重点在基层群众中开展协商。"

作为专门协商机构,市政协将协商主业嵌入全过程人民民主,积极探索推动政协协商不断向基层延伸的路径。10年来,不断健全协商规则,坚持主要工作是协商的职能定位,完善协商内容,丰富协商形式,助力党委和政府科学决策、有效施策。

目前,已形成以全体会议协商为龙头,专题议政性常委会会议、专题协商会、协商座谈会为重点,对口协商、界别协商、提案办理协商更加灵活更为经常的协商体系,市政协每年举行专题议政性常委会会议2次、专题协商会不少于6次。协商议政新格局的建立,推动政协协商的互动交流氛围越来越浓,协商讨论的成效越来越实,真正做到了商出特色、商出办法、商出共识。

以"不建机构建机制"的思路开展"协商在基层"工作,率先在全省制定工作规则、明细协商流程,拓展基层群众参与政协协商渠道,设立乡镇(街道)、村(社区)协商议事会议136个,在基层形成"有事好商量,众人的事情由众人商量"的生动局面。

聚焦强边固防、兴边富民、沿边开放,率先在边境县开展"协商在基层"工作,推动政协协商有效嵌入边疆治理,促进各方面人员有序参与纳入边疆治理结构之中,政协边寨"小协商"助推边疆"大治理"的"边寨协商"创新做法先后在2020年全国地方政协工作经验交流会、2022年全国政协第139期干部培训班暨加强和改进新时代市县政协工作专题研讨班上交流经验,列入全国政协干部培训教材备选案例,3个协商案例被新华社《高管信息》聚焦报道,2个协商案例成为省第十次党代会以来全省民主法治建设典型事例。

深化专委会"动车组"改革
——履职创新活力明显增强

专委会是政协大会闭幕后的经常性工作机构，是政协履行职能的重要载体、联系委员的重要渠道，在政协工作中具有基础性地位和作用。

10年来，市政协按照新时代加强和改进人民政协工作的部署要求，按照专门协商机构"专"出特色、"专"出质量、"专"出水平的要求，实施专委会"一入二建三联"改革，把专委会打造成自带动力的"动车组"，专委会资政建言的独特功能作用、凝聚共识的前沿阵地作用、联系界别委员的桥梁纽带作用有效发挥。

遵循保持"专"的特色、人员适度平衡、便于开展工作的原则，将320名市政协委员全部编入专委会，壮大了专委会工作力量，解决专委会人员薄弱、无"兵"可用的难题。

在县（区）建立8个市政协委员履职组，在乡（镇、街道）、村（社区）建立80个基层履职实践和民主培训基地，同步设立79个委员工作室，实现委员履职入委到组、深入基层、服务一线。

深化专委会与部门、界别和县（区）政协"三联系"，健全专委会工作研讨会、专委会主任座谈会、专委会对口工作例会机制，不断拓展知情明政、联络服务、建言资政渠道，提升专委会整体工作效能。

建成临沧政协文史馆
——增强文史宣传教育凝聚力

市政协始终突出文史资料"存史、资政、团结、育人"功能，扎实做好文史宣传工作，擦亮了临沧政协政治底色，彰显了临沧政协文化底蕴，增强了临沧政协奋进底气。

坚持政治性、思想性、艺术性有机统一，建成全省首个州市级政协文史馆，充分展示在中国共产党领导下人民政协的光辉历程和临沧发展的辉煌成就，累计接待观展团队180批7100多人次，发挥了党史学习教育基地、爱国主义教育基地、爱国统一战线教育基地、民族团结进步示范教育基地的作用。

出版《纪念临沧改革开放40周年史料文集》《临沧优秀巾帼人物》《临沧探索与实践》《临沧战事》等文史资料，一批优秀文史资料有声书登上"国家图书馆云平台"，更好地传承历史、服务社会。

整合宣传资源，搭建宣传平台，"线上线下、刊网微端"全面发力，近5年来，1600篇新闻稿件在国家、省、市主流媒体刊发，提升了政协工作传播力和影响力。

持续改进调研方式方法
——建言资政成果更加丰硕

10年来，市政协把调查研究作为政协履职的必经程序，定期召开调研工作专题会议，改进完善调研流程。

牢牢把握建言资政的方向和重点，围绕脱贫攻坚、乡村振兴、对缅开放、生态环境保护、水与城镇化建设、引进教育医疗卫生人才、民族民间中医药传承与发展等重点课题，深入开展调研，形成一批有情况、有分析、有对策的意见建议，"建设水城融合的山水城镇"等意见建议得到省政府领导批示，促成一批项目落地落实。

把人民对美好生活的向往作为奋斗目标，关注民生实事献计献策，聚焦事关民生福祉的堵点痛点，深入开展"蹲点式"调研，倾听群众呼声，反映群众愿望，推动解决民生领域实际问题，"农村闲置住房盘活利用"的调研成果被省政协领导批转有关州市探索实践。

坚持问题导向、目标导向、结果导向，把履职成果报送方式整合为《建言资政专报》，细化"报、办、交、督、复"工作流程，累计报送《建言资政专报》56期，《以云县为突破做好临沧温泉资源开发的建议》分别得到省政协领导的高度重视并批示办理，市委、市政府主要领导批办16期，推动履职工作从"做了什么""做了多少"向"做出了什么效果"转变。

启航新时代、扬帆再出发。未来，市政协将牢牢把握发展全过程人民民主对政协协商民主建设提出的新要求，进一步加强专门协商机构建设，充分发挥人民政协的制度优势，深入推进作风革命和效能建设，不断提高建言资政和凝聚共识双向发力水平，在全面建设社会主义现代化新征程上展现政协新担当、新作为，干出新时代人民政协新样子。

（临沧融媒体记者　李维鲜）

政协党建"321"模式 创造临沧新精彩

　　党的十九大党章修正案作为中国共产党历史发展的时代记录，具有中国特色社会主义新时代意蕴，对党组提出了新的更高的要求。如何把党的十八大以来形成的这一重大制度成果在市政协落实落地，切实解决思想上、机制上、制度上、措施上面临的一些难题，如何破、怎样破好这个题，临沧市政协党组一班人进行了深入思考和分析研究，并充分发扬民主，采取多种形式和方式在中共党员、各民主党派、无党派人士及政协内部、外部进行了广泛协商，形成了市政协党组抓党建"三个三"工作法及配套制度，着力破解机关党建"灯下黑"及党建与中心工作、业务工作"两张皮"等现象和问题，临沧市政协机关党建工作新局面迅速打开。2018年6月22日至23日，市政协党组书记、主席李银峰赴北京参加了首次全国政协系统党的建设工作座谈会，作为全国政协系统14家大会交流发言单位之一，在大会上作了《实施"三个三"工作法推进政协机关党建再上台阶》的交流发言，人民政协网以视频形式进行了专题采访报道，省政协党组、省委组织部、市委主要领导作出批示，予以充分肯定和认可，国家、省有关重要媒体和网站纷纷报道、转载。

　　这次会后，市政协党组针对政协党的组织、党的工作覆盖有"盲区"，教育管理和联系引领委员存在"时空距离"等问题，以党的组织体系建设为重点，又探索研究了"两个覆盖体系"和"一个信息化平台"，在全国政协系统首家成立委员联合党委，把党支部建到"组"上、委员连到"网"上，破解了政协党的建设面临的一系列现实难题，形成了"321"模式。《云南政协报》头版头条以《健全组织系统，打通神经末梢》为题，对临沧市政协党建"321"模式进行了宣传报道，并在全省政协系统党的建设工作座谈会上第一家作了大会交流发言。

2018年12月，临沧市政协"创新实践政协党建新模式　画大新时代人民政协事业同心圆"党建专题片被全国党员干部现代远程教育网选为全国优秀电教片向全国展播。2019年4月4日，《人民日报》发表了题为《云南临沧市政协创新工作机制——党建引领，政协释放新活力》的专题宣传报道。4月5日，《云南政协报》头版头条进行全文转载。

党的十九大以来，临沧市政协党组通过艰辛地探索，形成了"三个三"工作法+"两个覆盖体系"+"一个信息化平台"的党建工作"321"模式，创造了在全国、全省政协系统有影响的新时代人民政协党的建设新经验，奏响新时代人民政协党的建设工作最强音，为临沧创造了精彩，在临沧人民政协史上具有标志性的意义。

一、只有深刻把握好新时代全面从严治党的新内涵新要求，才能不断开创政协党建工作新局面

党的十九大党章修正案作为中国共产党历史发展的时代记录，具有中国特色社会主义新时代意蕴，修正案中对党组的任务增写了"加强对本单位党的建设的领导，履行全面从严治党责任；讨论和决定基层党组织设置调整和发展党员、处分党员等重要事项"两项内容，把党组"指导"机关和直属单位党组织的工作修改为"领导"。如何把党的十八大以来形成的这一重大制度成果在市政协落实落地，切实解决思想上、机制上、制度上、措施上面临的一些难题，如何破、怎样破好这个题，临沧市政协党组一班人进行了深入思考和分析研究，并充分发扬民主，采取多种形式和方式在中共党员、各民主党派、无党派人士及政协内部、外部进行了广泛协商，形成了市政协党组抓党建"三个三"工作法及配套制度，其

2018年6月22日，临沧市政协党组书记、主席李银峰在全国政协系统党的建设工作座谈会上交流发言。

中，第一个"三"是指开列"三份清单"，即三级书记责任清单、年度党建重点任务项目清单、党建问题整改清单；第二个"三"，是指建立"三化机制"，即定量化明责机制、常态化督责机制、严厉化问责机制；第三个"三"，是指完善"三双制度"，即服务委员"双联系双指导"制度、服务脱贫攻坚"双挂钩双推进"制度、服务社区"双报到双服务"制度。着力破解机关党建"灯下黑"及党建与中心工作、业务工作"两张皮"等现象和问题，临沧市政协机关党建工作新局面迅速打开。2018年6月22日至23日，市政协党组书记、主席李银峰赴北京参加了首次全国政协系统党的建设工作座谈会，作为全国政协系统14家大会交流发言单位之一，在大会上作了《实施"三个三"工作法推进政协机关党建再上台阶》的交流发言，人民政协网以视频形式进行了专题采访报道，省政协党组、省委组织部、市委主要领导作出批示，予以充分肯定和认可，国家、省有关重要媒体和网站纷纷报道、转载。

二、加强新时代人民政协党的建设，绝不能仅仅局限于政协机关党的建设，而应着眼于加强和改进党对人民政协的全面领导，探索新的组织体系和工作方法

2018年10月，中共中央办公厅印发《关于加强新时代人民政协党的建设工作的若干意见》，对政协党的组织建设提出了明确要求。围绕"实现党的组织对党员委员的全覆盖、党的工作对政协委员的全覆盖"的目标，临沧市政协开始了新的探索。第一步：划分委员活动小组。以界别为纽带，按照地域相同、界别相近、人数相当、有一定数量党员和便于组织管理、开展活动、发挥作用的原则，将19个界别的320名市政协委员划分为12个活动小组。第二步：将党支部建到活动小组上。临沧市政协按照"两个覆盖"的要求，报请市委批准，于2018年9月26日成立了市政协委员联合党委，由市政协主席担任书记，设3名副书记、3名委员，依托委员活动小组设立12个党支部，按"一方隶属、双边活动"的原则，将126名市政协党员委员分别编入所在委员活动小组党支部，但不转移组织关系，正常参加所在单位党组织活动，同时接受市政协委员联合党委教育管理并参加所在委员活动小组党支部活动。第三步：依托委员活动小组党支部开展党的工作。在政协全体会议期间和有关委员视察考察、专题调研、集中学习培训等活动中同步设立临时党支部。以活动小组党支部为载体，建立党组成员联系活动小组党支部、活动小组党支部联系党员委员所在单位党组织、党员委员联系党外委员"三联"机制。"两个覆盖"消除了政协党的组织和党的工作"盲区"。临沧市政协还建立了"一个信息化平台"，集"网络党建、委员学习交流、委员履职管理、信息宣传、服务群众"等为一体，运用官方网站、手机APP、微信公众号等形式，通过政协"信息化大屏"和个人"手机屏"，将政协机关干部、党员委员、党外委员连接起来，通过"双屏互动"，实现无距离、无时差、无障碍交流，构建了抓政协党的建设与履职工作立体化、全时段、同频率新机制，把互联网思维嵌入政协工作全过程、各方面。

三、要坚持把党建融入政协各项工作，同谋划、同部署、同推动、同考核，才能不断实现党建与政协工作的良性互动

2018年9月，在全省政协系统党建工作座谈会上，李银峰同志代表临沧市

政协党组所作的《创新政协党建"321"模式开启新时代人民政协党的建设新征程》作为大会第一家交流发言；徐淑娟同志代表镇康县政协党组所作的《"党建维稳"双推进，助力边境和谐稳定》作为县级政协首家在大会交流发言，在全省政协系统和省直有关部门引起较好反响。《云南政协报》头版头条以《健全组织系统，打通神经末梢》为题，对临沧市政协党建"321"模式进行了宣传报道。2018年12月，临沧市政协《创新实践政协党建新模式画大新时代人民政协事业同心圆》党建专题片被全国党员干部现代远程教育网选为全国优秀电教片向全国展播。

2019年2月，市政协党组书记、主席李银峰在市政协常委会工作报告中明确指出："继续探索政协党建工作的特点规律，做实政协党建'321'模式，总结经验、提升完善，把2019年作为全市政协系统'制度建设年'，建立健全政协各项党建工作制度。""适时召开全市政协系统党的建设工作推进会，用党建引领政协工作高质量发展。"2019年4月4日，《人民日报》发表了题为《云南临沧市政协创新工作机制——党建引领，政协释放新活力》的专题宣传报道。4月5日，《云南政协报》头版头条进行全文转载。

（选自《临沧探索与实践》第一卷）

实施"三个三"工作法
推动政协机关党建工作再上台阶

近几年，临沧市政协党组认真履行党章赋予党组的新使命，实施"三个三"工作法，推进政协机关党建工作再上台阶。

一、"三份清单"建起党建工作责任"明白账"

为了治理机关党建责任"悬空"、任务"放空"、整改"落空"顽症，我们每年开列三份有针对性的责任清单。一是开列三级书记党建责任清单。针对忘记书记身份、丢弃党的责任、忽视党建工作现象，我们制定了年度党组书记18条、机关党委书记20条、党支部书记23条责任清单，以责定单、照单履责、按单问效，推动三级书记把自己的责任扛在肩上。二是开列年度党建重点任务清单。今年确定了9个重点党建项目，按时保质"施工"实现党建任务项目化、可操作、能落地。有些同志说，现在要抓什么、怎么抓都非常清晰，抓不好会被问责，必须增强紧迫感了。三是开列党建工作问题整改清单。制定了党支部规范化建设具体标准37条，对标对表，开列整改清单，一个问题一个问题"抠"，促进党支部工作转型升级。现在，从党组成员到普通党员都按时参加"三会一课"等支部活动，因事因病都履行请假手续，一些老党员深情地说："党的组织生活这个好传统又回来了。"

二、"三化机制"念严党建责任落实"紧箍咒"

为防止"沙滩流水无尽头"，我们打造了闭合式党建责任落实链条。一是定量化明责。我们对照习近平总书记对党组、书记、成员履行从严治党责任的严厉"三问"，逐一明确了党组、党组书记、党组成员每年研究部署、听取汇报、督查指导和对上报告党建工作的具体责任和次数。有些党组成员说，过去，有时想起来问一下，忙起来丢一边；现在，必须随时种好自己的"责任田"。二是常态化督责。建立党建工作"月报、季督、年考"等机制，每月通报进展情况1次，每季综合督查1次，每半年分析研判1次，每年述职评议考核1次，紧盯不放，一抓到底。一些支部书记说，平时不抓、临时突击补材料这一招不管用了。三是严厉化问责。实行正向激励和反向问责"双管齐下"，既大张旗鼓表彰党建工作先

市政协机关党员与笼楂村党员共同重温入党誓词

进，又对抓党建不力的同志严肃问责。2017年度，有位业务工作好而党建工作差的机关党组织书记被取消年度考核优秀和评先评优资格。此事在市政协机关引起强烈震动。大家说，想不到党组对党建工作这么较真，今后抓党建不能不认真了。现在，各级党组织都认认真真抓党建，每位党员都争先恐后参加党的各项活动。

三、"三双制度"破解党建与履职工作"两张皮"

完善党建与政协履职工作融合发展机制，以党建推动政协委员和政协机关履职。一是建立服务委员"双联系双指导"制度。党组成员带头联系指导政协委员活动小组、机关党员联系指导基层政协委员，激励委员充分履职尽责。近年来，委员们形成的开发茶、坚果、核桃产业等一批调研报告被市委、市政府转化为产业发展意见，这些产业成了群众脱贫的"摇钱树"。二是建立服务脱贫攻坚"双挂钩双推进"制度。开展"机关党组织挂钩联系贫困村党组织、党员干部挂钩帮扶贫困户，基层党建与脱贫攻坚双推进"活动，派出5名党员干部驻村帮扶，63

名党员干部挂钩帮扶98户贫困户，帮助挂钩村建强党支部、提升组织力、找准致富路。日益富起来的贫困群众由衷赞叹："市政协帮扶有办法，我们一定能够早日摘掉穷帽子！"三是建立服务社区"双报到双服务"制度。组织在职党员到单位驻地社区报到服务、回居住地社区报到服务，推动机关党员"工作在单位、活动在社区、奉献双岗位"。这一制度的实施，取得了明显成效。例如，对群众反映的临沧西城区饮水困难问题，以社情民意专报向市政府反映之后，仅用一个月时间就解决了2万多人饮用水困难，广大市民纷纷点赞：市政协机关党员干部作风大转变，为我们解决了大烦恼。

（李银峰）

（本文系2018年6月23日全国政协系统党的建设工作座谈会会议材料）

（选自《临沧探索与实践》第一卷）

创建政协党建"321"模式
开启新时代人民政协党的建设新征程

党的十九大以来，临沧市政协党组以党章为遵循，以新时代党的建设总要求和党的组织路线为指引，围绕加强党对政协工作的领导、立足政协工作实际，积极探索政协党建"321"模式，开启了新时代人民政协党的建设新征程。

一、创新工作路径，以"三个三工作法"构建机关党建工作"新机制"

政协机关是政治机关，须同其他党政机关一样加强全面从严治党。一直以来，受政协机关不是"一线"的思维影响，党建"灯下黑""两张皮"现象较为突出。我们以问题为导向，以提升组织力为重点，以提质增效为目标，以实施"三个三"工作法为路径，为党组到党小组、党组书记到普通党员编织起严密的党建工作责任体系，推动机关党建"旧貌换新颜"。

第一，"三份清单"建起党建工作责任"明白账"。一是开列三级书记党建责任清单，制定了年度党组书记18条、机关党委书记20条、党支部书记23条责任清单，推动三级书记把自己责任扛在肩上。二是开列年度党建重点任务清单，确定了党支部规范化、党员活动阵地及"智慧政协"建设等9个重点党建项目，按时保质"施工"，实现党建任务项目化、可操作、能落地。三是开列党建工作问题整改清单，一个问题一个问题"抠"，促进机关党建工作转型升级。

第二，"三化机制"念严党建责任落实"紧箍咒"。一是定量化明责，逐一明确了党组、党组书记、党组成员每年研究部署、听取汇报、督查指导和对上报告党建工作的具体责任和次数，推动了党组及成员种好自己的"党建责任田"。二是常态化督责，建立党建工作"月报、季督、年考"机制，有效推进党建责任直达末梢、落地见效。三是严厉化问责，制定问责办法，取消了1名受到约谈的机关党组织书记2017年度考核优秀和评先评优资格，把党建责任制由"橡皮筋"变成"硬约束"。

第三，"三双制度"破解党建与履职工作"两张皮"。一是建立服务委员"双联系双指导"制度，党组成员和副主席带头联系指导政协委员活动小组、机关党员和干部联系指导政协委员，激励委员充分履职尽责。二是建立服务脱贫攻坚"双挂钩双推进"制度，开展"机关党组织挂钩联系贫困村党组织、党员干部挂钩帮扶贫困户，基层党建与脱贫攻坚双推进"活动，帮助挂钩村建强党支部、提升组织力、找准致富路。三是建立服务社区"双报到双服务"制度，组织在职党员到单位驻地社区报到服务、回居住地社区报到服务，推动机关党员"工作在单位、活动在社区、奉献双岗位"。

二、创新组织体系，以"两个覆盖"探索联系引领委员"新途径"

党的力量来自组织。坚持党对人民政协的领导，加强政协党的建设、做好党的工作，要靠政协组织中党的坚强组织体系去实现。一直以来，政协组织中仅有党组这个"大脑"，无覆盖党员委员的"神经系统"、无链接党外委员的"神经末梢"，导致政协党的建设、党的工作有盲区。我们以"两个全覆盖"为重点，建立健全纵向到底、横向到边、有效覆盖、上下联动、系统发力的政协党组织体系，进一步密切与委员的联系，不断夯实团结奋斗的共同思想政治基础。

第一，推进政协党的组织对党员委员的全覆盖。一是把支部建到委员活动小组上。我们主动与组织部门沟通并报请市委批准，组建了市政协委员联合党委，依托委员活动小组设立12个党支部，按"一方隶属、双边活动"的原则，将124名市政协党员委员分别编入所在委员活动小组党支部，但不转移组织关系，正常参加所在单位党组织活动，同时接受市政协委员联合党委教育管理，并参加所在委员活动小组党支部活动。二是把支部建到委员履职链上。在政协全体会议期间和有关委员视察考察、专题调研、集中学习培训等活动中，同步设立临时党支部。三是把支部建到专委会上。将市政协机关党总支升格为机关党委，增设专委会党支部，以专委会为依托开展党的工作。通过以上措施，我们实现了"一个党组全盘抓、两个党委分头抓、各党支部具体抓"的党建工作格局，为开展政协党的建设、党的工作奠定了完整、有序和强有力的组织基础。

第二，推进政协党的工作对委员的全覆盖。一是建立健全联系机制。将无党员界别与其他有党员的相近界别划分为一个活动小组，以活动小组党支部为载体，建立党组成员联系活动小组党支部、活动小组党支部联系党员委员所在党组织、党员委员联系党外委员"三联"机制，把党的工作覆盖到每名委员。建立党组成员联系民主党派、工商联和政协各界别机制，邀请各党派团体负责人、各族各界代表人士参加政协相关学习活动，定期开展走访，传达党委重要决策部署，通报政协工作情况，征求意见建议，协商重点工作，最大限度画大同心圆。二是加强思想政治引领。以党组理论学习中心组学习为引领，落实主席会、常委会集体学习和委员学习培训制度，及时学习新思想、领悟新理论、感受新成就。以党建一条线链接起政协各项履职实践，设立党员委员先锋岗和风采版，教育党员委员"牢记双重身份、履行双重使命"，发挥好党员"关键少数"作用，在政协这个平台上为党做好凝心聚力工作。以委员活动小组党支部为载体，开展"党的光辉照边疆，政协委员心向党"实践活动，深入学习习近平新时代中国特色社会主义思想、加强和改进人民政协工作的重要思想，并同深刻理解党史、统战史、政协史结合起来，教育引领委员坚定"四个自信"、落实"两个维护"、增强"四个认同"，做到始终与党同心同德、同心同向、同心同行。

三、创新网络载体，以"一个平台"拓展新时代政协党建与履职工作"新空间"

一直以来，由于委员驻地分散，及时贯彻党的主张要求和政协党组决策部署、组织委员学习、开展履职活动、督促委员履职等方面存在"时空距离"，为打通这"最后一公里"，我们将"互联网+"的运用范围从党建向智慧政协拓展，采取"互联网+党建+政协工作"模式，投入100多万元建设"智慧政协"工程，打造集"网络党建、委员学习交流、委员履职管理、信息宣传、服务群众"等为一体的信息化平台，运用官方网站、手机APP、微信公众号等形式，构建了抓政协党的建设与履职工作立体化、全时段、同频率新机制，把互联网思维嵌入政协工作全过程、各方面，推动政协工作乘上信息化发展快车。通过"支部建到组上、委员连在网上"，实现了网下网上"两条线"相互促进、相得益彰，不断拓展了新时代政协党的建设和履职工作的新载体、新抓手、新空间，服务和推动了新时代人民政协党的建设与履职工作跨越式发展。

（李银峰）

（本文系2018年9月21日全省政协系统党的建设工作座谈会会议材料）

（选自《临沧探索与实践》第一卷）

政协边寨"小协商"
助推边疆"大治理"

云南省临沧市地处祖国西南边疆，边境线长300公里，有3个县与缅甸山水相连，边境形势复杂、民族文化多样、宗教信仰多元。中央政协工作会议以来，临沧市政协按照"不建机构建机制"的思路，在省政协的指导下，打造政协协商与基层协商有效衔接的"协商在基层"品牌，在边境县开展试点，推动政协协商嵌入边疆基层社会治理，取得了"政协协商延伸下去、助推边疆治理活跃起来"的良好效果。

一、边寨"小协商"搭起边疆"大治理"议事平台

针对政协组织在乡镇没有"脚"、政协协商向基层延伸难以打通"最后一公里"的问题，我们设置"协商在基层"议事平台，延伸工作手臂，推动委员履职下沉，畅通边疆各族群众参与基层协商渠道。一是设立协商议事会议。依托乡镇委员履职组设立乡、村协商议事会议，由驻当地资深委员为召集人、其他委员和相关人员为成员，以"乡镇委员之家""村级便民服务站"为议事场所，每年至少开展2次协商议事活动。二是组建协商联合体。搭建"专委会＋委员履职组＋协商议事会议"的协商联合体，邀请组织、统战、政法和政府有关部门等参与，构建起政协搭台、多元主体参与的"互动平台"。三是确定协商主体。建立以民族、宗教、新乡贤、缅商等代表人士为主的乡村协商议事人才库，根据协商议题需要，既有政协委员、当地党政领导和相关单位代表，还采取民主推荐、特别邀请、随机抽取等方式，从人才库中灵活确定群众代表参与协商。目前，临沧已在10个边境乡镇、44个边境村设立了协商议事平台，在241个边境自然村建成了协商议事场所。

二、边寨"小协商"凝聚边疆"大治理"各方共识

针对各民族群众因习俗信仰有差异、语言交流有障碍而导致议事难组织、共识难达成的问题，我们坚持把加强思想引领贯穿协商议事全过程，广泛凝聚各方共识。一是选题集民意。采取党委交题、政协选题、委员荐题、多方征题四种选题方式，聚焦组织强边、富民兴边、和谐稳边、开放活边、守土固边五项重点工作，按照先调研、后报批的流程，征集、筛选、公示、确定党政所需、群众所盼的协商议题。二是协商汇众智。以委员入户走访、召开座谈会等方式开展前期调研，做到无调研不协商。召开协商会议时，由熟悉当地情况、有影响力、与协商各方无利益关联的委员为"中立性"主持人，牵头组织调研的委员为第一发言人，其他协商主体为自由发言人，按照指出问题、提出意见、互动协商等步骤进行充分协商，既广泛宣传政策、引导预期，又有效消除分歧、汇集众智。三是成果聚共识。采取主持人归纳意见、表态确认的方式，找到不同利益诉求的"最大公约数"，形成凝聚各方共识的协商成果。比如：耿马傣族佤族自治县孟定镇"一城连两国"，是一座区域性国际新兴口岸城市。县政协聚焦孟定城区"脏、乱、差"问题，确定"洁净城市共商共建共享"议题，以协商议事会议成员为主，组织相关宗教协会、企业商会、学校医院和村组干部群众代表等40余人，并邀请5名缅商参加，安排佤语、傣语、缅语现场翻译，围绕议题平等协商，达成"开展一次洁净城市专项行动、制定一个洁净城市市民公约、组织一次洁净城市集中宣传月"的广泛共识。缅商代表提出"市民公约翻译成英文、缅文，垃圾箱增加英文、缅文标识，便于外籍人员理解、辨识"的建议得到采纳。他们动情

地说："这次让我们代表在孟定经商务工的3万多缅胞提建议，真切感受到了中国人民对我们的包容和尊重、感受到了深厚的胞波情谊！"

三、边寨"小协商"破解边疆"大治理"民生难题

针对以往有的协商成果"止于批示""泥牛入海"等问题，我们建立"交、督、复"一体落实机制，推动协商从"协商了什么问题"向"解决了什么问题"转变。一是及时"交"。协商成果按照事权报党委分级交办，承办单位按要求办理，做到能办速办、能快不慢。二是跟进"督"。党委政府将协商成果纳入督查事项，政协以视察、评议、再协商等方式跟进监督，做到事事有回音、件件有着落。三是适时"复"。承办单位适时将办理情况分别向乡镇协商议事会议和交办单位反馈，协商议事会议以问卷调查方式进行验证，做到"双反馈一验证"。比如：镇康县红岩自然村，地处镇康、耿马、永德三县交界，多民族杂居，123户农户隶属3县3乡6个行政村，缺乏共管共治机制，垃圾收费标准统一难、联合护村队组建难、村民纠纷调解难、公共事务管理难。临沧市政协指导镇康县政协主办、其他两县政协协办，共同开展"一寨三县三乡六村"联合治理的协商议事活动，达成了"成立一个联合党支部、制定一份联合村规民约"的共识。协商成果落实后，村民交口称赞"一寨住着三县人、环境卫生难打整，政协帮忙来协商、联合管理要得成"。

临沧市政协启动"协商在基层"试点工作以来，共开展协商议事活动30多场次，推动解决"边寨通讯信号有盲区""边境疫情防控难度大""边民互市管理不规范"等一批民生难题。各族群众纷纷点赞：政协协商到基层，离我们很近、与我们很亲，有效管用、能解决问题，是个好东西。

（本文系2020年8月25日，临沧市政协主席李银峰在全国地方政协工作经验交流会上的发言）

全国地方政协工作经验交流会发言摘编

做强平台 纵深推进 双向发力
浙江省政协主席 葛慧君

浙江省政协搭建与新时代要求相契合的双向发力平台，做好发挥专门协商机构作用和广泛凝聚共识两篇大文章，全面切实增进、精心、细致。

抗疫大考中凝聚共识汇聚力量
湖北省政协主席 徐立全

湖北省政协更有效凝聚起决战决胜的最强力量。

更好做到"落实下去""凝聚起来"
山东省济南市政协主席 雷杰

济南市政协以实事求是"真量"平台为抓手。

彰显制度优势和治理效能
上海市政协主席 董云虎

上海市政协坚持围绕发挥专门协商机构作用、广泛凝聚共识构建高质量。

推动政协提案工作提质增效
广西壮族自治区政协主席 蓝天立

广西壮族自治区政协深入学习贯彻中央政协工作会议精神。

"小协商"助推"大治理"
云南省临沧市政协主席 李银峰

中央政协工作会议以来，临沧市政协按照"不辜负机构建机制"的思路，在云南省政协指导下，与边疆基层社会治理相结合。

扎实做好市县政协工作
河南省政协主席 刘伟

在中共河南省委领导下，全省各级党委和政协认真学习贯彻中央政协工作会议精神，以解决市县政协"两个薄弱"问题为抓手。

强化政协委员责任担当
陕西省政协主席 韩勇

强化政协委员责任担当是履行新时代加强和改进人民政协工作的重点任务之一。

干出基层政协新样子
安徽省蚌埠市山区政区政协主席 石艳

蚌埠市山区政协立足发挥人民政协"三个重要"作用。

合力加强市县政协工作
吉林省政协主席 江泽林

在中共吉林省委领导下，吉林省各级党委有力推动市县政协协调发展，立足履职尽责。

加强思想引领 汇聚强大合力
广东省政协主席 王荣

广东省政协持续深入学习贯彻习近平总书记重要讲话和中央政协工作会议精神，把加强思想引领、汇聚强大合力作为中心环节。

坚持党建引领 积极履职尽责
北京市政协主席 吉林

在中共北京市委领导下，北京市政协积极履职尽责，始终把党的政治建设摆在首位。

---

6 | 人民政协报　　　　　　　　　2020年8月25日 星期二 | 发言摘登

全国地方政协工作经验交流会发言摘登(二)

■李银峰　云南省临沧市政协主席
■刘　伟　河南省政协主席
■韩　勇　陕西省政协主席
■石　艳　安徽省蚌埠市蚌山区政协主席
■江泽林　吉林省政协主席
（从左至右）

云南省临沧市政协主席李银峰：

政协边寨『小协商』助推边疆『大治理』

河南省政协主席刘伟：

着力解决"两个薄弱"问题 扎实做好市县政协工作

陕西省政协主席韩勇：

强化责任担当　彰显委员形象

安徽省蚌埠市蚌山区政协主席石艳：

开拓履职尽责新路子 干出基层政协新样子

吉林省政协主席江泽林：

在党委领导下合力加强市县政协工作

《人民政协报》2020年8月25日第6版"全国地方政协工作经验交流会发言摘登"——云南省临沧市政协主席李银峰：政协边寨"小协商" 助推"边疆大治理"。

"五个注重"
推动"协商在基层"行稳致远

在省政协的有力指导和市委的坚强领导下，两年多来，临沧市"协商在基层"工作稳步推进，累计开展协商议事133场次，形成协商意见404条，推动解决基层实际问题296个，2次在全国、9次在全省交流经验，打造了"边寨协商"特色品牌。我们的主要做法和经验是坚持"五个注重"。

一、注重做实整体谋划

我们深刻认识"协商在基层"工作的重大意义和现实价值，注重整体谋划，坚持走实过程，力求行稳致远。一是做实顶层设计。制定开展"协商在基层"工作的实施意见，报请市委召开全市现场推进会、转发《市政协党组关于开展"协商在基层"助推乡村振兴工作的实施意见》，为"协商在基层"起好步、走得稳、行得远提供了制度保障。二是做实市县联动。市政协主席会议成员、专委会挂钩指导县（区）政协，分县（区）召开"推进会＋观摩会"，市县政协联动建立基层履职实践和民主培训基地，探索形成了"四环十四步"协商流程和"协商在基层"工作规则。三是做实过程总结。做好阶段性工作总结和部署，累计召开推进会、调度会10场次，撰写文件材料和新闻报道289篇，及时发现和纠正行政化、形式化、全能化等突出问题11个，汇编《"协商在基层"的临沧实践》等工具书4册。

二、注重突出区域特色

我们积极探索打造"边寨协商"特色品牌。一是搭建"边寨协商"议事平台。在抵边村设立协商议事会议，搭建"政协专委会＋委员履职组＋协商议事会议"协商联合体，构建政协搭台、多方参与、上下贯通的协商平台。二是明确"边寨协商"工作主旨。以广泛凝聚边疆各族各界共识为工作主旨，聚焦组织强边、富民兴边、和谐稳边、开放活边、守土固边协商议事，画大"建设好美丽家园、维护好民族团结、守护好神圣国土"的同心圆。三是强化"边寨协商"治理效能。坚持助推边疆治理的目标导向，把"边寨协商"打造成为党的光辉照边疆的"好帮手"、边疆人民心向党的"连心桥"、民心相通促开放的"新平台"，形成了"一寨三县三乡六村"联合治理等一批典型案例。

三、注重融合履职手段

我们坚持"协商在基层"与其他协商和经常性工作相融合，在纵向上打通协商"上下游"，在横向上贯通履职"左右岸"。一是"一案双商"助提案办理。探索"协商在基层"与提案办理共商共议，通过"一案双商"，高质量办成了4件提案。二是"一题多源"聚社情民意。注重从各地群众普遍反映的社情民意信息中遴选协商议题，让"协商在基层"成为汇集社情民意、回应群众关切的好平台。三是"一室多建"促界别工作。采取专委会建、界别建、委员建多种方式建立委员工作室，运用"协商在基层"拓展委员工作室功能，使委员工作室成为组织协商议事和联系界别群众的重要阵地，打造了临翔区玉龙社区"委员工作室+"模式。

四、注重衔接基层协商

我们坚持延伸不替代、衔接不包揽的原则，探索"协商在基层"与基层协商有效衔接的机制。一是组织指导相衔接。邀请组织、民政部门对"协商在基层"工作给予指导，市县政协积极参与基层协商工作指导，推动两类协商有机衔接、相互赋能。二是协商主体相衔接。把基层干部群众纳入"协商在基层"的协商主体，支持政协委员积极参与基层协商，推动两类协商在主体上相互融合、交叉履职。三是协商议事相衔接。"协商在基层"协商议事形成的协商意见，需村级组织办理的，交由村级组织按基层协商程序进行民主决策，基层协商形成的协商意见需上级解决的，政协以多种方式衔接助推，共同化解"基层愿望上不来，决策部署下不去"的难题。

五、注重转化协商成果

我们坚持结果导向，推动协商意见有效转化落实。一是建立转化落实机制。建立协商意见"交、督、复"一体落实机制，形成党委交办、部门承办、政协跟进、结果反馈的良性循环，办成了组建凤庆滇红茶产业联盟等一批协商意见。二是总结推广典型经验。以编印《临沧市"协商在基层"优秀案例选编》等方式，总结推广典型案例，全市1个协商案例被列入全国政协干部培训教材备选案例，3个案例入选全省30大创新案例。三是持续推动"双重"转化。在推动协商意见转化的同时，以建设协商小广场、协商文化廊等形式，把协商过程和协商成果转化为协商文化，目前已建成双江县营盘村"议水亭"等4个协商文化培育示范点。

（本文系2022年9月29日，临沧市政协主席李银峰在全省政协系统"协商在基层"工作推进会议上的发言）

临沧政协党建这样走向全国

　　作为省政协常委、临沧市政协党组书记、主席，我亲身经历了临沧市政协党建如何从"后进"变"先进"，再由"先进"走向全省全国的全过程。

　　2018年2月，我从中共临沧市委常委、市委秘书长的岗位上被组织调整到临沧市政协担任党组书记，并当选为主席。初到临沧市政协，第一印象是机关工作有条不紊、运转有序，总体很好，直到连续发生了几件意想不到的事。

　　2018年3月27日，一份通报摆到我的案头，细问缘由得知，2017年12月7日，省级调研组到临沧市政协开展党建调研督查，发现了机关执行"三会一课"、领导干部双重组织生活制度不严格等4个问题，随后这些问题持续"发酵"，先后4次被省市点名通报，机关党总支年度分类定级被评定为"一般"等次，时任市政协秘书长王君作为第一责任人被上级党组织约谈，责令限期整改。一时之间，机关党员干部感到"压力山大"，气氛达到了"冰点"。

　　刚开始，我以为这是个别现象，要求对照问题逐项制定整改措施，通报的4个问题如期整改完成。但是，过了不久，一些问题改变了我原有的印象，我发现部分机关干部自由散漫、上班迟到早退，有的慢腾腾、工作久拖不办，有的只求"完事"不求"完美"，送到我手里的文件排版混乱，文稿错漏百出、不知所云，调研报告泛泛而谈、不得要领等，长期在党政机关工作的我，养成了等不起、错不得的习惯，对此感到不可思议。于是，我调阅了部分机关党建台账，又发现了一些新问题，支部活动没有计划、组织活动随意性大、党员领导干部不带头以普通党员身份参加所在支部组织生活、制度形同虚设等。我找时任办公室组织人事科副科长杨智慧了解情况，她说："现在机关党建工作特别难，谁也不愿当支部书记，因为这是苦活累活！"我才知道组织涣散到了这种程度，这还了得！

发生这样那样的问题，绝非偶然。我陷入了深深的思考，党的领导弱化、党的建设缺失，导致了"二线"思想，形成了"慵懒散"作风，党建工作如果仅就问题整改问题，不能从根本上治病根，必须整体谋划、系统发力，从思想上、制度上彻底破解机关党组织软弱涣散、"灯下黑"和"两张皮"的问题。

接下来的一周，我主持召开党组会、座谈会、研讨会3次会议，系统研究党建集中整改问题。我带领党组一班人系统深入研学习近平总书记关于党建工作的重要论述、党章、准则和条例等党内法规，着重分析研究思想上、责任上、机制上、措施上面临的一些难题；又与民主党派主要负责人和部分党外人士进行了深入沟通交流，扫清"人民政协要不要党的领导，要不要抓党建"等思想障碍；接着我召集王君、杨智慧等机关负责人，邀请时任市委组织部部务委员袁自科、时任派驻市政协机关纪检组副组长杨天强和市纪委监委、市直机关工委等有关负责人组成专班，从载体抓手、考核问效、实施路径入手展开研讨。讨论中，杨天强谈道："党建工作说到底是责任问题，应有明确的责任、任务、问题清单和严厉的问责机制，把每一级党组织特别是书记的责任压紧压实。"大家你一言我一语，以问题为导向，靠着集体智慧，催生了"1个党建意见、9个配套制度"的"1+9"工作文件，大家把它概括为机关党建"三个三"工作法，具体是：开列三级书记抓党建工作、党建重点任务项目、党建工作问题整改"三份清单"，建立定量化明责、常态化督责、严厉化问责"三化机制"，完善服务政协委员、服务脱贫攻坚、服务驻地社区"三双制度"，理清了政协党建与履职工作深度融合发展的制度机制和实践路径。

如果制度得不到执行，也只是"橡皮筋"和"稻草人"。我作为第一责任人，首先给自己开列了18条党建责任清单，从我带头做起，主题党日、"三会一课"、交纳党费等活动，我第一个到场，带头以普通党员身份参加，对照清单

幸福之歌

做到日清、月结、季督、年考，确保年底交出"硬账"。同时，把支部活动与理论学习、文稿写作、办文办会等政协履职工作有机结合起来，人人参与岗位业务大练兵。刚开始，许多人有些不习惯，有的人提出质疑，但我与党组一班人始终咬定目标不放松，随着组织生活这个"大融炉"越烧越旺，大家慢慢地习惯了在"严"的主基调下学习、工作、生活，作风悄然发生变化，活力逐渐释放。

2018年4月26日和4月28日，省政协办公厅先后两次通知征集全国政协系统党的建设工作座谈会经验交流材料，当时，我在西昌开会，意识到这件事是个重大契机，对正在推进的党建工作具有重要促进作用，电话要求办公室先研究，争取拿出高质量、有特点的稿子来冲一冲。从西昌返回后，我第一时间召集工作专班5次研究文稿起草工作，经过一周多时间的努力，5月10日，形成了《实施"三个三"工作法，推动政协机关党建工作再上台阶》的交流材料上报省政协。5月16日，省政协反馈："临沧市政协的材料在16个州市中脱颖而出，已被推荐上报全国政协。"5月20日、5月31日两次接到全国政协办公厅通知，要求将文字进行再压缩，6月13日，按照全国政协办公厅的要求，从专班中派出王君、袁自科、杨天强三人进京进行最后修改。历经一个半月几翻几覆地推敲打磨，终于定稿。

6月22日至23日，我如期赴北京参加了首次全国政协系统党的建设工作座谈会并作大会发言，会议现场交流单位14家、书面交流22家，云南省只有临沧市政协一家，我的发言得到了充分肯定，刚散会，人民政协网就以视频形式对我进行了专题采访报道。

但是，这次北京之行让我意识到，对照汪洋主席的讲话和会后中共中央办公厅印发的《关于加强新时代人民政协党的建设工作的若干意见》，无论是我的发言，还是其他单位的发言，都只解决了政协机关党建问题，而针对委员党建的"两个全覆盖"还远远没有破题。

如何加强和改进党对人民政协的全面领导，探索具有政协特色的新的组织体系和工作方法？从北京回来后，我又召集专班开启了破题之旅。在讨论中，袁自科提出："可参照城市街道社区联合党工委的做法，组建一个委员联合党组织，解决组织管理不顺的问题。"杨天强则建议："可考虑采取就近就便的原则，把19个界别划分为几个委员活动小组，把党支部建在活动小组上，党员委员不转接组织关系，参加双边活动，解决组织体系不畅的问题。"经过多次座谈讨论和深入调研，思路渐渐清晰起来，到9月初，形成了较为系统完备的方案：报请市委批准成立了市政协委员联合党委，将委员划分为12个活动小组，同步建立12个委员活动小组党支部，依托专委会建立17个委员学习小组，按照"一方隶属、双边活动"的原则，实现了党的组织对党员委员的全覆盖、党的工作对政协委员的全覆盖。同时，建立"一个信息化平台"，构建上下衔接、无缝对接的思想政治引领网络。这样，通过"三个三"工作法+"两个覆盖体系"+"一个信息化平台"，临沧市政协党建工作的"321"模式成形了。9月21日，我在全省政协系统党建工作座谈会上作了《创新政协党建"321"模式，开启新时代人民政协党的建设新征程》的经验交流。

2019年3月3日，临沧市政协党建"321"模式专题片被中央组织部选编为全国党员干部现代远程教育优秀电教片进行展播，由此引发了中央媒体和全国各地广泛关注。3月7日至10日，人民日报社《议政建言周刊》主任刘维涛、人民日报社驻云南分社采编部主任徐元峰和时任省政协研究室信息宣传处处长孙宝红一行深入临沧市政协采访，撰写了一篇专题报道。4月4日，《人民日报》整版刊发了《云南临沧市政协创新工作机制——党建引领，政协释放新活力》的专题报道，先后被中国共产党新闻网、人民网、新华网、云南网等主流网站转载。4月8日，时任市委书记杨浩东作出批示："用适当形式报省委，省委组织部、宣传部，我市新媒体全文刊播。"

2020年1月6日，时任省委副书记王予波深入临沧市政协机关调研，对政协党建给予"在全国率先取得突破，在全省已经形成示范"的高度评价。

"321"模式在实践探索中不断调整优化，获得了一系列殊荣：临沧政协党建工作经验列入全国政协干部培训教材备选案例，被评为"影响临沧的30件大事"和"临沧市全面深化改革十大创新案例"；临沧市政协2个机关党支部被命名为"全省规范化建设示范党支部"，2名党务干部被表彰为"全省优秀党务工作者"，1个科室被评为"全省老干部工作先进集体"。

2020年3月，结合专委会委员全员"入委"改革，把12个委员活动小组党支部改设为8个专委会委员党支部；2022年8月，临沧市政协党组印发《关于创建具有政协特色支部品牌的通知》，将支部工作与"书香政协"建设、联系界别群众、"两个基地"实践活动结合起来，积极探索发挥党员委员作用的方式方法，着力打造"书香型""治理型""互助型""基地型"等特色党支部。2023年12月12日，在全省政协党的建设工作座谈会上，我代表临沧市政协党组再次作了《政协党建强起来　履职品牌更响亮》的大会发言，临沧政协党的建设工作持续走在前列。

"忙得像政协一样"，在过去是难以想象的。临沧政协党建率先走向全省、全国，引领履职工作创新出彩，在全省领跑、在全国有影响，打造了"边寨协商"、"书香政协"、专委会"一入二建三联"改革、临沧政协文史馆等履职品牌，党建工作和"边寨协商"经验4次在全国政协系统交流，履职成果65次在全省政协系统交流，2项履职成果入选全国政协培训教材备选案例，7项履职成果得到省级领导批示，16个工作案例获评全省基层政协履职创新事例和"协商在基层"创新案例，23期《建言资政专报》得到市委、市政府主要领导批办，省内外前来学习考察的团队达300多批1.7万多人次。

（李银峰）

委员一甲子　初心一辈子

我的童年

　　1933年，我出生在班洪胡家，我的爷爷胡玉山第二（历史上就是叫胡玉山第二）任班洪总王。班洪部落辖区为班洪、班老、永邦。1934年英军强行占领炉房，爷爷胡玉山第二发出号令，召集17部落王到班洪集会，商议抗英大计，举行"剽牛盟誓"，决心把英国人赶到滚弄江（即缅甸萨尔温江）边"洗刀"！会后佤族武装分三路进攻英军，引发了班洪抗英事件。那时，我父亲胡忠汉34岁，被任命为第一路军指挥，率领200多名佤族武装主攻垭口寨英军的据点。父亲和胡玉芳相互配合，整个队伍熟悉地形，勇敢无比，冲得很快，弓弩和火药枪在近战中发挥了优势，英军死伤人数大增；不久，英军且战且退，我们的武装火烧了英军据点和垭口寨。父亲出征的第一战旗开得胜，打出了军威、族威，为国守边立战功，威名传遍边境。5月25日，思茅景谷爱国人士李希哲率领的"西南边防民众义勇军"1000多人开赴班洪支援抗英斗争，父亲胡忠汉因公务繁忙，则令刘国勇率领一支佤族武装配合"义勇军"攻打垭口、南大、户算等英军据点，迫使英军后撤，据点被拔除。到5月下旬，英军所设军事据点被抗英武装全部拔掉，班老等地又收回到了抗英武装的手里。虽然那时候我还小，但是家里人和各部落的大小头人经常给我们讲那时候的事。

1935年9月，爷爷胡玉山第二病故后，我的父亲胡忠汉继任"上葫芦王地"总王，刚上任就遇到了中英滇缅南段边界第二次"勘界"。听老人们说，1935年12月在户算正式开始"勘界"，这次"勘界"比军事斗争还复杂，要从英国殖民主义侵略者"虎口夺食"不是容易的事，而且直接涉及班洪总王统辖的"葫芦王地"。父亲派出胡忠华、吴国用等联合17部落的代表作证，又派出精明勇敢、能讲多种语言的属官高耀星、胡玉芳等出席作证，列举大量事实证明"葫芦王地"自古以来就是中国的领土。实地勘界正是关键的时刻，中方翻译官张万美被英方抓捕囚禁，父亲调派佤族自卫队配合中方勘界护卫营包围英军，迫使英方放回张万美。当英方对国联代表中立委员长伊士林和中方委员施加压力，会勘斗争进入高峰时，父亲胡忠汉发动17部落王在甘塞、塔田（中缅边境）集会，举行"剽牛盟誓"，进一步表达了佤山人民的勘界意愿。为了反对英方提出的"红线"划界要求，父亲胡忠汉安排爱国华侨尹溯涛、副管张万美召集17王联名发表《告祖国同胞书》，表示忠于祖国，宁愿站着死，不愿当英人的奴隶，誓死要做中国人的钢铁意志，并再次公开揭露英国殖民侵略的罪行和阴谋。由于17部落的坚决斗争和全国各族人民抗英呼声的高涨，英方委员坚持的"司格德红线"没有得逞。1937年春，勘界结束，英方的外交阴谋又以失败告终。"总王"胡忠汉的声望在中缅边界又升高了。

1941年，蒋介石政府与英国政府签订了一个屈辱的边界协定，基本接受了"司格德红线"，把阿佤山地区3/4的领土划给英方，其中包括班洪王管辖的班老等几个部落，历史上称为"1941年线"。父亲胡忠汉领导各佤族部落代表坚决抵制"1941年线"，直到他病逝，英国殖民者都未实现对班洪班老的有效统治。母亲和叔叔告诉我："那时候，我们佤族人只听班洪总王胡忠汉、班老酋长胡玉堂的话，不听英国人的话。"

1943年春，我的父亲胡忠汉由于操劳过度染病不幸去世，时年42岁，部落人民悲痛欲绝，17个部落头人齐聚胡家，大家说"天掉了"。那时候，我只有10岁，不能主持总王工作。遵照父亲的遗嘱，由胡玉芳护印，辅佐胡忠华"代办"总管摄政。

我在胡家大院长大，过着衣食无忧的生活。父亲胡忠汉是我们班洪最早会写汉字的人，而且会说汉语、佤语、傣语三种语言，他去过临沧、保山、普洱、昆明，还跟那些地方的人做生意，佤族和周边地方相处都很融洽，我父亲也很受当地群众敬仰。我们小时候，经常有人来拜他，但是只有亲信和亲戚朋友才有资格来，送饭送菜给他吃，给他磕头。我小时候基本没做过农活，在和小伙伴玩乐中度过了快乐的童年。稍微大一点，就经常去看练兵，还有去缅寺看看书、学学经文，还在缅寺做过一段时间的和尚。生长在王子之家，有肉和大米饭吃，吃饱是不成问题的，还有鞋子穿，自己家拿布做的，在当时佤族经济社会发育程度较低的情况下，这是最好的了。其他的同胞只能吃稀饭、苞谷、野菜，吃了上顿没有下顿，衣不遮体，更别说有鞋子穿了。看看我们现在，这两年我们佤族老百姓的日子，比起我们当时的胡家生活好了不知多少倍。而那时，虽然胡家是官家，但是由于我们生产力水平比较低，胡家除了我的爷爷、奶奶、爸爸、妈妈和我不用劳动，其他所有人都要参加劳动。胡家里面，叔叔胡忠华代办期间，他和婶婶也是不用劳动的。

抗英和抗日期间到解放前，家里养了二三百个士兵，也就是大家经常说的"佤族武装"。我的父辈经常给他们上"政治课"，教育他们，让他们遵守规矩、保家卫国。那时候的级别是士兵—班长—排长—队长—参谋长，领导级别的也不参加劳动，主要是管理。士兵是要劳动的，需要种菜、砍柴火等，既供给自己的队伍，也供给胡家大院。

解放前招兵让各个乡和各个村动员群众，也给他们分配任务。要选好的，听话的，调皮捣蛋的不要、抽大烟的不要、乱飘（临沧方言，意为做事不扎实，此处意为游手好闲）乱玩也不要，一般一个村就是10~15人。全部招来之后，我们就会分配，在班洪一些，在南腊一些，但会定期换防。我们养的这部分兵，相对比较正规，一般早上7点就起来吃面条，8点开始打扫卫生、砍柴、训练、学文化，12点吹洋号、站队、吃饭，14点再分任务出工，19点吃饭，24点就吹洋号睡觉，还派人查夜。发现夜不归宿的就去找，找到就打，给点教训。屡教不改的，就让乡长接回去，换好的人来替他。那时候吃饭前、训练前都要唱歌，我印象最深的就是那首"风在吼，马在叫，黄河在咆哮……"。唱歌和文化，是国民党派来的"先生"教的，大家的名字也是"先生"给取的，以前没有名字，就是艾、尼、桑……那时候，普通群众都没有名字，我们的兵却都有名字，这里有张"先生"的功劳。汉语和汉字也是先生教的，我也跟着学过，最早教给我们的是"中国""阿佤山""我们是中国人"，80多年过去了，但我到现在都还记得。我们给先生每个月100个大洋，还供吃。一直到1951年，先生要回家，解放军才把他送走了。

普通兵每个月发30个大洋，班长35个，排长40个，队长45个，官大一点的参谋长就有50个大洋了。兵在哪个乡，大洋就由哪个乡负担，但生活所需的肉、粮食和其他生活用品，由我们胡家统一提供。有了规范的管理，才能守护我们的土地和子民。

以前国民党的人最怕阿佤山砍头，但共产党不怕，他们先派地下党来了解情况，然后靠我们官家和头人教育群众"解放军是好人，天上掉下来的。你如果杀一个解放军或共产党，鬼就来拿你"，大家深信不疑，都不敢随便动解放军。我们班洪是和平解放的，没有动过任何武力。后来李弥为首的国民党窜匪打沧源时，我们主要是给解放军带路，走小路，围歼国民党反动派。从班洪打到勐角、再打到勐董，最后李弥就坐飞机跑了，剩下的国民党兵从永和逃跑到缅甸了。直到1951年，解放军正式驻扎班洪。

王子生涯

我小的时候，不能履行王子的职责，由我叔叔胡忠华代办"班洪总管"。1953年我被正式确定为"世袭王子"，但仍然由叔叔胡忠华行使总管职责。1954年中缅双方开始边界谈判，为了证明班洪班老属于中国，1957年叔叔胡忠华把王子印章交给赵廷俊和当时临沧专区来的专员了，其他17部落王的印章也都交给了共产党，我们跟着共产党、拥护共产党、服从共产党。

新中国成立以前，我们每年都召集王子会议，17部落的大头人、小头人都回来（班洪），一般开5天，杀猪杀牛。我还小的时候，只是旁听，像以前的小皇帝那样坐在那里，不发言，也记不住会议的内容。那时候还是国民党在我们这里，但是他管不了那么多。国民党对我们，有点"一国两制"的味道。每次国民党来，不管是一个营，还是一个团，基本都只待五六天。因为他们害怕，说我们阿佤人有砍头祭谷的习俗，太危险了，不敢久留，只留一两个人在这里生活。我们当时各管各，但是他们来的时候，我们还是给他们一些饭菜，把他们招待好。

新中国成立后，也是每年召集王子会议。记得比较清晰的是1951年、1952年和1953年的王子会议。当时的会议南腊、芒卡、上班老、下班老、新地方、大蛮海、绍帕的大小头人都来参加，勐角、勐董和耿马的也来，不过勐角、勐董和耿马的不归我们管，算是列席人员。1953年，最后一次开会的时候，杀了一头水牛、一头黑牛，当时看了鸡卦和经书，想看看我们未来的路，大家能不能一直团结在一起。大长老看的结果就是："你们新地方这边以后不得来这里了，你们不得见伴了，大头人都不能见到了！也见不到王子了！南腊、芒卡、上班老、下班老的，以后还经常在一起。"那一天，新地方、大蛮海、绍帕等地方的大头人跟我说："我们不得见你了，以后到死也不能见伴了"，大家听了以后心里特别难受，抱在一起痛哭。后来，我们佤山17部落王真的没有再聚齐。

1954年，叔叔胡忠华当选为第一届全国人大代表，会议期间受到毛主席等党和国家领导人的亲切接见。共产党不骗我们，我们也不骗共产党，我们跟着共产党走。共产党说我们也是工作人员，还商定了工资和给家属的生活补助，死不扣、生不加。1958年，我在昆明参加全省民族上层整风学习，当时省民委还给我们安排了每人一套住房，在昆明生活。1959年，安排我到中央民族学院学习。其间，我患了肺结核，中央和省、市、县的领导很关心，中央民族学院党委书记苏克勤来看我，省民委的领导也是很关心，经常问候我。我在医院住了两个多月才出院，后来转到休养所休养。这期间，中秋和春节，很多领导和老师都来看我，带了月饼和饼干，那些场景还历历在目。当时住院的费用国家报销了，中央还给了每个月2.5元的补助，省里给了每个月50元的补助。康复之后我继续在北京学习，主要是学读书写字，我们班有30多人，沧源就我一人，都是少数民族，学习的同时，我们之间还相互交流各民族的历史文化。我们每周学习五天，劳动一天，周末休息。直到1960年，我回昆明继续学习，从北京回来时，安排我参观了北京、贵州、成都、重庆、武汉、南京、无锡、苏州和杭州等地方。

民族上层人士整风时期，我们一边学习、一边劳动、一边工作。直到打倒"四人帮"之后，民族上层人士才陆续回乡，但是我留在了昆明，民委就像我的家，待了十多年，1969年才回沧源。"文化大革命"期间，有的人跑出去（境外）了，有的人出去了又回来，而我一直都在班洪和昆明，一直都担任政协委员。因为我是王子，我不能离开生我养我的土地，我爱我的国家。

终身委员

1953年我被协商为县政协委员，1956年5月担任县政协副主席；1959年协商为省政协委员，任了两届；1983年协商为全国政协委员，也是两届。1953年担任政协委员以来，69年了，每年的政协会议，不管是全国政协、省政协还是县政协，我从不缺席。记得第一次去北京开会的时候，政协第六届全国委员会主席邓颖超同志来到我们讨论组，听我们的讨论和发言。政协第七届全国委员会主席李先念，开会时也是到各个组去看望大家。有一次开云南省委员大会的时候，朱德同志也曾看望大家。我印象里，几位领导都非常的亲和，没有什么架子，大家说的，他们都细细地听，不时点头。作为一名边疆的普通政协委员，能和党和国家领导人在一起开会，他们还听我们发言，让我们感到很自豪。

去开会的时候，基本上是县政协派车来接我，一路把我送到昆明，跟其他委员大队人马会合后，再乘飞机去北京。单是路上，就要花3～4天的时间。10年的全国政协委员，每次去开会，都安排我们发言。开会的时候如果不发言，白白吃饭不行啊，更对不起阿佤山老百姓。政协会议上难得有机会，我们反映了许多亟待解决的问题。履职期间的提案很多，有的我都记不清楚了。印象最深的是《关于沧源佤族自治县班洪乡农技站建房经费的专题报告》提案，上级给班洪乡农技站安排了5万元的资金，在1993年建设，当时房子盖起了，用了好些年。后来建公路的时候，拆迁了。当时提这个提案，主要是觉得我们阿佤山区农业生产水平太低了，班洪乡太困难，而农技站的建设又非常有必要，我和乡上领导、老乡商量后，提这样一个提案，得到了国家和省的关心，一些农业生产技术在班洪得到推广，老百姓掌握后，自己用双手发展了生产、改善了生活。

我在全国和全省政协会议上的发言，主要是围绕两个方面，一方面是人才引进。因为我们边疆穷，文化程度很低，这里没有大学生，我多次提出来请中央派大学生来我们边疆，帮助我们发展，现在我们这里外面来的大学生多了，班洪也有佤族学生考上了大学。另一方面是发展经济。我们边疆很困难，又是少数民族地方，虽然生活已经比以前好了很多倍了，但是，当时还有很多群众吃不饱、穿不暖，没有解决温饱问题，像我们班洪的房子也大多还是茅草房和权权房，生产、生活条件很艰苦，请中央的领导在各方面给予倾斜，帮我们建设社会主义新家园，让我们和内地一样，发展起来，富起来。我们委员提出的要求和提案，国家在制定政策的时候也吸纳了许多。过来这些年，都逐步地落实了。

全国政协经常组织我们学习和参观，把全国跑了一半，让我们增长了很多见识，认识到我们边疆和内地的差距，更多的是看到共产党领导下新中国天翻地覆的变化，让我们更加坚定了信心，跟着共产党努力建设好自己的家乡。这些年跟内地的差距逐步缩小，内地有的东西，好多我们也有了，飞机也有了，交通也好了，车子也有了，房子也好了，吃的穿的都好了，家家都有一点钱。老百姓的生活，现在和解放前比，真是一个在天上一个在地下。

现在我老了，出去不赢了（临沧方言，意为走不动了），在家通过电视看到中国的发展，作为中国人，我太自豪了。我已经89岁了，没有更多的要求和期望，我最大的希望就是教育好我们的年轻人好好地听习近平总书记的话、好好地跟着共产党、好好地为人民服务。

（胡德胜口述　张大远、王　斌、陈京晶整理）

一个外国人的"协商在基层"亲历记

作为一名缅籍华人，临沧缅甸商会的会长，多年来我一直多方奔走呼吁，致力于在缅甸和中国的民间架设友好沟通交往的桥梁，增进相互了解，探索互利互惠的最大公约数。奈何个人力量有限，建树甚微。每每为此苦恼，不得其法。

2020年6月，耿马自治县外事办张大年主任给我的一通电话，让我看到了解决这一难题的另一种思路。

记得那是2020年6月11日上午，张大年主任打电话给我，说县政协的领导想邀请我参加一场协商议事，问我有没有时间，想当面和我沟通。我对政协这一组织有所听闻，但具体它的职能职责我就不得而知。但别人找到了我，拒绝总是不礼貌的，我就说可以。张大年主任说等下县政协的秘书长将会和我联系，具体的事宜当面沟通。大约过了两三分钟，我就接到了县政协秘书长刘映军的电话，于是我邀请他到我孟定的家中面谈。

来人一共三位，一位县政协秘书长刘映军，一位政协工作人员和一位驾驶员。刘秘书长一见面就开门见山地说："我是县政协秘书长刘映军，我们这次来的目的是邀请您参加我们在孟定组织的'凝聚共识，共商共建共享美丽城市——洁净城市孟定行动'的'协商在基层'协商议事活动。"我问他："政协是不是就是像议会那样的组织，是不是要我到议会里面发言？需要我做些什么呢？"刘秘书长是有备而来的，他详细地为我讲解了政协的职能职责。接着又说："耿马这次被省政协列为'协商在基层'试点县之一，开展'协商在基层'工作就是把政协的职能向基层延伸，在助推县委政府的中心工作中统一思想、凝聚共识、出谋划策，也是党委政府问计于民的一个渠道。这次邀请您参加协商议事主要是考虑到孟定未来发展定位是'区域性国际新兴口岸城市''中缅开放的桥头堡''临沧对外开放和经济发展的龙头'，现在共有3万多缅胞在孟定生产、生活，为孟定的各项建设作出积极的贡献，孟定的发展成果理应由在这个区域内生活的所有人共建共享，其中也包括着3万多缅胞。近年来，孟定城镇规划建设虽然取得了较为长足的进步，但市政基础设施不配套，城市治理服务能力不足等问题也逐步凸显出来，市容市貌'脏乱差'现象还很突出。这次协商议事就是要以此为切口，提出有针对性的意见和建议，助力孟定城市治理服务能力的提升。希望您从缅胞这一角度给党委政府提出建设性的意见和建议。"

听了秘书长的话，我暗自思忖："政府干事情还需要和老百姓商量，直接下一个政令不就行了吗？"于是我直接就提出了我的疑惑："我们去提建议，有用吗？贵国政府会听我们的意见吗？""当然有用，这次协商议事活动，县委书记将亲自参加，孟定镇党委政府主要负责同志也将全部参会，只要我们的意见正确，有可操作性，党委政府是会认真接受的。您需要提哪些意见和建议，您可以先考虑一下，等几天后，我们还有一次会前协商，到时候您再具体阐述。"秘书长进一步向我说明。

6月15日，我再次接到刘秘书长的电话，告诉我16日下午在孟定镇小会议室召开会前协商，请我参加。6月16日下午我按时到达会议室，我也第一次看到参加协商议事的其他人员，从着装上大致可以看出他们的身份，有傣族、佤族、宗教人士、公务员、警察、医生、农民、个体户老板等。当我看到身披袈裟的佛爷、头戴礼拜帽的穆斯林和身着傈僳族小褂的基督教长老凑在一起亲密交谈时，深感中国团结、民主政策的成功，这正是得民心者得天下！能让不同民族不同职业不同宗教信仰的人齐聚一起，还能如此和谐，这在其他国家是很难想象的。

会前协商由县政协主席王军主持，他对此次开展协商议事的由来、目的、重要性做了全面的说明。他说，开展会前协商主要是为了提高正式协商议事时的效率，避免重复别人的观点，增加发言的针对性。随后，大家自由发言，纷纷抛出自己的观点和建议，王主席一边听，一边记，还时不时和发言人交换意见，肯定大家的意见，鼓励大家多提有建设性的建议。会场内气氛热烈而宽松，大家都无拘无束地发表自己的看法，这些细节都深深打动了我。于是我和盘托出了我的意见，王主席对我的意见很感兴趣，几次打断我的话和我交流。他说我的意见很中肯，很有针对性，很符合我的身份，希望我进一步思考，在正式协商议事时有更精彩的发言。

6月28日，再次接到刘秘书长的电话通知，协商议事会议定于7月1日上午9点正式召开。他还告诉我，省、市政协对我们的这次协商议事很重视，省政协副秘书长杨桂红、市政协主席李银峰以及其他副主席、耿马县委书记、各县（区）委副书记、政协主席都将到会观摩，希望我做好发言准备。听到"观摩"二字，给我提了个醒，我觉得这样的协商议事是个新鲜的东西，也许以后我们在商会的活动和中缅民间交流中可以采用这样的方式。于是我向刘秘书长提出，是否可以让我们商会的缅胞也派上几个代表参加观摩。秘书长说，这得向上请示，等领导示下后再答复我。大约半个小时后，刘秘书长就回复我同意邀请4个缅胞参与观摩协商议事。于是我就在商会里面选择了对汉语比较精通的吴明午、玛肯么、吴漂勒、王国庆四人参加观摩。

7月1日一大早，我就开始催促他们换上缅甸传统服饰，按时到会场外等我。会场中央是一幅巨大的喷绘，背景是孟定的远景规划图，上面印着这次协商议事的主标题。会场上除了参与协商议事的人，观摩席都坐满了人。看着满会场的人，说真的，我还是不由自主地有点心慌。但随着王军主席宣布会议开始，县政协副主席王章荣采用多媒体的方式作主旨发言，提出了制定《"洁净城市孟定行动"工作方案》和《"洁净城市孟定行动"市民公约》两项建议，接下来是市政协委员李天宏发言，他又补充了开展"洁净城市孟定行动"宣传月活动的建议。罕宏上寨佛寺班底达佛爷是用傣语发言的，那天会议还有其他多个民族参会，为了让大家听得懂，会上还专门安排了傣语翻译，他说应该把市民公约和宣传材料翻译成傣文，让老百姓都参与其中。四川商会的刘开忠会长声音很大很洪亮，还带着浓浓四川腔，他说："一定会从商会做起、从企业做起、从自身做起，引导在孟定，乃至临沧的四川籍人员认真遵守市民公约和卫生规定，爱护好我们共同的家园。"其他各位发言人也站在各自的角度进行了发言，有的慷慨激昂、有的娓娓道来。为了使得自己的发言更有条理，我赶紧在自己的笔记本上简单写下几条发言提纲，并不断地打着腹稿，直到认为自己已经准备好以后，我才举手要求发言。王军主席看到我举手，就点了我的名说："下面，我们请这位缅商代表发言。"我调整了一下坐姿，随后用缅语说道："各位协商议事会议成员、各位代表，大家好！我是临沧缅商商会会长，叫杨善龙。今天的会议邀请我们缅商代表参加，我感到很高兴，也很荣幸。说明中国政府、孟定政府非常重视对缅工作，非常重视缅商在华发展。"紧接着，我用汉语说："我最近这几年主要在孟定工作和生活，平时也多数用汉语交流。接下来，我就用汉语说说我的一些看法。我觉得孟定是一个很漂亮、很开放的地方，对我们缅商有很大的吸引力。但是，刚才大家说的'脏乱差'的问题，也确实是影响孟定形象的一个'瓶颈'问题。我很赞同王章荣委员提出的两点建议，这两点建议如果能够落实好，干净的孟定便指日可待。我从缅商的角度提五点建议：一是在宣传上，建议把对缅宣传的东西加进来，比如把《市民公约》用缅语翻译后播放，在垃圾桶、果皮箱等添加缅文标识，让在孟定经商、务工的3万多缅甸人能听得懂、看得懂，并认真遵守这些规定。二是建议在工作方案中，对街道建设进行统一规划，进行集中建设，改变以前城区街道三天一小挖、五天一大挖、各个单位随意挖的现象。因为挖街道，也就挖出了建筑垃圾，影响市容市貌，影响市民出行和安全。三是加大环境卫生执法，对经前期几个月的宣传教育后仍不遵守的，建议可适当进行处罚，但处罚额度不宜过高，过高了老百姓拿不出来，既要达到警示效果，又便于执行。比如，对乱丢烟头的，罚10块或20块，督促老百姓自觉遵守相关规定。四是建议能否在环卫工人的招聘上可以考虑使用部分缅籍人员，不但可以降低成本，还可以促进与缅甸人的交流互动，通过缅甸人自己教育缅甸人、自己管理缅甸人，积极参与到洁净城市中来，从而不断提升孟定国际化城市的形象和水平。五是可以像我们老家曼德勒一样，在一部分街道搞一点布施水塔，使这个城市多一点东南亚的特色，多一点国际元素。"

我的发言完后，会场上响起了热烈的掌声，说明大家对我的发言还是比较认可的。在接下来的会议中，大家对会议达成的共识进行了举手表决，县委书记蒋世良和孟定镇党委书记李德新分别作了工作安排和表态发言，参会的各部门也作了表态，都表示将按照县委政府的安排，认真抓好"洁净城市孟定行动"工作，将孟定建设成一个美丽的现代化新兴边境口岸城市。

过了几天后，我就接到了孟定镇殷劲峰副书记打给我的电话，请我将拟定好的《"洁净城市孟定行动"市民公约》和其他的一些宣传材料翻译成缅文，并利用社交媒体在孟定缅胞中宣传，并就布施水塔的设计方案多次找我沟通，征求我的意见。看到我们代表缅籍人员提出的意见和建议得到重视，吴明午、玛肯么、吴漂勒、王国庆和其他临沧缅甸商会成员都很高兴，大家齐心协力集资在孟定中缅街援建了2座布施水塔。

离那次协商议事已经过去两年的时间了。在这两年里，我看到孟定城市基础设施在不断完善，环境卫生较以前有了很大的改观，人们乱扔乱丢垃圾的现象也基本绝迹了，街道到处都能看到富有民族特色的洗手台，城区周边芒坑、勐库、芒蚌、芒团等一批干净整洁美丽的村寨成为"网红"打卡点。这些改变让我感到欣慰，是和两年前那次协商议事分不开的。所以，有时候我在想，中缅是传统的友好邻邦，由于文化和传统习俗上的一些差异，在双方的民间交往、文化交流上还存在着不畅的问题，在一定程度上妨碍了双方边民的进一步交往。如果哪天我们也能把双方的民间人士、文化人物聚在一个平台上，坦诚交流，增进了解，加深友谊，在互利共赢的基础上缔造中缅民间交流新未来，那将是一件功德无量的事啊！

（杨善龙）

"边寨协商"诞生记

2020年8月24日，全国地方政协工作经验交流会在北京召开，临沧市政协主席李银峰同志作为云南政协系统代表参加了会议并作大会口头交流发言。交流发言中，列举了临沧市镇康县军赛乡红岩自然村"一寨三县三乡六村"联合治理协商议事工作案例，被汪洋主席生动地概括为"边寨协商"，获得广泛赞誉。这个协商案例及"边寨协商"的诞生，并非机缘巧合，而是临沧政协系统守正创新的履职成果。

一则热议的新闻

8月24日19:00，我早早守在电视机前，等着看中央电视台《新闻联播》报道全国地方政协工作经验交流会大会的情况。

19:13，新闻播报："全国地方政协工作经验交流会在北京召开，中共中央政治局常委、全国政协主席汪洋出席会议并讲话……15位省、市县政协负责同志作了大会发言……"新闻画面给出了临沧市政协主席李银峰一个特写镜头。

此时，临沧市"协商在基层"市县联络微信群已"炸开了锅"……

"又进京了，又进京了！"

"临沧市政协是此次大会15家口头交流单位之一，是获得交流的2个州市政协之一，是2018年全国政协党的建设工作座谈会、2019年全国地方政协工作经验交流会、2020年全国地方政协工作经验交流会3次大会上唯一获得两次口头交流的州市政协。"

看到银峰主席参会的图像，大家纷纷点赞！

我激动地盯着手机屏幕，这时，时任县政协主席徐淑娟给我发来一条微信，她说："建全，镇康县的协商案例进人民大会堂了，'阿数瑟'也进人民大会堂了！谢谢你和同志们的努力。"我几乎忘记了是否回复领导的肯定和表扬，脑海中再次浮现出这场协商议事会议诞生的经历……

蹲点调研感触颇深

3月26日，接办公室通知，要求我和杨文海副主席去军赛民族乡配合市政协调研组开展"协商在基层"工作调研。

中午，我们在军赛民族乡迎来了市政协调研组的领导，他们是时任市政协副秘书长、办公室主任字德用同志、时任市政协机关党委专职副书记杨天强同志和市政协办公室的1名同志。我们在食堂前的小院内围桌而坐，调研直奔主题，字德用主任直接说明来意，探讨"协商在基层"工作镇康县政协是怎么思考谋划的。杨文海副主席汇报："我们考虑协商大致需要确定协商议题、组织协商调研、召开协商会议、落实协商成果四个环节。"随后，字主任就"协商在基层"工作背景进行了阐释，从中央层面对基层协商民主提出一系列新要求，到省级层面对政协协商同基层协商相衔接作出制度安排，以及省外一些地区开展基层协商的经验等，解读得非常详细。调研组成员都发言，基本形成了"协商在基层"工作"四个环节十个步骤"的初步构想。

调研在热烈的讨论中结束，我久久不能平静：有感于市、县政协领导对谋划一项工作的严谨态度，深化学习思考、细化工作实践、活化他山之石，政协蹲点调研的工作作风，深深地影响着我这个政协战线上的"新兵"。

协商议题浮出水面

4月上旬，经主席会议研究决定，镇康县"协商在基层"工作先行启动军赛民族乡、南伞镇、勐堆乡等4个乡（镇），明确县政协一名主席会议成员挂钩一个乡（镇），每年至少组织召开一场"协商在基层"协商议事会议。根据分工，杨文海副主席牵头率先在军赛民族乡开展"试点中的试点"。

4月14日，杨文海副主席带着我及县政协民族宗教和港澳台侨外事委主任李国良同志到军赛民族乡开展协商议题摸底调研。乡党委十分重视，提交了高稳产农田改造、路灯建设、产业道路建设3个协商议题提供我们遴选。文海副主席简要分析了"协商在基层"工作背景后指出，协商议题大致可以分为办实事和建机制两类，要以机制类为主，着力解决基层"操心事、烦心事、揪心事"，回应群众"急难愁盼"。经这么一点拨，乡党委副书记肖会泽提出："有一个问题，是太复杂了，就怕协商没有结果。""岔路村委会红岩自然村存在人居环境治理难的问题，该自然村居住着镇康、耿马、永德三个县户籍的123户农户，由于群众混杂居住，人居环境提升、基层社会治理存在机制不统一、形不成合力，村里、乡里、县里都没有办法解决，一直拖了很多年。"大家激烈讨论，认为这是一个很好的议题，却一时找不到解决的办法，怎么"协商"呢？耿马、永德两个县户籍的群众又怎么参与到这次协商中来呢？

当天下午，在杨文海副主席的带领下，我和肖会泽、李国良同志继续开展调研，寻求"答案"。通过多方走访，杨文海副主席提出了两条思路让我们思考：一是建立一个联合村规民约，大家一起遵守，重点解决垃圾清运费用统一收缴等问题；二是建立一个功能型的联合党支部，充分发挥党员先锋模范作用，保障联合村规民约实施。

我豁然开朗："真是山重水复疑无路，柳暗花明又一村，这个'一寨三县三乡六村'人居环境治理问题的协商议题，真绝！"

"混居村"的痛

5月5日，县政协派出协商议事会议筹备工作专班到军赛民族乡开展商前调研工作及有关会议筹备工作。

"唉，早就该协商协商了，之前乡党委一名领导在人居环境整治督查中被党内警告处分，就是因为这个村。"在乡政府座谈时，党委副书记肖会泽就首先吐槽道。一问才知道，红岩自然村的群众已经开始执行垃圾清运收费制度，垃圾统一运往乡垃圾处理厂处理，可是居住在这里的其他县户籍群众未纳入统一管理，垃圾随意乱倒，被市人居环境整治督查组领导抓个正着，按属地管理原则，在红岩自然村区域内出现的问题，理应由当地党委、政府领导承担责任。

在住军赛乡几名政协委员的参与下，我们开展走村入户调研活动。进入村内，映入眼帘的是一排排砖混结构民居，非常突出的特点是墙体外观颜色的差异，镇康县户籍民居房是红顶橘墙，耿马县户籍的是蓝顶灰墙，永德县户籍的是蓝顶白墙，"三颜五色"建筑色彩体现了"混居"特点，也不难看出，"一刀切""一般化"的工作方法在这个村是行不通的。

"无法管理，我们每周固定开展一次集中卫生打扫，可是各搞各的，刚刚打扫好又被别人破坏了。你看，这些河边的垃圾就是她们倒的。"村民小组长姚文明说。

"从新冠肺炎疫情防控工作开始，在值守执勤、场地消杀、人员进出管理等方面非常困难，各县有各县的规定做法，我们平时的疫病预防工作也是非常难开展。"村医姚文华对调研组说。

"党员作用发挥难、产业发展滞后，一起土地纠纷拖了很多年，邻里纠纷不断，各说各有理，联合护村队没有建立起来，头疼。"村党总支副书记、村委会主任罗永兰很期盼问题得到尽快解决。听说要协商推动成立联合党支部、建立联合村规民约，罗永兰急切盼望地说："我举双手赞成。"

杨文海副主席说："必须有一个主旨发言人，大家围绕他的发言来互动！最后再来归纳协商意见。"

"我建议请罗永兰主任把问题清单抛出来，让大家讨论要怎么解决，把协商的共识凝聚到解决问题的两项措施上……"调研组成员、县政协委员武天焕建议。

调研组从发现问题到解决问题，从什么人参加协商到如何开展协商进行积极讨论。

直到晚上10点，最终确定了"提出意见、互动协商、归纳意见"的协商流程，同时安排我制定协商会议组织方案。

军赛民族乡协商议事会议筹备工作紧锣密鼓地进行，会议组织方案很快就报到市政协"协商在基层"工作推进组，我们耐心地等待着召开会议的反馈。

小问题引发大讨论

5月29日中午，在镇康县政协副主席、军赛民族乡"协商议事会议"第一召集人杨文海主持下，由"三县三乡六村"的政协委员、乡镇干部、村民代表、相关职能部门组成的31名协商议事会议成员围桌而坐，就协商议题开展协商讨论。

肖会泽率先发言指出，针对村里存在的日常卫生清扫制度不统一、卫生保洁体制机制不统一、联防联控机制不健全等三个问题，他提出两点建议，一是建议"三县三乡六村"123户村民共同建立一个"联合村规民约"，统一缴纳垃圾清运费、统一环境卫生打扫时间、统一环境卫生保洁制度，成立联合护村队，开展安全维稳和联防联控；二是建议成立岔路村、红岩自然村功能型联合党支部，组织制定并推动村规民约的落实，落实共建共治责任，打破行政隶属壁垒，破除各自为政的局面。

肖会泽的提议，得到了协商议事会议成员的纷纷赞同。

"作为居住在同一片土地上的一家人，要不分彼此。"耿马县政协委员、勐简乡党委副书记宁德交表示，将号召该乡的38户村民，积极参加"联合村规民约"的讨论制定，服从当地党委政府、村"两委"的管理，执行好村规民约和有关卫生环境等方面的规定。

永德县崇岗乡副乡长李正鹏发言表示，村里有永德县户籍2户，虽然户籍没有迁移，但已经在村里扎根生活，希望积极参与村规民约的讨论、制定、修改、执行，日常生活中服从村"两委"的管理，主动参加集体活动。

三个县的村民也纷纷表态。

岔路村村委会主任罗永兰表示，村里一直想把环境卫生的事情做好，但是一直缺乏有效机制，统一缴纳垃圾清运费、统一环境卫生打扫时间、统一环境卫生保洁制度的做法符合实际，切实可行。

"我们虽是村里的外县人，但也是村里的主人，我们同意有关环境卫生的规定，也同意支付垃圾清运费，只有这样，我们的生活环境才能变得更加美丽。"耿马县勐简乡居住在红岩自然村的3个村民代表发言表示。

"两条建议是我们大多数的心声，同意两条建议，我们不能再各敲各打了，一定要制定统一制度，大家一起遵守，共同建设我们的美好家园，我们的日子才会越过越好。"村民王国庆的表态，说出了很多村民的心声。

提议也得到了相关职能部门的及时回应。

"我们将对两条建议的落实，给予工作指导和相应的项目资金支持。"镇康县农业农村局副局长董万红表态。

镇康县委组织部基层党建办主任王建荣表示，考虑到该村住户涉及跨村跨乡跨县的实际，为切实发挥党组织引领作用，调动各方参与，实现共建共治共享，赞同村里成立以"改革创新、解决问题"为首要任务的功能型联合党支部，不开展"三会一课"，而是集中精力研判问题、解决问题。

"制定联合村规民约是一种尝试和创新，对村里来说很有必要，属于村民自治的一部分，我们将坚决支持，在制定出台执行过程中如有需要完善的条款，我们将全力支持配合。"镇康县民政局鲁世山表态。

……在政协搭建的这个平台上，31个协商议事会议成员纷纷道出心声。

金杯银杯不如老百姓的口碑

会议结束后，市政协继续在军赛民族乡党委会议室召开"协商在基层"工作推进会，我们怀着忐忑不安的心情等待着市政协领导对这次协商会议的总结评价。

会议安排字德用主任对本次协商议事会议作总结评价，他指出："全程观摩了这次协商议事会议，真切感受到了'协商在基层'这项工作的价值所在、力量所在、前景所在。""说它价值所在，是因为本次协商议事会议，证明了'协商在基层'能够提升基层治理效能、解决群众实际问题，体现了拓展政协工作空间的价值……""说它力量所在，是因为本次协商议事会议，证明了'协商在基层'能够推进社会主义协商民主在基层实实在在地开展、得到人民群众的认可支持，体现了协商于民、协商为民的力量……""说它前景所在，是因为本次协商议事会议，证明了'协商在基层'能够解决基层群众自治所不能解决、基层政协委员所不能呼吁的事项，体现了人民政协制度优势转化为社会治理效能的前景……"

由于这场协商议事会议是"试点中的试点"，我只是有一些感性的认识，协商成果落地见效如何，心里还是没有底。对于能在多大程度上促进"协商在基层"实践的深入，更是没有想过。

仅仅3个月后，当我们再次走进村里，村内主干道已从原来坑坑洼洼的"三合土"变成了透水路面，民居墙体外观颜色进行统一改造，全部为红顶橘墙。最为显眼的是村规民约墙，上面写道：人居环境要提升，每周两次搞卫生；垃圾清运微付费，每月十元不算贵；民居风格要传承，外观统一最基本；私搭乱建要拆除，公共设施要维护……道路两侧种满了五颜六色的三角梅，雨污分离和厨房革命正在如火如荼地开展，一个小而宜居、小而干净、小而美丽的生态宜居新农村正在形成。

这些变化深深地刻在了我的脑海里，没想到协商会议得到群众的喜爱和认可，人们戏言的"没钱没权没烦恼，无忧无虑无人找"的政协，也可以不用钱不用权把一个老大难问题妥善解决好。于是，在我们上报市政协协商成果转化情况的材料中，群众对"协商在基层"工作的评价，我引用镇康县原汁原味的"阿数瑟"对子进行表达，歌词是这样的：

> 三县交叉在红岩，村规民约立起来；
> 搭伙都是一寨人，团结进步过得成。
> 一寨住着三县人，环境卫生难打整；
> 政协帮忙来协商，联合管理要得成。
> 联合支部成立了，阿做顺事商量好，
> 村规民约靠执行，幸福生活比蜜甜。

注："阿做"和"顺"是临沧方言，"阿做"意为要做或者想做，"顺"意为什么。

后来，在临沧市政协李银峰主席参加全国地方政协工作经验交流会大会口头发言中，原文引用了那句"阿数瑟"对子：临沧市政协指导镇康县政协主办、耿马、永德两县政协协办，共同开展"一寨三县三乡六村"联合治理的协商议事活动，达成了"成立一个联合党支部、制订一份联合村规民约"的共识。协商成果落实后，村民交口称赞"一寨住着三县人，环境卫生难打整；政协帮忙来协商，联合管理要得成"。

（张建全）

营盘"院坝协商"
我参与做了"三道题"

"协商在基层"是云南省政协系统的特色工作品牌，是政协协商与基层协商有效衔接的创新载体。自2020年3月以来，按照省政协的决策部署，"协商在基层"工作在全省全面展开。作为双江政协的一名提案工作者，面对新的工作课题，我用心用情用智读题、解题和答题，积极参与到此项工作中，亲历了沙河乡营盘村协商议事活动全过程。

第一道题：选题

按照县政协"先行试点2个乡镇，再向4个乡镇铺开"的工作安排，沙河乡继勐勐镇之后开展"协商在基层"试点工作。为使沙河乡试点工作做得更加富有成效，县政协多次向县委汇报工作开展情况并得到支持，成立了由县政协主要领导任组长、分管领导任副组长、提案委等相关委室负责人为成员的工作领导小组。在充分借鉴勐勐镇试点工作经验的基础上，我们按照"不建机构建机制"的工作思路，延伸政协工作的"手臂"和"脚"，指导沙河乡制定了"协商在基层"工作方案，设立了乡协商议事会议，组建了"政协提案委+乡委员履职组+乡协商议事会议"的协商议事联合体，将政协协商的工作触角一步步向基层延伸。

进入工作实质性阶段，我们视"商什么、议什么"为协商成功之要，把"选好题、选准题"作为做好"协商在基层"工作的第一道题。

深入基层、深入一线、深入群众开展调查研究，掌握第一手资料和数据，分析问题原因，形成建言思路，在众多协商议题中优选农灌设施管护开展协商。

没有调查就没有发言权。我们坚持"不调研不定题，先调研后协商"的原则，组织县政协委员和相关部门负责人，多次深入沙河乡营盘、平掌、允俸等村组，白天在村头巷尾、田间地头，晚上在庭院里、火塘边召开村组干部会、群众会、民情恳谈会等20多场次，走访老党员、退休老干部、产业大户等百余人次，与群众面对面交流、点对点沟通。一方面，宣讲省、市、县"协商在基层"工作的有关精神，让群众真正明白"协商在基层"是什么、干什么、怎么干。另一方面，围绕"巩固拓展脱贫攻坚成果同乡村振兴有效衔接"这一工作中心，广泛收集社情民意，深入了解群众的所需所求所急所盼，掌握第一手资料和数据，分析问题原因，形成建言思路。同时，结合政协提案在"三农"方面的关注重点，认真梳理出农灌设施管护、人居环境提升、农村居家养老服务等20多条议题，纳入协商议题库备选。经过自下而上、自下而上反复论证，大家一致认为营盘村农灌设施管护议题代表性强、关注度高、关联度大，切口小、靶向准、群众认可、能落实，符合"党政所需、群众所盼、政协所能"的要求，据此初步确定为协商议题。

"磨刀不误砍柴工。"围绕农灌设施管护问题，工作组继续深入调研，进一步了解实情，寻求解决问题的"最大公约数"。得到的情况是：营盘村辖4个自然村8个村民小组375户1376人，是全县32个建档立卡脱贫村之一。近年来多方争取项目资金2860余万元，建成农灌沟渠（管道）100余公里，推动了烤烟、甘蔗、茶叶等产业的发展，富了村民的口袋。但被群众称为"命根子"的灌溉设施存在"重建轻管"等问题，引水干（支）渠损毁现象频现，影响用水，群众意见比较大，却又找不到有效的解决办法……

民生无小事，枝叶总关情。水的确是个事关群众切身利益的民生问题，群众急切想得到解决。于是，县政协决定利用"协商在基层"这个平台，以"建立农灌设施管护机制，推动营盘产业更加兴旺"为议题，在营盘村召开"协商在基层助推乡村振兴"院坝协商议事会议。

第二道题：商议

协商议题确定后，"怎么样开好会、开出什么效果的会"便是我们要做的第二道题。在这个环节中，我们发挥"搭台——协商"这一政协的"拿手好戏"和"看家本领"，做好会前、会中、会后的服务，为群众立好"台柱子"，让群众唱好"协商戏"。

首先，解决"谁来协商"的问题。本着"集众智事无不成、合众谋业无不兴"的理念，协商于民、问计于民，我们采取民主推荐、特别邀请等方式明确参会范围，保证"唱戏的人"来源广泛又选择精准，全程民主又相对集中，能商情议事又能果断行事。通过层层把关，确定了挂包沙河乡的县政协副主席董光明为召集人，乡协商议事联合体中的9名代表，营盘村的村组干部、党代表、妇女代表、产业大户等利益相关的28名代表，共37人参会。

其次，要解决的是"在哪开会"的问题。结合协商议题涉"农"的特点，我们对会议室、小广场、庭院等会议场所进行比选，觉得在"庭院"协商群众不陌生、易接受，愿讲话、敢讲话、讲真话，符合农村群众的习惯。

就在这个时候，协商主体中的老党员代表杨福新大叔主动说："来我家的院子里开，合不合适可以去看一看。"调研组立马前去一看："何止合适，是非常非常合适。"目睹这场景，我顿时为咱老百姓的淳朴善良而感动。

接下来，我们紧扣"议程设定"做题。对标对表市政协"四环十四步"的协商流程，突出"提出意见、相互商量、归纳意见"三个步骤设定议程，三环相扣，循序渐进，群众一听就懂、一看就明白。

水到渠成，风来扬帆。2020年12月4日，营盘村以"建立农灌设施管护机制，推动营盘产业更加兴旺"为议题的院坝协商议事会议如期举行，这是临沧市首场院坝协商议事会议。

当天，风和日丽。杨福新大叔家的小院干净宽敞，前来开会的人、观摩的人、围观的人聚在一起，热闹非凡。会议改变了过去开会会场布置中悬挂布标、设置背景、制作展板、配置音响、印发材料等形式，只用一块黑板写明主题，一人一凳拢在一起，围坐几张桌子议事。整个会场朴素不张扬，简易不简单，轻松不随便，既接地气又近民情。

上午9时整，随着主持人、县政协副主席王明兴"请大家落座，保持安静，我们即将开会"的话音落下，会议正式开始。

在主持人亮明协商议题后，37名参会人员围绕"如何管护好灌溉设施"主题纷纷发表自己的意见，你一言我一语，想怎么说就怎么说，该怎么说就怎么说。

首先，县政协委员、沙河乡党委副书记、沙河乡"协商在基层"协商议事会议成员李忠民直击农灌设施"重建轻管"问题说："农灌设施不时有管道垮塌、渗漏、人为损毁等情况发生，其作用未得到有效发挥，提议制定《营盘村农灌公用设施管理办法》。"

对此，大伙展开讨论。"产业振兴是乡村振兴中的重要一环，这些灌溉设施事关我们村的产业发展，所以大家一定要管好这些来之不易的项目设施。"市、县政协委员，县政协副主席董光明说。

村党总支书记赵福华接过话茬："在党和政府的关心支持下，营盘村是当前韭菜坝水库灌区最大的受益村，如果不从长远考虑，不注意管护甚至还去破坏它，这样今后谁还会支持我们寨子发展呢？"

老党员田志工语重心长地说："我们要管好水，保护好水，像总书记说的一样'绿水青山就是金山银山'。"

"我家发展的是烤烟产业，以前没有灌溉用水种植成本高，一亩地要用4车水，一车80块钱，家里30多亩地要花费1万多块钱，现在有现成的水用，水浇得多，病虫害少，烟的质量好，增产就增收。我算了下，今年我家能增收2万块呢，我非常支持李委员的建议。"村民李金祥现场算起了账。

"我家种着柑橘，不浇水的产量低、果子干瘪干瘪的；有水浇的橘子又大又甜，卖相好，价格高，一定要管好这些设施。"营盘一组村民李有妹应道。

开展管护的共识有了，如何管护好灌溉设施？代表提出了"向受益农户收取一定的农灌公用设施管护费""择优聘用管护人员""建立供水调节机制，保证灌溉用水"3条建议。

各协商主体再次展开讨论。村委会副主任沙卫军建议，分3个片区管理，科学分配调节用水量。

那赛一组组长周石云建议，明确什么人损坏设施，就由什么人来修复。

"如果有人故意损坏，修复不算还要处罚他。"那赛一组村民李军有补充道。

……

看到村民前所未有的参与热情，村党总支书记赵福华感到十分欣慰。他认为，脱贫攻坚期内建成的农灌设施单靠政府管是行不通、管不了的，必须按照"谁受益谁管理"的原则，由群众来管，此次县政协选定的议题，贯彻了乡村振兴以群众为主体的原则，体现了"我要振兴、我来振兴"的工作导向，实现了群众思维由脱贫攻坚"被兜底"到乡村振兴"主动干"的转变。

"下面，我宣布结果，参加协商议事会议成员共37人，一致通过此次协商意见。"随着主持人的话，这场发生在村民院坝里的协商落下了帷幕。

通过广泛、充分的协商，与会人员就制定《营盘村农灌公用设施管理办法》达成共识：一是按面积和作物类别收取农灌公用设施管护费，用于公用设施的维修和支付管护人员的补助。费用收取标准按照农作物的类别、面积计算。二是择优聘用管护人员。通过公开报名方式选聘，签订管护协议。三是管护人员负责片区用水调度，保障用水。

整个会议过程历时2个小时，全场掌声不断、笑声不断，在形式简单、气氛宽松的氛围中，群众畅所欲言、各抒己见、理性有度地表达自己的观点和看法，问题找得准、建议提得实，互动协商不跑题、有态度，从中学会说、学会听、学会商、学会行，以鼓掌形式通过协商意见，为今后"有事多商量、遇事多商量、做事多商量"打下了良好的基础。

协商议事会议得到群众好评、领导认可。到会观摩指导的临沧市政协主席李银峰说，"群众是乡村振兴的主体，此次院坝协商议事会中政协以搭台、组织和服务的角色参与其中，不搞包办代替，不搞代民议事、代民作主，占比76%以上的群众代表为协商主体，群众的事让群众说了算"。

时任中共双江自治县委书记黄光富表示，正值双江从脱贫攻坚转入乡村振兴的关键时刻，政协"协商在基层"对推进全县乡村治理体系和治理能力的现代化意义重大，要把"协商在基层"与乡村振兴有机衔接，高效助推乡村振兴，为全市提供可借鉴、可复制、可推广的经验。

之后，"协商在基层"工作迅速覆盖各乡镇，基层群众"乡村振兴我作主"的热情高涨，纷纷拿起"基层民主协商"这把"金钥匙"，将协商产生的"金点子"变成乡村振兴的"好法子"。广大干部群众说："'协商在基层'真是党委政府的好帮手、人民群众的连心桥、委员履职的新平台。"

第三道题：转化

"协商成果转化如何"是"协商在基层"重要的价值体现。我们积极探索建立"交、办、督、复"一体化工作机制，推动协商成果落地见效。

会议结束后，沙河乡协商议事会议立即形成会议协商成果报乡党委审定。乡党委下发《关于办理营盘村"建立农灌设施管护机制推动营盘产业更加兴旺"协商意见的通知》，明确协商意见由营盘村委会办理，联系挂钩村委会的乡领导、乡水务服务中心和农业农村服务中心等支持配合，乡党政办公室进行跟踪督办。

在完成摸底调查、办法起草、意见征求等工作后，2021年3月15日营盘村委会召开了91名村民参加的村民代表大会，表决通过了营盘村农灌设施维修养护管理办法，群众举荐选聘了1名村民进行日常维修养护和供水调节，建立起了农灌设施民用民管的完整机制。

农灌设施专人管后，作用发挥明显。现在的营盘村可谓渠通水畅、产业兴旺、人心向上，群众一年四季用水不愁，告别了旱季靠拉水发展生产的历史，实现了用水成本下降、产业收入增加，兑现了村党支部"不让政府投资闲置浪费"的承诺。2021年营盘村增加水浇地3000多亩，增加复种面积2000多亩，产业增收560万元，实现村级集体经济收入28万元，全村稳健驶入乡村振兴快车道。参照此做法，营盘村群众还协商了人居环境提升等事项，建立了"村党总支+保洁理事会+监督管理员+农户"四位一体的环境卫生网格管理机制，添置3辆垃圾运输车，配备3名清洁人员，在全县率先实行垃圾清运、焚烧收费，垃圾处理率达到100%。组织回乡干部、教师、新乡贤、企业负责人等30多人，开展"万名干部规划家乡行动"，对营盘村近期、中期、长期发展进行了谋划。

　　这次小小的院坝协商，圆满解决了困扰营盘村多年的灌溉设施管护问题，达到了群众自我教育、自我管理、自我服务的良好效果，真正让群众享受到了实实在在的协商成果，教会了群众"有事好商量、众人的事情由众人商量"的办法，增强了群众"小事小议、大事众议、急事快议"的协商意识，培育了"大事小情共同帮、公益事业共同干、产业发展共同谋、疫情防控共同担"的文明乡风，推进了乡村善治。群众用山歌称赞道："引水用水管水小议题关乎百姓增收致富路，多商好商能商集众智谱写乡村振兴大文章。"该场协商成为云南省第十次党代会以来全省民主法治建设典型案例和全省政协系统50个"协商在基层"典型案例之一。

　　按照群众意愿，我们建成了营盘村"基层履职实践和民主培训基地"、议水亭和文化走廊，把协商的形式、内容、成果全过程、全景式、永久性地固化为实物实景，使"协商在基层"落地在村寨中，印刻在大地上，留存在历史里，让基层干部群众看得见、摸得着，留得住政协记忆。

　　这次会议过去快两年了，但我还是记忆犹新、历历在目。那一幅幅、一幕幕场景深深烙在我脑子里，那是群众一张张熟悉的笑脸、一句句暖心的话语，还有那一沓沓记有密密麻麻文字的调研材料。一段在基层一线"蹲点式"调研的工作实践，与农民群众"零距离"接触的工作经历，让我受益匪浅、倍受教育，深刻感受到广大农民群众的智慧和力量，真切感受到农民群众对美好生活的向往与渴望，这正是我们工作的出发点和落脚点，是新时代政协人"为国履职、为民尽责"的使命所在。

（谢体辉）

冲锋陷阵似当年　边疆战疫竞风流

幸
福
之
歌

疫情下的逆行　向着爱与希望

48岁的我，以为自己早已过了多愁善感容易落泪的年纪，然而这个春天，我的泪点却特别低。一个电话、一声问候、一个拥抱、一句珍重，甚至是一张照片，都会热泪盈眶，不是自己变得伤感和脆弱了，而是心底最柔软的那个地方无时无刻不被触动着，一不小心，眼泪就会哗哗地流下来……

疫情就是命令，医者必定前行

2020年1月，新冠肺炎疫情突袭而来。党中央审时度势，综合研判，提出坚定信心、同舟共济、科学防治、精准施策的总要求，及时制定疫情防控战略策略，把提高收治率和治愈率、降低感染率和病亡率作为突出任务来抓，把武汉和湖北作为全国的主战场。疫情就是命令，接令即动是必须的，1月25日一大早，我告别正在"年味"中的家人返回医院，迅速投身到抗疫工作中。按照临翔区紧密型医共体工作部署，我和同事一行5人，第一时间深入基层防控一线检查防控工作，全面摸排，动态监测辖区内疫区史人员，并到云岭一部、中铁十四局驻临办事处、墨临高速公路项目总承包部，检查及指导做好复工复产及疫情防控相关工作。大家严阵以待，不让自己责任范围内出现任何防控纰漏。

2月17日晚，医院通知要选派一名医生参加临沧市援鄂医疗队，我没有经过太多的思考，只觉得自己应该去，就在第一时间报名并递交了请战书。医院研究后，同意了我的请求。一起同行的还有我们医院护理部主任杨玲、儿科护士长廖芬然、ICU主管护师康伍花3名同志。2月19日傍晚，临翔区党政班子、医院领导及科室同事、广大群众为我们送行。全市8县区选派队员集结完毕后，2月20日上午，市级四班子领导为临沧市援鄂医疗队送行。

2月17日晚报名的时候，我没让家人知道，18日早上接到医院的正式通知，中午回家本来打算吃完午饭再和他们说这事，没想到饭桌上老公先开口了："我知道你报名参加了援鄂医疗队并即将出征，我支持你的决定，请你一定要照顾好自己，平安归来！"儿子沉默了片刻后说："妈，我为你骄傲和自豪！做好防护，保护好自己，平安归来！"20日早上临走之前，突然接到76岁婆婆的电话，她哽咽着说："阿香，妈更多的话也不会说，全家都支持你，等你平安回家！"其实，当时的我并没有想过这一去"牵动的是家乡人的心、肩负的是家乡人的愿"，是这么沉重的担子，我只想到我是医生我就该去。

坐在车上，大家都哭成了泪人，我甚至不敢伸头去看窗外送行的家人及科室的同事，生怕看到后，强行忍住的泪水又会止不住。在车上、飞机上，我们一遍遍地高喊着"临沧加油！云南加油！武汉加油！中国加油！"每一次高呼，我的泪水都会流满脸颊，同时心中的信念也更加坚定，举国上下众志成城，最终胜利将会属于英雄的中国人民。

我们临沧援鄂医疗队的40人和丽江、普洱、昆医附二院、云南省中西医结合医院的队友组成了176人的云南省第七批援鄂医疗队，20日当天下午5点多到达武汉。一下飞机，空荡荡的机场让人顿生压抑，除了机场的工作人员和我们医疗队，看不到一个游客。出了机场大厅，有十多个机场的工作人员举着标语，站在5米之外，一遍遍地高呼着"欢迎云南！感谢云南！"那并不热闹却满是真情的场景深深地打动了我们，这一刻，我们离得很远，但又好像挨得很近，整个队伍静悄悄的，我一边流泪一边挥手，心里默默地喊着"武汉，我们来了！"

临危不惧是假，挑战自我是真

到达武汉，面对即将开始的"战斗"，说实话我们心里也是有些慌。原来，我们得到的信息是接管方舱医院，到了武汉，我们要接管的是重症病房，大家都感觉到担子的沉重，我们担心的不是自己的安危，而是整个医疗队的安全，心里想："如果我不幸被感染，那我们云南第七批医疗队都有可能被隔离，我不能一个人拖累了整个医疗队！"因而，在休整培训期间，大家都在拼命地练习穿脱防护用品，看似简单的一个脱N95口罩的动作，10遍、20遍地重复练习，只是为了脱下的瞬间不要弹起，尽可能地减少污染，直至考核合格。上班时从驻地到病区再到感染区，下班时从感染区到病区再到驻地，每切换一次场景，医护人员都要经历一次消杀，其中最关键的环节是脱防护服，脱防护服时，每脱下一件，就要进行一次洗手，一次洗手有六个步骤，每一步的动作要重复5次以上，一双手不允许有任何一个部位没有消毒到，我们身上戴了两顶帽子、两双鞋套、三对手套、一件隔离衣、一件防护服、一副护目镜，由此可以推算一下我们脱一次防护服要洗多少次手！"勇士也怕最浓的消毒药水"，大家都很清楚消毒液对皮肤及呼吸道黏膜的伤害，可是消毒时没人会手软，因为都知道，这已经不是个人的事情了，严格消毒关乎全队的安全，更关乎整座城市的安危。除了穿脱防护用品，我们感控组的老师将整个驻地划分了污染区、半污染区、清洁区，而每个人的房间也有污染区、半污染区、清洁区之分，我们从病区回来，必须要经过酒店门口及电梯口的两次全身喷洒消毒，然后将外套脱下来挂在电梯间的墙上。进房间要换四双拖鞋，全身的衣物要用消毒药水浸泡半小时以上，要用热水洗澡30分钟以上，整个过程下来很累，但大家都自觉遵守，不管是几点下班，都一丝不苟地完成整个操作过程。休息的时候，只能独自待在房间里，彼此之间只能微信聊聊天，表达关心与问候。正是这样的坚持，直至援鄂医疗任务结束，我们云南第七批医疗队自始至终零感染。

到武汉的第二天，临沧医疗队的匡崇书队长给我打电话说："李老师，综合考虑了我们医疗队医生队伍的情况，决定让你单独和其他医院的老师一起组队，有没有压力？"我是有压力，可我仍毫不犹豫地回答"可以"，虽然我的专业不是呼吸内科也不是重症医学科，但30多年的从医经验及疫情发生后作为临翔区医疗专家组的成员，我认真地学习了每一版新冠肺炎诊治的相关知识，我自信有这个能力。于是我和附二院的朱炜华、徐莉老师，丽江的白成剑老师组成了第8医疗组，并几经周折，接管了武钢二医院的三楼重症病区。因为病区里穿着厚厚的防护服无法完成医嘱的修改及病历文书的书写，医疗小组两人进病区，两人留在办公室，两个组之间靠对讲机联系。我的第一个班是A3班，因病区是临时改造的，无论是布局、设施、流程都不合理，感控存在很大的风险。在困难和奉献面前，医疗8组的医生都争着进病区，把生的希望让给别人，把死的困境留给自己。组长朱炜华老师说："我进病房吧，你们三人留在办公室，先熟悉电脑程序。"丽江的白成剑老师因痛风行走不便，但他依然笑着说："我和朱老师进去吧，让两个女老师留在办公室"……不自主地，我的双眼又湿润了，我们素昧平生，只是因为疫情走到了一起，但这时我们是战友、是亲人，互相之间关心着、呵护着！工作中，因为电脑系统不熟悉，一条医嘱、一个病程、一个出院，我们改了一次又一次，彼此之间没有抱怨，只有一次次的相互鼓励、相互打气……每天上班前，我们都会在群里互相提醒"今天进病房，要做好防护""今天下雨了，大家多穿点衣服""李老师，你今天进病房，没有晚餐，你要先吃点东西填饱肚子"……

穿着憋闷的防护服，带着模糊的护目镜，就是不说话呼吸都是不顺畅的。每次查房都要不漏一人，每个患者病情要了然于胸就必须与患者细心沟通，每次查房下来，都是全身湿透，呼吸困难，身心俱疲。脱下防护服的那一刻，我都会感到安全的空气是如此珍贵，轻松自如地呼吸是如此美好！

正如美国医生特鲁多的墓志铭，医生的工作是"有时去治愈，常常去帮助，总是去安慰！"我们接管的病区最多的时候有36位患者，每次查房都需要两到三个小时，病房的环境比较差，空间狭小，没有电视、没有暖气。住院患者中，老年人居多，一些老年人因对疾病恐惧及长时间无法和外界、家人接触，出现了烦躁不安、焦虑、暴躁易怒、悲观、失眠等状况，这时心理疏导和心理治疗就显得十分重要。我印象最深的是一位老奶奶，因为这次疫情老伴已离去，奶奶每天都在哭，每次我去查房的时候，都要和奶奶聊一聊，帮助奶奶重拾信心和希望，慢慢的，奶奶的心情开始好转，得知我们即将撤离，她情绪特别激动，一直拉着我的手不停地跟我说谢谢。还有的患者，全家都确诊了新冠肺炎，分别住在不同的医院治疗，家人之间彼此无法照应，一个人住院难免有孤独感，每次查房他们都会和我聊家常、说老伴、谈孩子，甚至说家里的宠物，再忙再累我们都耐心地倾听着患者的倾诉，让他们放松心情……

作为医者，面对患者我们也会有束手无策的时候。接管病区后的第三天，我们病区收了一个新冠肺炎患者，除了核酸检测阳性以外，患者没有其他任何不适，CT检查肺部没有任何病灶。医疗队的老师们对新冠肺炎的治疗有着丰富经验，尽管患者自觉症状不明显，入院后的第三天我们还是给患者再次进行了胸部CT的复查，结果报告患者60%以上的肺组织受累。看到这个结果，大家的心情都很沉重、很复杂，因为武钢二医院没有呼吸机，也没有气管插管的条件。领导立即给患者联系转院，但在非常时期，转院也比平时要多很多程序，我第二次进去查房的时候，患者病情急转直下，已经开始出现活动后呼吸困难了，血氧饱和度也在下降，好在几经周折，终于把患者转到了医疗条件相对较好的医院。很长时间过去了，谈起这个患者，大家的情绪还是很低落，我们尽了最大的努力去救治，但结果并不一定尽如人意。

我们医疗组的夜班比较频繁，对于多年未上夜班的我来说，这是个极大的考验，而这个夜班和我们平日里的夜班不同，因为第二天要查房，平时医生的夜班是没事的时候可以休息的，而在这个特殊的时期，不管你是进病区还是在办公室，都是不能够睡觉的。办公室里只有几张办公椅，没有空调，没有取暖器，武汉的三月，天气还很冷，尤其在夜里，刺骨的寒冷对于恒春之都的临沧人来说真是难以忍受。一个夜班下来，人累得够呛。最可怕的是N2班和A1班是连在一起的，N2班从前一天的晚上10点半从酒店出发，到第二天的早上10点半回到酒店，消杀洗漱完毕，差不多需要两个小时，第三天早上又必须5点多起床，去接A1班一直到中午的2点多，消杀洗漱完毕也到下午的4点左右，通常一个N2加A1班下来，我躺床上就粘住了，动弹不得。好在我的身体素质很好，总是能很快地恢复体力。虽然辛苦，但看到每个治愈出院的患者脸上洋溢着的笑容，听着他们一声声的感谢，觉得所有的付出都是值得的。

疫情无情人有情，绵绵冬雨已近春

在这个全球性暴发疫情的特殊时期，人与人之间的关系也变得简单多了，整个医疗队就是一个大家庭。在这之前，大家都互不相识，相处之后，大家既是战友，又如兄弟姐妹，我们临翔四人组更是抱在一起的家人。因为酒店离上班的医院较远，需要一个小时的车程，无论上哪种班，我都会错过一个饭点。下班回来的路上，总会收到姐妹们的暖心信息，"阿香，饭在门口，你热一下吃一点""李老师，回来洗洗早点睡，早餐我给你留着"……平日里，我们是不能互相串门聊天的，休息的时候，我们都独自待在自己的房间里，彼此之间的交流都只能通过微信或者电话聊天的方式进行。每天早上不管是谁先起床，都会把早餐送到大家的房门外，然后敲敲门告诉对方早餐在门口。虽然彼此隔离，但我们的心靠得很近，我们互相关心着对方的衣食住行，是否吃得饱，是否穿得暖，晚上睡得好不好，上班路上是否安全成为我们每天都离不开的话题。

从到武汉的第一天开始，我们就感受到了武汉人民的热情与关怀。到了武汉，我们暂时居住在龙居酒店，酒店后面的居民担心医疗队员的生活用品不足，专门组建一个微信群，反复地询问大家还缺什么，还需要什么，这些都已让我们感动不已，小区里的一个三年级的小学生还专门给云南省第七批援鄂医疗队写了一封感谢信，一下子点燃了大家的泪点。我们的生活物资很充足了，战斗激情更足，大家只想尽快地走进病房，尽早开展工作，为疫情中的武汉贡献自己微薄的力量。因为龙居酒店的房间不符合疫情时期感控管理的要求，后来我们搬到了东方航空公司酒店。为了让我们住得舒服一点，酒店将他们的员工集中到了一楼，将其余的楼层打扫整理出来让我们居住。酒店分管伙食的领导每天挖空心思，变着花样给我们准备一日三餐。还要特别感谢每天接送我们上下班的公交车师傅及那些每天为我们接东送西的志愿者、不分白天黑夜等在酒店门口为我们进行消杀的保安大哥。面对那些许许多多在我们身边做好服务保障工作，每天都看见但不知道姓名的人们，再想想被新冠病毒折磨的患者，总是觉得我们能做的太少了，只想每天拼命地工作来表达对他们的感激之情！

3月19日，我们云南省第七批援鄂医疗队服从组织的安排从武汉撤离，武汉给了我们最高级别的送行仪式，警车开道，酒店员工及尚未撤离的宁夏医疗队队员夹道相送！泪水再次模糊了大家的双眼，再见了武汉！再见了我们曾战斗过的地方！等来年花开，我将携家人重游武汉、重游黄鹤楼、重游长江大桥，再到武钢二医院的门口拍张照！回到云南，省委、省政府的领导在机场接我们回家，李玛琳副省长代表省委、省政府和全省人民向我们致以崇高的敬意和衷心的感谢，隔空拥抱了我们！热烈的欢迎仪式后，我们被安排到"花之城国际酒店"接受14天的医学观察隔离。在酒店我们感受到了家一般的温暖，吃到了久违的小锅米线，酒店餐厅每日不重样地给我们准备各种美食，大家都开玩笑说在武汉好不容易掉下去的体重将在这14天里加倍反弹到身上。

千言万语难形容，珍惜当下值千金。有幸历经这次抗疫征程，圆满完成救治任务，收获满满，一生难忘，终身受用。在这里，我要特别感谢临翔区委、区政府及临翔区医院的领导，每天早上，微信群里收到的第一条信息总是来自各位领导的问候，从2月20日出发到4月3日回到临沧，没有一天空缺。虽然只是一句简单的"早上好"，却代表了千言万语，代表了各位领导对我们的牵挂与关怀！为了解除我们的后顾之忧，区里专门成立了"临翔区援鄂医疗队后勤保障小组"，隔天就给家里送去各种蔬菜、水果，每周都到家里问候我们的家人，还让我们的家人进行了免费的体检。感谢后勤保障小组的各位成员，感谢医院里的同事和朋友，你们的每一句问候都给予我们无穷的力量，让我们的信念更加坚定！那些给我打电话、发微信表谢意、送祝福的患者朋友和那些为我们提供周到服务的知名和不知名的爱心人士，我真诚地谢谢你们！在武汉期间，外孙女的笑容是我孤独之中最好的慰藉！谢谢我最最亲爱的家人们，你们的理解与支持是我这次出征永续不竭的动力源泉！

（李富香）

在尖山村的46个日子里

首战用我

　　2022年3月2日上午9:00，我接到字德用秘书长电话："经研究，由办公室袁自科主任带队，你和办公室研究室主任施晓东、驾驶员白云有三位同志到耿马自治县孟定镇参与疫情防控工作，你有没有什么困难？"我没想太多，答复道："没有。""那你迅速准备一下，10点钟召开动员大会。"于是，我从办公室赶回家收拾行装后，前往单位参加了动员大会，会上传达了市委关于镇康"2·23"、耿马"2·24"新冠肺炎疫情处置部署和市政协党组有关安排。会后，袁自科、施晓东、白云有和我4人背上行囊，在一楼整齐列队，李银峰主席和其他主席班子成员与我们一一握手告别，嘱托我们要完成好任务，也要做好个人防护，大家都等着我们凯旋。时间不长，话也不多，但非常感人。11:00我们带着使命从临沧前往孟定，袁自科主任参加完在临沧边合区管委会球场召开的会议后，告诉我们："市政协负责孟定镇尖山村挂包督导疫情防控工作。"随后，我们前往尖山村，途中袁自科主任与村支书联系并说明我们到后要开展的工作，达成18:30召开村组干部会议的决定。到达尖山村委会时饭点已过，我们顾不上吃晚饭，迅速召开了村组干部会议，了解相关情况，将上级有关要求作了传达和部署，尖山村疫情防控战就此打响。

那段时间，每天早上叫醒大家的不是闹铃，而是尖山村疫情防控联络群里大家争相赶往各自岗位的朝气。我们每天与村社干部、县挂包疫情防控工作队、省委强边固防突击队、县驻村工作队队员一起工作，目标是"宣传引导到位、摸底排查到位、责任落实到位、应急措施到位"四个到位。虽然大家每天工作15个小时以上，村组值守、扫码测温、全员核酸、信息核查、清运垃圾等各项疫情防控工作循环往复、繁杂具体，大家都做得一丝不苟、认真细致，没有一个人彷徨畏缩，也没有一个人喊苦叫累。正是这样的真情付出，赢得了绝大多数村民的理解和支持，积极参与和配合核酸采样等防控工作。我们也常常被"你们辛苦了""谢谢你们"的肯定而心甜如蜜、心生动力。

"人误地一时，地误人一年。"受疫情关键时期道路管控的影响，生产资料、农机设备、农产品的运输成了大问题。为做好农业生产物资供应和农产品运输等工作，在袁自科主任的带领下，我们与村上沟通，对症下药，因困施策，及时帮助协调想办法，对农资运输车辆进行全封闭管理，既避免病毒传播风险，又化解运输难题，实现疫情防控和农业生产两不误。无论家里发生什么事，村干部都坚持与大家同吃同住，特别是村支书字学伟让我非常敬佩。他对村情民意了然于胸，做群众工作得力得法，然而在疫情防控期间，对病重居家的父母亲却无暇顾及，他白天工作在一线，晚上主持召开碰头会，综合研判、梳理问题、查找漏洞、处置落实，尖山村疫情防控"四住两不论"办法（即常住、暂住、租住、借住，不论外出还是进入的人员）管用、实用，得到县委主要领导的肯定并成为全县统计数据的样板。

掌声响起来

出发当天，市政协党组、机关党组为我们准备了床上用品、常用药品、食品等，让我感受到了政协这个大家庭的温暖。疫情防控期间，每天都会收到银峰主席和其他主席班子成员、同事通过信息、电话的方式传递关心关爱。生活怎么安排？工作是否顺利？有什么需要吗？平常得不能再平常的话语，传递的是温暖和力量。回到单位上班后，同事们都对我表达了问候：去了1个多月辛苦了！晒黑了！显得更憔悴了！让我深深感受到：生活、工作在这样的环境里，我怎么能不满足、不珍惜、不努力工作呢。抗疫期间恰逢我女儿开学，召开家长会时，班主任问我女儿："王茹萱，你爸爸今天怎么没有来？"女儿回答："我爸爸去孟定参与疫情防控了。"刚说完，教室里一片沉静，片刻，一阵热烈的掌声响了起来。当天晚上我女儿兴奋地打电话，把家长会的事情告诉了我。这掌声，不只给我一个人，也是给许许多多坚守疫情防控一线的战友的。那段时间，有很多个感动瞬间温暖了无数颗心，有很多个感人的精神照亮了整个尖山村。与我共同奋战的74名工作队员当中，有放下年幼孩童的周建国、带着孩子到村上的俸天玫、时隔1个月就退休的段海波，有疫情暴发后，长达90多天从未回过家的省委强边固防突击队杨家煌、殷毅然同志，有三代坚守边境卡点值守的民兵李回顺等，他们平平凡凡、普普通通，他们的故事不一定让你落泪，但是只要和他们在一起，我就会感受到一种莫名的力量。

民兵王从平的终身憾事

习近平总书记说："平常时候看得出来、关键时刻站得出来、危难关头豁得出来，每名党员都能够在民族复兴的伟业中为党和人民建功立业。"[①]在这个特殊时期，党员和干部的作为和形象是一眼就看得出的。使我最受感动的是，3月14日凌晨，132卡点民兵王从平享年78岁的母亲去世，但是按照疫情防控一线卡点管理规定，他不能回家。3月15日我们与村干部帮助做好老人的安葬工作。时隔10日，我们到卡点看望王从平，他这样跟我们说："我想念母亲，送母亲入土为安是作为儿子最后一次尽孝的机会，我没有这样的机会，因为我守护着千千万万个母亲生命的安全。母亲从小就教育我，至忠至孝自古不能两全，母亲会为我骄傲，会为我的选择感到欣慰。"之后，我们选择了离开，一个坚强的民兵，他可以承受这一切，他需要的是默默消化、慢慢接受。而另一名民兵却告诉我们："王从平把内心的悲痛化作了戍边巡逻的动力，自母亲去世后，他没日没

---

① 引自2021年6月29日，习近平总书记在庆祝中国共产党成立100周年"七一勋章"颁授仪式上的讲话。

夜地巡逻、查看铁丝网破损情况、做好卡点日常消杀，他用实际行动践行着大孝至忠。"

"枪林弹雨"

在开展工作期间，我重点参与市政协挂包督导尖山村疫情防控工作，具体负责三杈木自然村所有人的核酸检测。通过了解得知：三杈木自然村有1名生活不能自理的20岁脑瘫小伙子周称改和1名71岁患精神病的杨素珍老大妈一直没有做过核酸。按照指挥部"核酸检测不少一户、不漏一人"的要求，我与村组干部、随行工作队员、医务人员商量，无论采取什么办法，都必须完成全员核酸。随后，我们与2人的家人做了沟通，得到他们的支持。由于周称改长期卧床，一进他的屋子，一股浓烈的腥臭味扑鼻而来，床上的被单大大小小的污渍让人恶心想吐，而且他也没有配合核酸检测的正常意识。我见状直接把脑瘫的周称改抱了起来，支撑着他，帮他放松腭部，松开嘴，配合医务人员顺利采了样本。然而，对于杨素珍老大妈的核酸采样就没有那么容易，我与随行人员到她家后，首先是与她沟通，说是给她看病，她根本听不进去，又闹又骂，无法采样，我们只好和她家人一起紧紧把她抱起来进行采样，采样结束后，她捡起公分石向我们砸过来。在接下来的日子里，周称改和杨素珍老大妈核酸采样，都成了我和施晓东及医务人员的分内工作。一次次的腥臭弥漫、一次次的乱石飞来，不是打仗也是"枪林弹雨"，许多同志和老乡为我们点赞，但我认为所有参与这场"战斗"的战友，遇到这样的情况，都会毫不犹豫挺身而出的，比起字学伟、王从平、周建国、俸天玫、段海波、李回顺等知名和不知名的同志，我们这一点点工作算不了什么。回想参与疫情防控工作，"苦、辣、酸、甜、咸"滋味全有，但收获很大，能为疫情防控贡献自己的一份力量，我感到非常荣幸。

疫情是命令，防控是责任，46天的奋战拉近了我们与尖山村干部群众的感情，圆满完成了挂包督导疫情防控工作任务，身为众多抗"疫"人中的一分子，我见证了基层干部群众的担当，汲取了奋进前行的勇气和力量。

（王建平）

我的守边小记

　　自新冠疫情暴发以来，全国上下都经历着一场没有硝烟的战争。这场战争中，镇康肩负着镇守边关的重任，是外防输入的重要战场。由于镇康与缅北接壤，接近100公里的边境线没有任何天然屏障，加之缅北新冠疫情失控，电信诈骗严重，导致很多人欲偷渡出入境，这给镇康的疫情防控工作带来了重大的挑战。在如此艰巨的抗疫任务下，镇康县委、县政府积极统筹各方力量，动员广大干部民兵到边境线值班坚守，党政军警民齐心协力，奋力堵住漫长的边境线，而我也有幸加入了这支不畏艰难险阻的守边队伍。2021年8月，我被派到位于121界碑旁的茨树垭口穿风洞43、44号卡点值守，8月正值雨季，卡点又处于高山峻岭、悬崖峭壁，不通车路、人迹罕至，漫长的雨季导致道路泥泞，巡边道路极其难走，很多干部民兵在巡逻过程中摔跤受伤、被毒蛇咬、被蚊虫困扰，加上云雾缭绕，视野模糊，给守边工作带来了极大的困难。雨季结束，高山寒气又接踵而来，12月，已到了最冷的寒季，值班室里必须烧炭才能抵御寒冷，巡逻过程不得不穿上厚重的军大衣，爬着陡峭的巡逻路，加上佩戴口罩防护，不一会儿又大汗淋漓，眼镜上布满雾珠，可真是冬天棉衣夏天汗，让人苦不堪言，一次次"抛家舍业"的选择很是让人不时感到痛彻心扉，而和平年代这种刻骨铭心的经历却也惊心动魄、催人奋进、发人深省。

2021年8月10日　星期二　大雨

　　今天是我第一天到卡点值班，出发之前，我对未知的卡点生活充满好奇。从单位出发乘车到茨树垭口，一路来一直下雨，过于充沛的雨水在不停地冲刷着我对卡点生活的向往。由于卡点所处位置不通车路，我们到村里后只能改为徒步，所有卡点物资都需要人力背着去，和我同班的还有三位同事，两位老同志带我们两个年轻同志，出于尊老的想法，我主动背负更多的物资，给两位老同志减轻负担。可真正开始走了一会后，道路的崎岖陡峭狭窄程度完全超出了我的预期，完全是在石头缝里挤出来一条羊肠小道，加上雨水冲刷，泥巴把石头包裹住，每走一步，都需要试探一下脚下的石头会不会滑走，这样的道路条件让我感到力不从心，很快和其他几位同志拉开了距离，想要找个地方休息一会，可大雨不停，连个坐的地方都没有，鞋子、袜子、裤腿全湿了，心里瞬间后悔为啥拿这么多东西。前面的同事发现我落后了，就折回替我分担一些物资，让我能跟上队伍。据我所知，有的卡点条件比我们还艰苦，遇到下雨天需要爬着去，还存在着突发滑坡泥石流等风险。抵达卡点已是中午11点多，初见卡点房屋，感觉还行，至少看着应该不会漏雨，两层活动板房，一楼为宿舍、厨房，二楼为值班室，厨房里冰箱、电磁炉、电饭锅一应俱全，这让我一路的疲劳抵消了不少。除值班同志外，大家伙儿一块做饭，但电力不足的原因让电饭锅、电磁炉沦为废铁，只能生火烧柴做饭，由于柴全湿了，烧火很费劲，这或许就是现代社会里插入了"旧社会"生活的尴尬和苦恼。大家只能轮流吹火，个个搞得脸蛋通红。通过大家一起动手，经历一番"痛并快乐"的炊事工作，总算大功告成。自己用柴火烧出来的这餐菜饭虽然不算丰盛，却带有一种平时无法尝到的、返璞归真的香。吃好饭后，同事带我进监控室，学习视频监控的一些操作方法以及一些值班注意事项。夜里，领导安排我负责后夜班，凌晨3点到早上8点，也就意味着必须在熟睡的时候起来值班。可我在卡点的这第一个夜晚却彻夜未眠。由于房屋不隔间，值班室里的脚步声、说话声、对讲机的呼叫声全部传到我耳里，压根儿无法睡着，加上山里蚊子很多，这让我前半夜未眠，刚想要睡着，又得起来换班。这样一来，我的卡点第一晚无比煎熬。我在那么一瞬间甚至产生了退缩的想法，后来我了解到，大部分人在卡点的第一夜都睡不好，因为山里的条件和城里实在相差太多，很多人甚至需要十天半月的时间去适应。思来想去，为了守边工作，只能咬牙坚持。

2021年12月28日　星期二　晴

凌晨3点我起来接班，在巡逻一圈后已快到4点。4点零8分，有两名男子进入我们卡点2号监控范围。起初我以为是县上领导巡边，可当我打开手机监控欲喊话问询时，该两名男子放快脚步，小跑至灯光微弱处快速跳了下去试图越境。我感到大事不妙，马上通过对讲机报告指挥部发现欲偷渡人员，并跑去休息室喊起熟睡的带班领导，他快速电话联系休息中的民兵，我们迅速跑至出事地点查看情况。不一会儿，附近村寨警务室的民警和附近卡点的同志也来支援，一名细心的民兵在路上发现血迹，我们就顺着血迹去搜查，可由于天黑，加上出事地点地形地势情况复杂，我们不得不停下漫山遍野的搜寻，只能在重要位置上布置人力，等待天亮后更多人的支援。天亮后越来越多的支援人员已到位，大家开始冒着危险不断展开搜索，直到中午11点半，一名受伤的欲偷渡人员出来自首，他称自己流血过多，体力消耗过大，于是我们赶忙给他穿上防护服，我看到他的左手手背处已经看到骨头，让人毛骨悚然。可此时还有一名偷渡人员未找到，我们不断审问其同伴，可他一直搪塞包庇。最后，在继续搜寻30分钟后，第二名欲偷渡人员被发现，此时他身体颤颤巍巍，面对民警问话不敢作答。至此，两名欲偷渡人员均被抓获。此次抓捕过程，很多人从凌晨3点到中午12点一眼未合，甚至一口水未喝，又困又饿，加上搜寻过程体能消耗过大，已经到了身体的承受极限。好在两名偷渡人员均被抓获，也不枉大家的辛苦付出。

2022年1月31日　星期一　晴转多云

今天是除夕，虽说在山里，大家还是不忘向家人朋友送去节日问候。卡点上也充满着节气的氛围，我们也准备不少食材，准备认真搞个年夜饭。采购的同志去村里买了土鸡，特意进城买了海鲜、水果、零食、饮料等，大家都围坐在一起吃年夜饭，有说有笑，互相致以节日祝福。虽说在深山里，也算年味十足。年年难过年年过，这或许是我最特殊的一个春节。吃完饭后，老父亲给我打来电话，问我什么时候换班回家，我说得初二以后，父亲叮嘱我认真值班就挂了电话。我心情一落千丈，除夕夜的喜庆在我这瞬间无影无踪，感觉自己真不孝，让老人一人过除夕，那一瞬间有了冲动的想法，想马上回家去陪父亲过节，可又一转念：刚才的春节联欢晚会上不是又一次唱起了《国家》这首歌吗？党和国家领导人不也是每一个除夕、每一年春节都要顶风冒雪到边关哨卡看望慰问戍边战士、守边群众吗？位卑未敢忘忧国，在纠结与犹豫、自责与内疚的煎熬之中选择为国尽忠，这或许也算一份微小的伟大吧。没有国哪来的家，于是，心境蓦然舒坦敞亮了许多。吃完饭后，大家又各自回到自己的岗位上，盯监控、巡逻。看着山下城里的灯火阑珊，那里一片祥和，那是家的方向，那里有我的牵挂，不知妻子是否也在眺望山涧，盼望我早日归家？更不知她们是否收看了春节联欢晚会、聆听了那首表达我们全体守边人心声和志向的《国家》？

上述是我的守边故事，也是许许多多人的守边故事。寒来暑往、春去秋来，多少个日日夜夜，在苍茫绵延的边境线上，每一个守边者都抛家舍业，为大家、舍小家，为镇守边关、保家卫国贡献着自己的力量。我相信在大家上下齐心、奋力拼搏下，我们定能成功战胜疫情，守护好边关，护佑住康宁。

（李洪冲）

孟定镇大水井村抗疫经历

　　2022年3月4日，星期五。秘书长刘映军、办公室主任普顺昌、提案委主任杨绍龙、副主任马金崇、人口资源环境委副主任马丽玢和王林平、董大荣、罗正荣、李卫华4位老同志及我一行10人，刚从县政协扶贫挂钩村勐撒镇芒枕村协助完成全员核酸检测回到耿马。晚9时，有些疲惫的我已经准备休息，突然接到普主任的电话，普主任说话声音有些急促，向我简要传达了刚刚结束的耿马自治县应对疫情工作领导小组"孟定'2·24'疫情防控工作会议"精神和孟定片区疫情防控工作包保要求及李德新主席的指示。县政协迅速成立了疫情防控工作组，指定刘秘书长带领从勐撒回来的原班人马立即奔赴孟定。疫情就是命令，我和其他9位同事来不及休整又匆匆忙忙赶到政协门口集合，登上一辆临时租赁来的中巴车赶往孟定。

　　3月5日凌晨2点，安全到达孟定。早晨7点，上车后秘书长告诉大家，凌晨4时，县指挥部通知对各单位包保村作了重新安排，我们从原来包保的孟定镇新寨村调整到大水井边境村。听后，我心里想，边境村疫情防控形势更加严峻、情况更加复杂，我们面对的是一场没有硝烟的战争。车子驶出孟定城，沿着振清二级公路向南伞方向继续前行。近40分钟，我们来到了目的地。不远处，王章荣副主席早早就在大水井村委会等候我们，由于疫情防控长期值守大水井，看得出王副主席已经是非常的疲惫，看到他那一刻除了有隐隐的心痛，更多的是敬佩他对工作的执着坚守和责任担当。

8时，王副主席召集县政协机关、县教体局、县道路运输管理局、县投资促进局等部门工作队员会议。会上，他通报了孟定边境村近期疫情的严峻形势，介绍了清水河实行封控区管理、其他边境村实行管控区管理的具体要求，特别强调了包保部门工作职责、工作纪律；村总支书记李任瑞向大家介绍了大水村及各包保组的基本情况。

会后，刘秘书长迅速召集我们开会，再次对工作任务作了细化安排。要求迅速深入包保的官种地组，进村入户做好疫情防控政策宣传工作；做好组内常住人口情况摸排工作；做好外出人员和流动人员登记；做好每两天一次的全员核酸检测准备工作；带头执行疫情防控要求，做好个人安全防护。安排马丽芬和我住村负责信息统计的录入上报，做好官种地组状元坝搬迁点人员情况收集，其余8位男同事全部驻扎在官种地开展工作。

中午饭后，8位同事来不及休息，马不停蹄地及时深入离村委会4公里外的官种地了解情况。官种地三面环山，西南面相对平缓，直线距离300米左右就是国境线，目视可看见缅军哨所就在缅方一侧的一个小山包上。沿边巡逻路穿寨而过，边境线和出入寨子的路口共有四个卡点，有市内外民兵和县级机关工作人员、当地民兵包段包点把守。进入小组活动室，里面空荡荡的，零三八五地摆放着几张桌子、靠椅，由于长时间没有打扫，蜘蛛网灰尘铺天盖地，炙热的阳光直接穿透玻璃把室内的空气烤得热乎乎的。可能是天干没有水的缘故，活动室外侧的公厕臭气弥漫，已经无法入内。看到此景，大家没有泄气，秘书长迅速与村委会联系，几位同事立刻到村上搬运来8张钢丝床、行李和必要的打扫卫生工具，和当地群众买来一大泵用拖拉机运来的水，大家一起动手，扫屋拖地、铺床，用胶带报纸粘窗户，打扫厕所及周围环境卫生。不一会儿，一个临时、干净的窝就整理安置完毕。最大的生活问题得到解决，大家的心踏实多了。

6日，入村的第二天，开展入户宣传调查工作。我们10位同事分成5个小组，4个小组负责官种地，马丽芬和我负责状元坝。接到我们的通知后，张怀富组长、刘崩龙副组长、组上的卡点民兵负责人李言兵和缅籍人员负责人杨聪明及时与我们对接，积极参与到具体工作中。

由于官种地地处疫情防控最前沿的特殊性，不论是白天，还是夜里，整个寨子一片寂静。寨子中没有闲人走串，没有热闹喧哗，只有早出晚归的放牛人和干活人。寨子里缅籍回流人员多，情况复杂，家庭及人员情况底数不是很清楚，他们分散居住在寨子的周边。入户前，秘书长也特别给大家做了交代，要求谨言慎行，特别是入户缅籍家庭时要注意工作方式方法，不能随便入屋走串，要宣传好中国的疫情防控管控措施，让他们清楚明白，积极遵守；同时，又要让他们如实报告家庭及成员的基本情况。入户后，我们看到群众和缅籍人员没有因为疫情管控而躺平，都在忙碌着自家事。见我们进家，他们马上戴好口罩和我们打招呼。我们向他们说明来意，发放宣传材料，并叮嘱他们要注意家人的安全防护，看好自家门，管好自家人，外出戴口罩，不集聚，白事简办、喜事缓办，人员流动必须报备等事项，强调户主一定把相关要求通过微信、短信、电话等多种形式告知在外的家庭成员。另外与户主核实中国籍人员、缅籍回流人员家庭人口、常住人口、外出务工和外来人口的底数；认真核实疫苗接种、核酸检测等情况，对独居老人、孕产妇、婴儿、残疾人、精神病患者、慢性病患者等人员如实登记。一天下来，收集到的各种数据由各小组负责整理清楚，按时上报。面对各种表格、密密麻麻的人员信息数据，明年就要退休的王大哥也戴上老花镜认真细致地核对登记、填写表格，生怕干不完影响大家工作。

7日，是我们入村后的第一次全员核酸采集。为打好第一战，确保不漏一人、不漏一户，我们对各个工作环节，如对医务人员上传核酸采集人员名单图片照相、中国籍、缅籍人员名单纸质表册核对、维持现场秩序等环节都做了精心细致的准备。根据分工，秘书长、杨主任、董哥、马副主任、马丽玢和我6人负责参加采集人员名单纸质表册核对；普主任、罗哥、王大哥3人负责维持现场秩序，李哥负责对医务人员上传人员名单图片的照相及发送到我们的微信群里，方便大家校对。清晨，大家提前在组活动室门前的球场上用绑扎带拉起群众排队的线路，间隔2米用黄色胶带贴在水泥地面上，作为人员站位标识，摆放好桌椅，一切准备就绪。

8点核酸采集开始。中国籍人员先采，缅籍人员在后。中国籍以小组下设的7个网格为单位，依次由网格负责人通知户主带领家庭成员到球场排队。两名医务人员完成各项准备工作，一人负责人员信息录入，另一人负责核酸采集。所有人戴着口罩，被采集人员出示身份证、户口册或云南健康码，缅籍人员出示缅籍身份证或临时人员信息管理卡，由医务人员登记清楚，有序进行核酸采集后，再到我们核对处报告个人信息。刚开始，采集比较顺利，边采集边上传边核对，平均5分钟10人。随着老人、小孩人数的集中增加，医务人员的录入信息速度放慢，检测速度8～10分钟10人。面对此情形，普主任、李哥二人迅速接过被采集人的户口册、身份证和人员信息管理卡，用不太规范的普通话向医务人员报告他们的个人信息，避免了老人、小孩不识字、方言发音不准，不能较快回答医务人员询问事项带来的麻烦，及时化解了现场出现的问题。缅籍人员老人中同名同姓的较多，我们又以表册上的年龄大小加以区分，确保不重不错不漏。现场点采集完成后，组干部刘崩龙、缅籍人员负责人杨聪明和李哥又领着医务人员，爬坡过坎步行到行动不便的老人、病人、产妇及婴儿的家里上门采集。官种地核酸采集完又急急忙忙赶到3公里外的状元坝继续组织核酸采集。

下午，在核实实际参加采集人员名单过程中，我发现医务人员上报的人员名单与纸质表册名单不符1人，于是，我们采取了多种方法进行核对，但都没有找到问题所在，最后，我们只能用最简单而最烦琐的方法，把实际参加采集的人员纸质名单与医务人员上传的采集人员名单图片一个名字一个名字共436人全部核对了一遍，最终查找到了出错的原因。此刻，已接近凌晨。我心里想，工作再辛苦都值得，不能把不明不白留到明天。

通过第一次全员核酸采集，我们感到问题困难比想象的要多，虽然采集436人，人数不算多，但出现的问题不少。核酸采集时少部分群众不听指挥在球场扎堆，防控安全有隐患；由于年轻人外出务工多、中小学校延期开学等因素，家里只留下老人、小孩，采集进度较慢；缅籍人员多，没有详细完整的个人身份信息，不便医务人员及时登记及平时管理；同名同姓的人多，难于区分"谁是谁"；宣传工作不扎实，群众思想觉悟有差距，自律性不高。

为尽快解决第一次核酸采集发现的问题，大家又多次集中讨论分析研究，与组干部、缅籍负责人一起商量对策，结合实际，制定了更加科学有效的措施和方法。通过入户、电话联系等方式进一步核实核准在本组生活的常住人口、"户在人不在"及"人在户不在"的情况；及时帮助不会操作手机的农户建立云南健康码；制作缅籍人员基本信息卡；与村委会、组卡点密切配合，进一步做好每一天因特殊情况进出的人员统计台账，确保人员流动清楚；建立服务上门人员名单；

对同名同姓的人，从家庭户主、独人户、年龄等要素进行科学精准区分识别；进一步用心用情，向群众和缅籍人员讲清楚讲明白疫情防控的具体措施要求，让群众和缅籍人员明白什么事该做、什么事不能做。通过大量认真细致的基础性工作，在后来的多次全员核酸检测中，再也没有出现问题，群众和缅籍人员遵规守纪，自觉性明显增强。习惯成自然，过去插队采集核酸的情况没有了，而是按要求有序排队等待采集；过去一两岁的幼儿看到采集核酸的医务人员就被吓得号啕大哭、大吵大闹的现象也没有了，见到医务人员手中的棉签一伸过来，嘴就自然而然地张开，乖巧可爱极了。

当然，情理之中、意料之外的事情也时有发生。长期的管控，人员不能随便外出，一定程度影响了群众的生产生活，群众或多或少都有一些想法和意见；面对防控责任，组干部的压力重如尖山，平时正常的思想情绪和言行举止受到了一定程度的扭曲；医务人员2～3天不停地重复进行核酸采集工作，枯燥无味，不知所终，也导致他们内心烦躁，行为表现容易激动，做出一些出格的事。记得有一次核酸采集过程中，由于网络信号不稳，一位医务人员反复多次使用采集终端、手机录制人员信息上传数据都不能完成，烦躁心态瞬间如火山爆发，她不断用手拍打采集终端，牢骚话说个不停，此刻大家的情绪也受到刺激，焦急等待采集的群众也慌乱起来。张怀富组长上去，毫不留情对她指责一番，她也毫不示弱，双方争吵不休。见此情形，普主任、李哥、罗哥马上上前好言相劝，化干戈为玉帛，使双方的情绪稳定下来后，继续工作。还有个姓蒋的老人，喝酒后神志不清，看到上门服务的医务人员和工作人员，不但不理不睬，还脏话不绝于耳。大家没有与他理论，而是好脸相迎，好言相送，最终还是把核酸采集了。

在严峻而紧张的疫情防控工作之余，秘书长经常带领我们为群众做一些力所能及的好事实事，如打扫进组道路和寨子公共环境卫生；开展卫生保洁、乡风文明和美丽家园建设等宣传活动。同事们的一言一行，寨子的群众看在眼里，心里很是佩服，都说"干部的好作风又回来了"。解放前，官种地是土司官家种大烟的地方，现在，这里的群众都有个习惯把上面派来的"吃官家饭"的人统称为"大官"，也这样称呼我和同事们，不知是不是恭维的话，还是有其他意思？但我心里想：我们是什么大官嘛，不就是为了守护人民群众安全、维护边境安宁的一群普通政协干部嘛。

官种地特殊的喀斯特地理环境，导致水源缺乏，生活用水只能从远在4公里之外的村里用小水泵抽到储水桶里再运上来。这样一来，水就成了奢侈品。居住在官种地组的8位同事都养成了节约用水的好习惯，从不轻易浪费一滴水，久而久之大家形成了一套滴水不漏的用水流程。一盆水洗脸、洗脚，倒进厕所蓄水池，再用来冲厕所。那时天气很热，洗澡洗衣服都要到4公里外的村委会洗。

虽然负重前行、如履薄冰，但同事们的生活充满了惬意。秘书长身体单薄，由于长时间的熬夜，咳嗽不停，实在坚持不了，就到8公里外的色树坝卫生院打点滴，大家都劝他请假回耿马看病，但他总笑着说："没有必要，不用"，始终与大家不离不弃，坚守在官种地。王大哥年纪最长，但对于学习一点都不含糊，一刻也不放松，每天起来的第一件事就是打开网络进入"学习强国"平台学习，直到完成一天的学习任务。同事们都很佩服他的学习认真劲，一致同意授予他官种地工作组"学习标兵"称号。马副主任是个文人，写作高手，同事们都叫他"马大秘"，调侃他写一篇官种地抗疫的故事，发出大家的声音，展示一下政协人的风采。一觉醒来，马副主任的小作《"三力"战疫冲一线》真的大功告成，后来被各级相关新闻平台报道和转载。触景生情，杨主任也诗兴大发，激情挥笔，赋诗一首《抗疫之歌》。诗中这样写道：

疫情肆虐战鼓响，闻令而动下边关，
五位一体成阵地，誓把瘟神消灭亡。
疫魔面前勇担当，春夏秋冬巡边关，
朝依暮恋铁丝网，我为祖国守边防。

……

每当夜里，我在微信中拜读这首诗时，就会联想起1958年毛主席的《七律二首·送瘟神》中的一首，情不自禁地静静默念：

春风杨柳万千条，六亿神州尽舜尧。
红雨随心翻作浪，青山着意化为桥。
天连五岭银锄落，地动山河铁臂摇。
借问瘟君欲何往，纸船明烛照天烧。

　　白天、黑夜……一个星期、两个星期……为了人民群众的身体健康、生命安全，大家团结一心，日复一日，默默无闻地坚守，满怀信心地静静等待着疫情阴霾消散那一刻的来临。

　　3月22日，入村第18天。随着孟定疫情防控形势的转好，县疫情防控指挥部通知各单位、各部门的工作人员可以分批有序撤回。我们10位同事先后分三批撤回，最后一位同事直到4月7日才撤回耿马。

　　至此，在孟定"2·24"疫情防控过程中，县政协大水井工作组共组织群众和缅籍人员开展全员核酸采集12场5000多人次，做到包保组每次采集不漏一人、不漏一户；入户走访宣传调查45场次，配合村组开展疫苗补接种28人。

　　往事历历涌上心头。大家在严峻的疫情形势和随时有可能被感染病毒的风险面前，没有畏惧没有退缩，心中只有一个共同的目标，就是严防死守，坚决打赢这场疫情防控阻击战。

（刘惠芳）

后 记

正当全市上下深入学习贯彻党的二十大精神，把习近平总书记给沧源县边境村老支书们重要回信精神刻在心中、化为行动、变成现实，满怀信心地开创新时代临沧社会主义现代化建设新局面的重要历史节点，《"三好"临沧——临沧文史资料选辑第十六辑》与读者见面了。

一年多来，在中共临沧市委的坚强领导下，全市党员干部群众满怀"我们都是收信人"的高度自觉，掀起了"心向总书记、心向党、心向国家"实践活动的热潮。征编一套让各族干部群众看得更清、追得更远、思得更明、悟得更透，整体呈现临沧近代以来历史主题和主线、主流和本质的文史资料，就是中共临沧市委在这一实践活动中给临沧市政协专项安排的光荣任务。

进行这项工作是有很大困难的。对我们来说，基本的困难就是主观力量与客观要求之间的极大矛盾。突破临沧当代史"三个三"特点①的限制，讲好临沧这个云南最年轻的地级市（地区）的近代史本身就是一个地方史研究难题，要求编者具有较高的理论素养和广博的历史知识。由于主观能力限制和历史资料占有甚少，目前我们远不能达到这样的要求。所幸，本书的策划、编辑、出版得到临沧市政协党组的高度重视、有关县（区）政协的积极参与、专家学者的慷慨支持，得以成书。

本书的出版首先要感谢朱昭华教授，她率先为我国学者厘清了复杂的中缅边界问题，取得一系列的学术佳绩，形成了《中缅边界问题研究》等专著，实乃功莫大焉。在本书草创之初、一筹莫展之际，2021年2月28日，我们通过苏州科技大学网站及有关工作人员帮助，得到朱昭华教授的联系方式，自此得到她的无私支持和帮助，使我们终于突破迷雾、迎来霞光。在后来的工作和交往中，朱昭华教授的学识和风度深深折服了我们。得益于她的指导，本书有了合理科学的框架、清晰的历史逻辑和翔实的史料支撑。最为难得的是她不但对本书编辑给予方向性指导，还对重要历史事件表述字斟句酌地提出意见。凡有所求，她总是及时准确、耐心细致地解答，这种远隔千里、未曾谋面的帮助，让我们充满温暖和力量，支撑着我们一路向前。

我们要感谢云南民族大学原校长、中国西南民族研究学会会长那金华教授，云南大学王文光教授，云南大学民族学与社会学学院龙晓燕教授等专家和学者，在本书初稿完成后百忙之中通览审阅，提出宝贵修改意见，并给予中肯的评价和大力的指导，让我们更加深刻地认识到扎根临沧、做好政协文史资料工作的责任、价值和意义。

我们要感谢中国文史出版社责任编辑程凤老师，在本书中途夭折之险、前功尽弃之时，她抱着对基层政协文史资料工作的炽热关爱，在出版发行方面给予悉心专业的指导，并为本书公开出版与读者见面奔走四方，花费大量心血精批细改，大到书中插图位置、小到标点符号错讹之处，均一一推敲，细致之心，于此可见。良苦用心，唯有感激。

我们要致敬走过"英国侵略者来了我们打、日本侵略者来了我们打、国民党窜匪来了我们打，共产党来了我们拥护"——临沧"三打一拥护"光荣历程的见证者、亲历者，他们通过自述和口述留下了许多宝贵的亲历、亲见、亲闻材料，用血与火镌刻出"三好"临沧顶天立地的国门形象和赤子丹心的家国情怀，为我们勇毅前行提供强大的精神力量。

本书的编撰出版得到云南省档案局（馆）、临沧市委党史研究室（市地方志办公室）、临沧市档案局（馆）、滇西科技师范学院等部门以及许多热心人士的支持和帮助，他们或提供史料、或参与撰稿、或审核把关，不同地方、不同行业、不同部门的人们同心同德、同舟共济，让我们面对困难问题时不再感到自身的渺小和无力，增添了攻坚克难的信心和勇气。在此，谨对他们表示衷心的感谢。

本书的编撰，对于我们来说是一个学习和感动的过程。回望跟着中国共产党找到回归路、跨入直过路、走上小康路、奋进强国路，在党的领导下改天换地、翻天覆地的辉煌历程，深感临沧的前途与国家命运紧密相连，新时代绿美临沧的大好局面来之不易，讲好临沧"建设美丽家园、维护民族团结、守护神圣国土"的奋斗故事使命光荣，"三好"②临沧的奋斗目标任重道远。

由于本书选题内容庞杂、年代跨度久远、档案资料查找困难、亲历者健在甚少，特别是编者水平有限，书中疏漏和错误之处在所难免，祈望读者批评指正。

编　者

2023年12月

注：

①　临沧当代史"三个三"特点：临沧地区的解放是党的三个组织、三个专区、三支部队协同作战的历史，进而在1952年建立缅宁专区。临沧地区由于各种特殊原因形成了解放战争时期"三个三"的特点，一是从临沧地区的政区构成上看，涉及三个专区（即大理专区的云县、凤庆、缅宁；保山专区的双江、耿马、镇康；宁洱专区的沧源）。二是从党组织上看，涉及三个地区的党组织（即滇西地委的蒙化地工委、保山地委和宁洱地委）。三是从武装力量上看，涉及三支部队（即迤南边区人民自卫军第一支队，后改称"二纵"十一支队，整编时为九支队；七支队的三十一团；八支队的三十八团）。

②　2021年8月19日，中共中央总书记、国家主席、中央军委主席习近平给云南省沧源县边境村的老支书们回信，勉励他们继续发挥模范带头作用，引领乡亲们永远听党话、跟党走，建设好美丽家园，维护好民族团结，守护好神圣国土，唱响新时代阿佤人民的幸福之歌。

图书在版编目（CIP）数据

"三好"临沧：临沧文史资料选辑.第十六辑/中
国人民政治协商会议临沧市委员会编. -- 北京：中国文
史出版社，2023.8

ISBN 978-7-5205-4170-1

Ⅰ.①三… Ⅱ.①中… Ⅲ.①文史资料-临沧 Ⅳ.
①K297.43

中国国家版本馆CIP数据核字（2023）第127452号

责任编辑：程　凤
装帧设计：黄　麟

出版发行：中国文史出版社

社　　址：北京市海淀区西八里庄路69号　　　邮编：100142

电　　话：010-81136606　81136602　81136603（发行部）

传　　真：010-81136655

印　　装：云南方志印刷有限公司　云南速盈印刷有限公司

经　　销：全国新华书店

开　　本：787mm×1092mm　1/16

印　　张：20.75

字　　数：337千字

版　　次：2024年3月北京第1版

印　　次：2024年3月第1次印刷

定　　价：78.00元